한 권으로 끝내는
AI 비즈니스 모델

AI Business Model

한 권으로 끝내는 AI 비즈니스 모델

정두희 지음

아이디어 발상부터 원 페이지 비즈니스 캔버스를 만들기까지

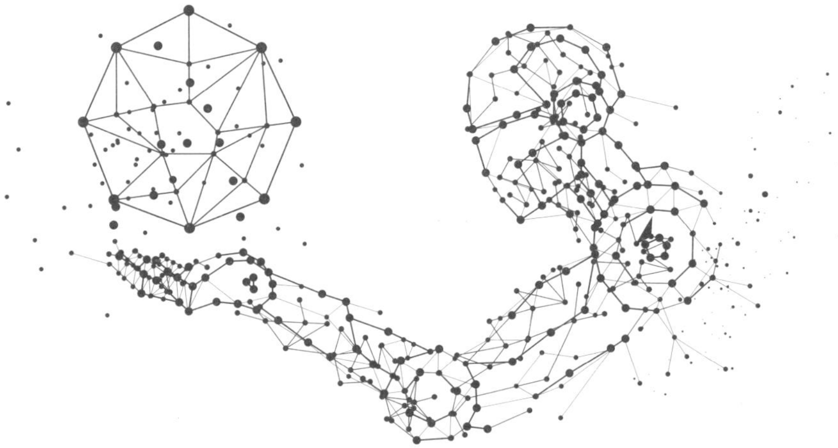

청림출판

한 그루의 나무가 모여 푸른 숲을 이루듯이
청림의 책들은 삶을 풍요롭게 합니다.

서문

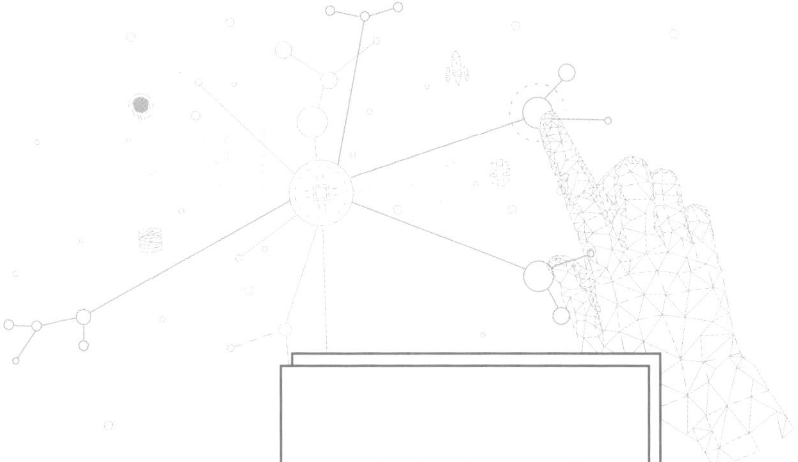

기회의 문이 닫히고 있다

전혀 새로운 기업이 온다

출판사 이야기로 시작하려 한다. 보통 출판사가 열 권의 책을 출간하면 베스트셀러 한 권 만들기도 어렵다. 수많은 책이 쏟아져 나오기 때문에 경쟁이 매우 치열하고, 독자의 취향을 맞추기도 쉬운 일은 아니다. 베스트셀러 한 권이 1년 농사를 거의 책임질 정도이기 때문에 출판사로서는 베스트셀러를 한 권이라도 내는 게 매우 중요하다. 그런데 2016년 독일에서 설립된 인키트Inkitt라는 출판사는 설립하자마자 베스트셀러 비율이 전체 출간 도서의 90%를 넘겼다. 그 놀라운 성과 이면에는 인공지능이 있었다. 이 출판사에서 책을 내는 저자들은 출간 전에 칼럼 분량의 짧은 스토리를 모바일 어플과 웹페이지에 연재해 독자들과 공유한다. 그리고 출판사는 이 스토리에 대한 고객들의 행위 데이터를 분석한다. 100만 명 넘는 회원이 연재되는 각각의 글에 몇 분 동안 머물렀는지, 언제 읽었는지, 끝까지 다 읽었는지, 밤을 샜는지, 내용이나 구성에 대해서는 어떤 피드백을 했는지 등을 정밀 분석한다. AI 알고리즘은 이러한 데이터를 토대로 흥행 가능성을 예측한다. 흥행이 보장(!)된 책만 출간하니 베스트셀러를 만들어내기가 쉬워지는 것이다. 제품 및 서비스를 출시하기 전에 흥행 여부를 미리 알 수 있다는 것은 매출을 신경 써야 할 기업 입장에서는 엄청난 혜택이 아닌가.

위 사례에서 보듯이 인공지능은 과거와 전혀 다른 방식으로 새로운 가치를 만들고 있다. 앞으로 AI로 무장한 혁신적인 기업이 속속 등장하면서 시장의 구조를 흔들 것으로 전망된다. 향후 몇 년간 AI로 인해 시장에 나타날 변화 시나리오는 다음과 같다.

- 혁신기업이 AI를 활용해 그동안 보지 못했던 새로운 제품/서비스를 출시한다.
- 파격적이고 유용하며 월등한 AI 제품에 매료돼 고객들이 기존 제품 대신 새로운 제품을 선택한다.
- 많은 사람이 AI 제품을 이용할수록 사용자 규모에 힘입어 AI는 더 많은 학습을 하고, 이를 통해 제품의 성능이 더욱 고도화된다.
- 더 많은 사람이 AI 제품을 이용하게 되면서 혁신기업의 시장 지배력이 더욱 커진다.
- 이 과정에서 AI 혁신을 준비하지 못한 기업은 도태된다.

AI 선도기업만 갖고 있는 것들

앞으로는 AI를 선도적으로 도입한 기업과 AI 도입에 소극적인 기업 간의 차이가 극명해질 것이다. 소수의 선도기업에는 몇 가지 공통점이 있다. 액센츄어Accenture PLC는 전 세계 8,300개 기업을 조사한 결과, AI 선도기업이 AI 혁신을 대하는 자세에서 후발주자에 비해 뚜렷이 보이는 몇 가지 특성을 제시했다.

선도기업은 AI 기술의 가능성에 대한 신뢰가 크고 이 기술에 대한 명확한 비전을 가지고 있다. 이들은 새로운 기술을 채택하고, 이에 필요한 높은 수준의 전문지식을 빠르게 확보한다. AI 기술을 단순히 작은 단편적 개념으로 들여오는 게 아니라 조직 전체에 포괄적으로 적용해 전체적인 시너지를 창출할 수 있는 시스템으로 개발한다.

반면, AI 혁신을 늦추거나 도입에 소극적인 후발기업은 AI 기술에 대한 뚜렷한 비전이 없고, 시류에 편승해 혁신을 추구하며, AI 기술을 특정 부서 혹은 파트에만 국지적으로 도입하는 경향이 있다. AI 기술이 조직의 업무 프로세스에 적용되는 건수가 선도기업의 3분의 1 미만으로 적고, 적용된 AI 기술의 효과가 조직 전체로 확장되지 않는 경향을 보인다.

AI 선도기업의 특징

1. 선도기업은 AI 혁신에 대한 명확한 비전을 가지고 있다.
2. 선도기업은 AI 혁신에 더 많은 투자를 한다.
3. 선도기업은 단순히 기술을 도입하는 게 아니라 시스템을 만든다.

4. 선도기업은 조직 전체로 기술을 적용·확장한다.

5. 선도기업은 인력과 AI의 활발한 상호작용으로 시너지를 창출한다.

AI가 기업에 미치는 영향

그렇다면, AI가 창출하는 효과는 구체적으로 무엇일까? 액센츄어의 조사에 따르면 AI를 선도적으로 도입한 기업의 연평균 성장률은 2015년에서 2018년까지 9%가량 되는 데 비해, 후발기업의 성장률은 4%에 머물러 성장률 차이가 두 배 이상이었다. 그 이후의 매출 격차는 더 벌어진다. AI 선도기업은 2023년이 되면 평균 200억 달러 규모 이상으로 매출을 끌어올릴 것으로 전망되지만 후발기업은 150억 달러를 넘지 못할 것으로 전망된다.

맥킨지앤컴퍼니McKinsey & Company 역시 AI의 재무적 성과에 대한 예측을 제시했다. 조직관리 및 프로세스 혁신을 통해 AI 기술을 완전히 흡수한 선도기업은 2017년을 기준으로 2030년경에는 현금흐름을 122% 늘릴 수 있을 것으로 전망했다. 반면, 후발기업은 2030년 10%의 추가 창출에 그칠 것으로 예상되며, AI 기술에 전혀 투자하지 않거나 도입하지 않은 기업은 현금흐름이 23% 정도 감소할 것으로 전망했다. 이와 함께, 기술 트렌드 분석기관인 가트너Gartner 역시 AI를 도입한 기업은 네 곳 중 세 곳이 제품 및 서비스의 판매율이 10% 증가할 것으로 전망했다. 이렇게 많은 기관이 AI가 기업에 미치는 영향력이 클 것으로 전망하고 있다.

연평균 매출성장률 비교(2015~2018)

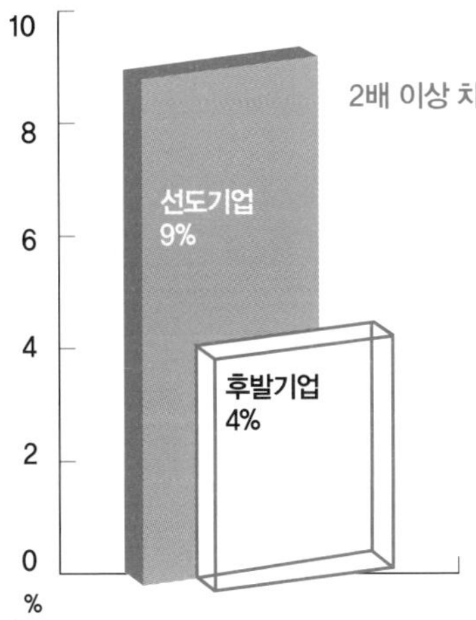

선도기업과 후발기업의 매출성장 추이(추정)

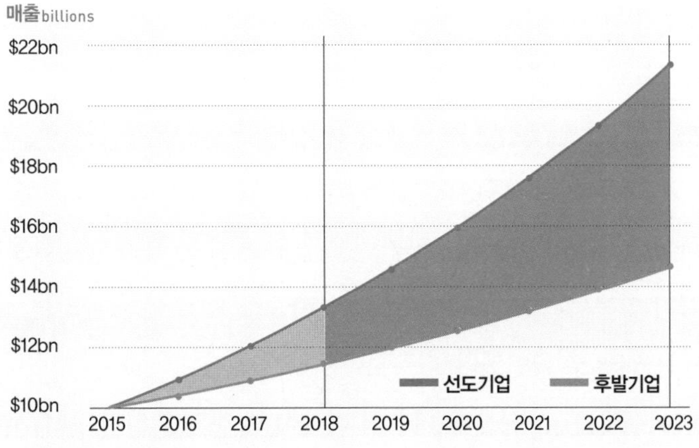

출처: 액센츄어, How to scale innovation and achieve full value with Future Systems, 2019

지금은 혁신을 준비할 때

문제는 AI를 통해 경쟁력을 높일 수 있는 기회의 시간이 점점 줄어들고 있다는 점이다.

딜로이트Deloitte가 2019년에 전 세계 AI 선도기업에 속해 있는 1,900명의 경영진을 대상으로 한 설문조사를 기반으로 내놓은 보고서에 따르면, 81%가량이 비즈니스의 성공에 있어서 AI가 중요한 역할을 한다고 인식하고 있지만 AI를 통해 회사 비즈니스를 고도화할 수 있는 기간은 그리 길지 않을 것으로 내다봤다.

구체적으로 절반이 넘는 57%의 기업은 3년 이내에 AI가 회사 비즈니스를 바꿀 것이라 여겼는데, 특히 2~3년 안에 AI의 영향력이 크게 증가할 것이라고 응답한 비율이 33%로 가장 높았다. 그리고 그 이후부터는 응답자의 비율이 점점 낮아졌다. 기업의 AI 경쟁력이 앞으로 3년 이내에 결판난다는 뜻이다. AI를 선점한 기업의 영향력이 기하급수적으로 확대되다 보니 도입 시기가 늦어지면 효과도 줄어들 것이다.

이 때문에 AI 선도기업은 현 시점을 긴박한 상황으로 인식하고 있고, 조사대상의 34% 이상이 500만 달러 이상을 AI 혁신에 투자하고 있는 것으로 조사됐다. 나아가 89%는 차기년도에 AI에 대한 투자를 지금보다 더 늘릴 계획이 있는 것으로 나타났다. 투자 비중을 10% 이상 늘리는 기업은 절반이 넘는 51%로 확인됐다.

이러한 수치는 AI 혁신이 기업의 미래에 매우 중요하며, AI의 수혜를 받을 수 있는 시간이 얼마 남지 않았다는 점을 보여준다. AI는 고객과 회사

AI의 영향에 대한 선도기업의 인식

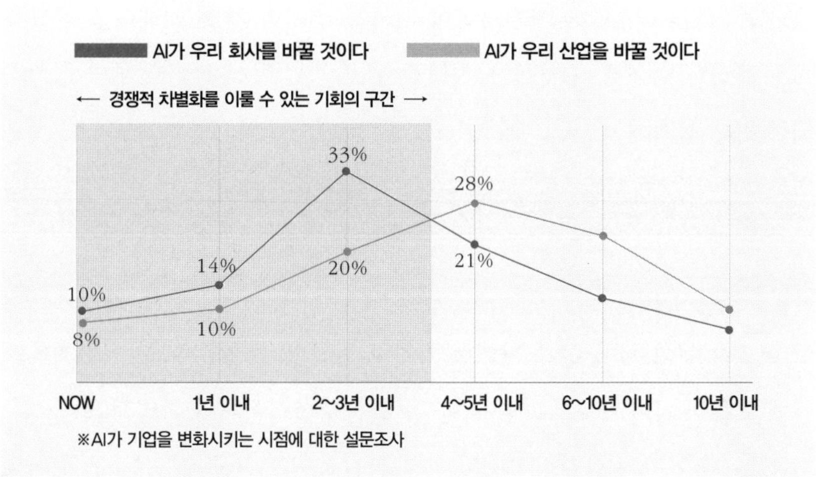

AI 선도기업의 AI 투자 현황

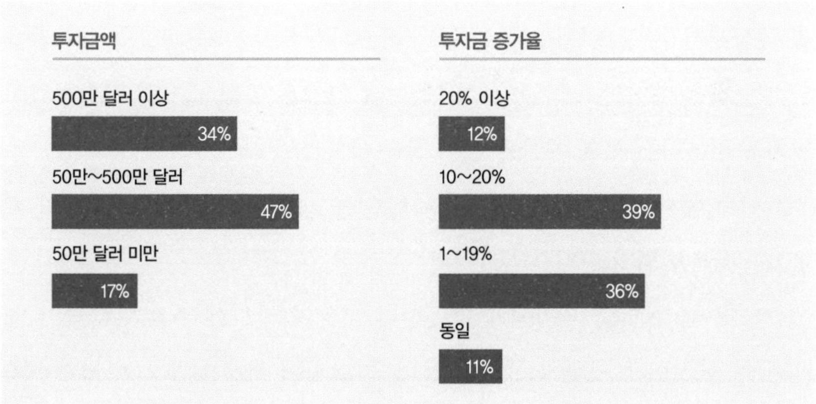

출처: 딜로이트, Capitalizing on the promise of artificial intelligence, 2019

의 상호작용을 근본적으로 변화시켜 고객의 충성도를 높인다. 이는 재무실적과도 연결된다. AI는 경쟁사와의 격차를 벌리며 시장 지배력을 향상시키는 강력한 도구가 될 것이다. 지금은 우리가 AI 혁신을 위해 부단히 준비해야 하는 시기다.

이 책의 방향성

이 책은 기업이 AI를 통해 거대한 기회를 획득할 수 있는 혁신 프로젝트의 진행을 돕는 가이드라인 역할을 할 것이다. 추상적이거나 관념적인 이야기가 아닌 AI 기반의 혁신적 비즈니스를 실질적으로 일굴 수 있는 구체적 프로그램을 제시한다.

AI 혁신은 표면적으로는 인공지능 기술을 통해 새로운 기능을 구현하는 것이지만, 사용자에게 분명한 가치를 제공하고 이들의 경험을 획기적으로 향상시켜, 수익을 창출할 수 있는 비즈니스 모델까지 개발되어야 완성된다는 점을 숙지하기 바란다. 이 책은 AI 혁신을 통해 새로운 성장발판이 되어줄 비즈니스 모델 개발을 돕는 것을 목표로 둔다.

이 책에서 제시하는 AI 혁신은 총 일곱 개의 테마 아래 20단계의 프로그램으로 이뤄져 있다.

먼저 AI 혁신은 우리에게 익숙했던 기존의 혁신과 종류가 다르기 때문에 AI 혁신의 속성을 이해해야 한다. 본격적인 혁신은 문제가 무엇인지 정의하는 데서부터 시작된다. 여기서 중요한 점은 일반 혁신과 달리 AI 기능에 대한 지식을 갖춘 상태에서 문제를 바라보아야 한다는 것이다. 그다음에는 문제를 해결하기 위한 큰 방향, 즉 AI 혁신모델을 스케치한다. 그리고 이를 구체적으로 구현하기 위해 알고리즘과 API 등을 고려한다. 또한 AI 학습을 위해 데이터를 어떻게 확보하고 활용할지를 정한다.

AI 혁신은 AI 기술을 이용해 사용자경험을 혁신하는 것이기 때문에 사용자에게 어떤 가치를 제공할지를 고민해야 한다. 이를 위해 기술적 가치, 기능적 가치, 경험적 가치로 이어지는 가치경로를 이해하고 경험적 가치를 창출하기 위한 전략을 세운다.

이러한 과정을 추진하려면 조직은 역량을 갖춰야 한다. 어떤 역량을 내부에 배치할지, 또 어떤 역량을 외부에서 끌어올지에 대해 고민해야 한다. 그다음에는 이러한 AI 혁신을 통해 창출되는 경제적 가치를 따져본다. 조직 내부와 외부로부터 원활하게 지원을 받으려면 수익성을 입증해야 하기 때문에 이 역시 중요한 절차다. 끝으로 AI 혁신을 조직적으로 통합하고 비즈니스의 규모를 확대하기 위한 방법을 모색해본다. 이를 통해 AI가 기반이 되는 혁신적인 비즈니스 모델을 개발할 수 있을 것이다. 이 모든 과정을 보기 쉽게 정리하면 〈AI 이노베이션 프로세스〉(14쪽)와 같이 만들 수 있다.

이 책이 특히 도움이 될 만한 독자는 다음과 같다. AI 기술을 활용해 새로운 비즈니스 모델을 만들고자 하는 기업 경영자, AI 기술을 이용한 새로운 비즈니스를 준비하고 있는 스타트업 창업자, AI 기술을 비즈니스에 응용하기 위해 사고의 폭을 넓히고자 하는 엔지니어, AI 기술을 현업에 적용해보고자 하는 각 부서 관리자, 조직의 AI 교육을 고려하는 교육 담당자,

AI 이노베이션 프로세스

1. 혁신을 이뤄낼 공간은 어디에 있는가	AI 혁신 이해	문제 정의			
2. 어떤 AI 기능을 사용할 것인가	AI 기능 선택	적용방법 채택			
3. AI 기능을 어떻게 구현할 것인가	알고리즘 선택	API 소싱	데이터 확보	품질 평가	
4. 어떤 가치를 창출할 것인가	가치경로 설계	기능적 가치 구체화	경험적 가치 구체화	가치 선순환 구조 구축	가치의 확장
5. AI 역량을 어떻게 확보할 것인가	필수역량 정의	전담인력 확보	역량 통합	AI 협업모델 구축	
6. 수익을 어떻게 창출할 것인가	ROI 측정	무형의 수익 측정			
7. 한 장으로 만드는 AI 비즈니스 모델 캔버스	한 장으로 정리				

AI 기술 응용 및 비즈니스 모델을 공부하는 대학생 및 대학원생 등이다. AI

를 배우고 이를 통해 혁신을 이뤄내고자 하는 모든 독자에게 이 책이 유용한 가이드라인이 되기를 희망한다. 이 책을 읽는 여러분이 새로운 미래를 열어가길 바란다.

차례

1장

혁신을 이뤄낼 공간은 어디에 있는가

AI Business Model

STEP 1

AI 혁신의 종류부터 이해하라

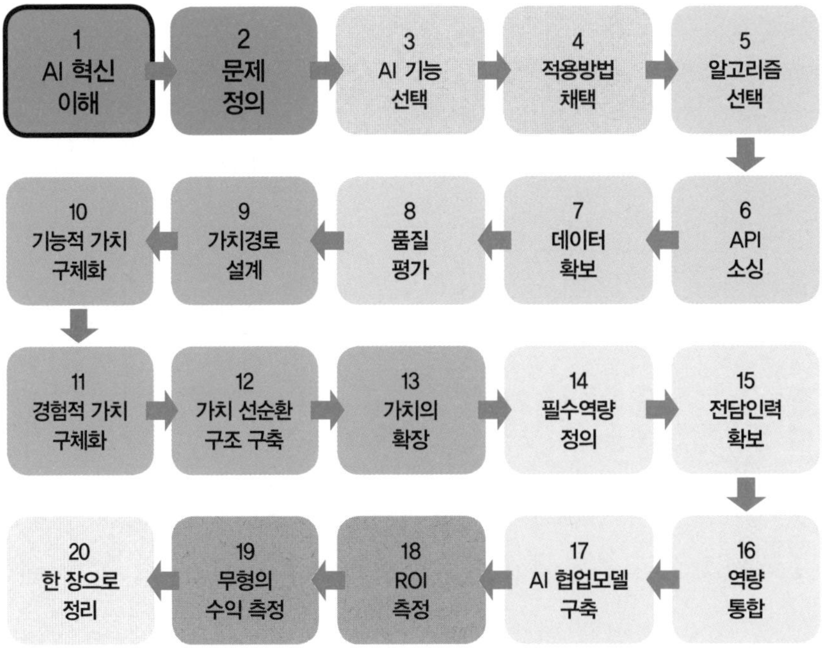

과제 ______ AI 혁신의 독자적 속성을 이해하고, 혁신 프로젝트의 진행 방향을 숙지한다.

> "많은 경우 사람들은 원하는 것을 보여주기 전까지는
> 자신이 무엇을 원하는지 모른다."
>
> **스티브 잡스**Steve Jobs

AI 혁신이란 무엇인가

AI 혁신을 이해하기에 앞서 AI, 즉 인공지능이 무엇인지부터 짚고 넘어가자. 인공지능은 인간의 지각능력, 추론능력, 학습능력, 이해능력 등을 컴퓨터 프로그램으로 실현한 기술을 의미한다.

인간의 지능intelligence을 모방해서 컴퓨터가 보다 스마트하게 일을 처리할 수 있도록 만든 정보기술이다. 지능을 모방한다는 게 뭘까? 지능을 가진 인간은 동물과 다르게 사고思考를 한다. 인공지능은 바로 인간의 사고 과정인 추론推論과 판단을 하며, 이러한 사고를 더욱 잘해내기 위해 학습을 한다. 인공지능은 데이터 학습을 통해 경험을 반복하면서 점점 발전한다.

이렇게 사고하고 학습하고 발전하는 인간의 방식을 구현해놓은 정보기술이 바로 인공지능이다.

AI 혁신은 이러한 인공지능 기술을 이용해 혁신innovation을 하는 것이다. AI 혁신은 다음과 같이 정의할 수 있다.

인공지능 기술을 이용해 고도화된 기능function을 지닌 제품 및 서비스를 구현하고, 이를 통해 새로운 가치value를 창출하여, 사용자경험UX, user experience을 향상시키는 과정

AI 혁신에는 몇 가지 중요 포인트가 있다. 먼저 인공지능이라는 새로운 종류의 디지털 도구를 이용한다는 것이다. 하지만 일반적인 디지털 혁신과는 다른 AI만의 독자적인 기술적 속성이 있기 때문에 이를 숙지할 필요가 있다. AI는 고도화된 기능을 제공한다. 사람의 말을 알아듣고 대답까지 하는가 하면, 주가나 시장흐름을 예측하기도 한다. 또한 구분하기 어려운 사물을 정확하게 구분할 수도 있다. 이처럼 AI 기능이 구현된 제품 및 서비스는 기존의 것보다 우수하며 이를 이용하는 사용자는 커다란 가치를 얻게 된다. 이를 통해 궁극적으로 사용자경험의 비약적 향상을 실현하는 일종의 경험혁신user experience innovation을 이뤄내는 것이다. AI 혁신은 기술로 시작해서 인간의 경험으로 끝난다. 기술혁신에 국한되는 게 아니라 궁극적으로 새로운 사용자경험을 창조함으로써 완성된다.

AI 혁신의 핵심요소

AI 제품을 만든다는 것은 다음의 핵심요소를 개발한다는 의미다. 바로 알

고리즘, 데이터, 애플리케이션 그리고 비즈니스 모델이다.

알고리즘은 AI 제품을 작동하게 만드는 기술적 메커니즘이다. 사전적 정의는 어떠한 문제를 해결하기 위한 일련의 절차나 방법을 공식화한 형태다. 식물에 비유하자면 알고리즘은 씨앗과 같다. 씨앗은 크기는 작지만 그 DNA 속에 사과나무처럼 거대한 나무로 자라기까지의 절차와 방법이 설계돼 있다. 물론 그 자체는 사과나무가 아니고 작은 씨앗일 뿐이다. 알고리즘은 컴퓨터 프로그래밍 코드로 존재하지만 그 안에는 AI 제품이 다양한 기능을 수행할 수 있도록 하는 메커니즘이 설계돼 있다.

이 씨앗을 땅에 심어서 양분을 주면 씨앗이 점점 자라는데, 여기서 양분에 해당하는 것이 데이터다. 양분을 섭취한 식물이 무럭무럭 자라는 것처럼, 알고리즘은 수많은 데이터를 통해 학습을 하고 점차 성능이 고도화

AI 혁신의 핵심요소

된다. 여기까지는 아직 기술적 재료에 불과하며 사용자가 직접 만져보고 사용할 수 있는 실체는 아니다.

이러한 기술적 재료가 사람들에게 의미 있는 존재로 다가가려면 애플리케이션으로 만들어져야 한다. 애플리케이션은 다 자란 나무다. 즉 제품이나 서비스 같은 완성된 솔루션이다. 아무리 좋은 알고리즘과 풍부한 데이터가 마련됐다 해도 사람들이 사용할 수 있는 제품 및 서비스의 형태로 변환되지 않는다면, 기술은 존재하되 세상에서 활용되지는 못한다. 따라서 사람들이 활용할 수 있도록 사용자 친화적인 제품과 서비스가 만들어져야 한다.

여기서 끝이 아니다. 나무는 조경으로 활용할 수도 있고, 열매를 얻을 수도 있고, 목재를 얻기 위해 활용할 수도 있다. 어떻게 활용하느냐에 따라 나무의 가치가 달라진다. 애플리케이션이 사용자에게 어떻게 활용되도록 할지, 어떤 가치를 제공할지, 그리고 이를 통해 기업이 어떻게 수익을 창출할 것인지에 대한 설계가 필요하다. 이것이 바로 비즈니스 모델이다.

단순히 가치창출 및 수익창출 방식에 대한 것만 다루는 것은 좁은 의미에서의 비즈니스 모델이라면, 앞서 다룬 알고리즘, 데이터, 애플리케이션에 대한 설계를 포함해 가치 및 수익창출 등 AI 혁신의 모든 구성요소를 아우르는 것은 더 넓은 의미의 비즈니스 모델이다. 이 책에서 말하는 비즈니스 모델은 광의의 개념이다.

정리하면, AI 혁신은 정교한 알고리즘을 개발하고, 풍부한 데이터 학습으로 성능을 고도화하여 유용한 제품 및 서비스의 형태로 애플리케이션을 만들고, 정교한 비즈니스 모델로 사용자에게 새로운 경험적 가치를 제공하는 동시에 기업은 수익을 창출하는 것이다.

AI 혁신의 독특한 특징

AI 기술로 혁신을 이뤄낼 수 있는 분야와 방법을 찾아내려면 먼저 AI 혁신의 속성을 이해해야 한다. AI 혁신은 일반적인 혁신과 다른 몇 가지 독특한 속성을 갖고 있기 때문이다.

테크놀로지 푸시

첫째, AI 혁신은 전형적인 테크놀로지 푸시technology push 방식을 취한다. 혁신을 추구하는 방식은 그 출발점이 어디냐에 따라 두 종류로 나뉜다. 테크놀로지 푸시와 마켓 풀market pull 방식이다. 전자는 기술의 월등한 기능을 실현해 제품을 개발하는 방식이다. 후자는 시장에서 출발한다. 사람들의 니즈, 해결되지 않은 불편함 등을 포착해서 이를 해결해줄 수 있는 제품을 만드는 방식이다.

시장에서 고객의 니즈를 파악하는 것은 마케팅의 기본이다. 그런데 AI 혁신에는 마켓 풀 방식이 잘 적용되지 않는다. 왜일까? 여기엔 중요한 이유가 있다. 새로운 AI 기술이 쏟아져 나오면서 사람들의 호기심을 자극하지만, 지금껏 접해보지 못한 새로운 기술이다 보니 사람들은 정작 이 기술이 만들어내는 변화를 잘 이해하지 못한다. 이 기술로 그들의 삶이 어떻게 개선되고 어떠한 문제가 해결될지 알지 못한다. 딥마인드DeepMind의 알파고가 이세돌 9단과의 바둑 경기에서 승리한 이후 이 시스템에 활용된 딥러닝 알고리즘이 세상에 알려지기 시작했다. 성능이 뛰어나고 잠재성이 큰 알고리즘이라는 것을 사람들이 알기 시작했다. 하지만 이 뛰어난 알고리즘이 우리 삶에 어떻게 들어와주기를 바라는지에 대해서는 여전히 아무런 말도 해줄 수가 없다.

스티브 잡스가 이런 말을 한 적이 있다. "헨리 포드Henry Ford가 당시 사람들에게 어떤 교통수단을 원하는지 물었다면 더 빠른 말이라는 답이 돌아왔을 것이다." 당시 사람들은 자동차가 뭔지 몰랐으니 당연하다. 지금이 그와 같은 같은 상황이다. AI 기술은 사람들에게 여전히 생소하다. 이 기술이 무엇을 할 수 있는지 알지 못한다. AI가 우리 일상에 가져올 변화를 잘 모른다. 이러한 시대에는 무엇이 필요할까? AI 기술에 대한 지식을 충분히 갖추고, AI가 제공하는 기능을 기반으로 사람들이 필요로 할 것 같은 제품 및 서비스를 고안해내는 일종의 기술적 통찰력이 필요하다.

AI 혁신이 테크놀로지 푸시 성격을 띤다는 것을 고객을 간과해도 된다는 뜻으로 받아들여서는 안 된다. 혁신의 가치에 대한 평가는 결국 고객이 한다. 고객이 안고 있는 문제가 무엇인지 이해하고, 어떤 가치를 제공해야 만족할지를 아는 게 중요하다는 점은 변함없는 진리다.

그러나 이러한 가치를 만들어내는 혁신 아이디어는 고객이 말해줄 수 없고, 기술적 통찰력으로 발견해내야 한다. 따라서 기술 지식을 가지고 사람들에게 큰 만족을 줄 만한 제품과 서비스를 만들어낼 수 있는 통찰력이 AI 혁신에서는 가장 중요한 자질이다.

급진적 혁신과 테크놀로지 푸시

AI 혁신이 테크놀로지 푸시 성향을 지니는 이유는 그 혁신의 성격이 급진적이기 때문이기도 하다. 혁신은 발전의 형태에 따라 점진적 혁신incremental innovation과 급진적 혁신radical innovation으로 나뉜다. 점진적 혁신은 기존 기술을 활용하여 기존 시장에서 기존의 동종 제품 및 서비스를 점진적으로 개선하는 형태를 띤다. 거의 대부분의 혁신이 여기 해당한다. 반면 급진적 혁신은 전혀 다른 기술을 활용하거나 기존 지식과의 결합으로 완전히 상이한 제품 및 서비스를 만들어내며 새로운 궤도를 창조해낸다.

AI 혁신은 대체로 급진적 혁신에 해당한다. 사용자의 명령을 알아듣고 일을 수행하는 가상비서, 운전자가 운전을 하지 않아도 알아서 목적지까지 가는 자율주행 등 AI 기술을 이용해 개발되는 많은 제품은 급진적 혁신의 형태를 띤다. 급진적 혁신은 새로운 기술 궤도를 만들어가면서 이뤄지기 때문에 기술에 대한 시장의 이해가 충분치 못한 상태에서 진행된다. 따라서 성숙된 기술 지식을 지닌 혁신적 기업이 테크놀로지 푸시 형태로 혁신을 진행하는 경우가 많다.

학습하는 머신

AI 혁신의 두 번째 속성은 인공지능 기반의 제품 및 서비스가 성장한다는 점이다. 일반 제품은 아무리 많이 사용해도 성능이 좋아질 수가 없다. 제품의 1년 후 성능은 지금과 같거나 아니면 고장 등으로 저하된다.

하지만 AI는 학습을 통해 성장한다. 많이 사용할수록 학습량이 늘어나 성능이 고도화된다. 사용자가 많아질수록, 사용시간이 길어질수록 학습에 활용되는 데이터가 더 많이 축적되고 이는 제품의 성능을 성장시키는 기반이 된다.

아마존의 가상비서 알렉사Alexa를 보자. 알렉사가 수행하는 작업 스킬 수는 초창기인 2016년 1월에 30개에 불과했지만, 2017년 1월이 되자 1만 개를 돌파했고, 또 1년이 지나자 2만 5,000개를 넘었으며 2019년에는 8만 개를 돌파했다. 중요한 점은 알렉사의 정확성이다.

미국의 벤처 캐피털 리서치 회사인 루프 벤처스Loup Ventures가 가상비서를 대상으로 길을 묻거나 제품을 주문하는 등 800개의 질문을 던져서 이해력과 정확도를 테스트했는데, 이 테스트에서 아마존 알렉사는 2018년에 491개의 질문을 이해하고 61.4%의 답변 정확도를 보였으나 1년이 지난 시점에는 799개의 질문을 이해하고 79.8% 답변 정확도를 보였다.

물론 이 과정에서 알고리즘의 개선과 개발자에 의한 스킬 추가가 이뤄지기도 했지만, 기본적으로는 학습을 통해 성능이 고도화됐다고 볼 수 있다. 학습을 통한 성장과 성능 개선은 AI 제품 및 서비스의 두드러진 차별점이다.

무제한적 응용

AI 혁신에 있어서 고려해야 하는 또 다른 속성이 있다. AI는 용도가 정해져서 나오지 않는다는 점이다. 하나의 AI 알고리즘은 다양한 애플리케이션 분야에 응용된다.

이세돌과 겨룬 알파고에 적용된 딥러닝 알고리즘은 바둑뿐 아니라 구글 번역에도 활용됐고, 공장 전기료 절감 시스템에도 사용되며, 농업용 자동화 로봇에도 적용된다. 물론 게임 애플리케이션이 제조업이나 금융업 등 다른 분야에 그대로 활용될 수 있다는 의미는 아니다. 분야에 맞춰 구현 기능이 달라질 수 있고, 학습 데이터도 다르기 때문에 애플리케이션은 분야에 따라 그 종류가 전혀 달라진다. 하지만 그 기저에는 동일한 알고리즘이 있고 거기서 애플리케이션이 파생되는 경우가 많다.

유용한 알고리즘은 다양한 영역에서 활용될 수 있다. 그만큼 잠재력이 크다. 그런데 AI를 사용한 기간이 얼마 되지 않았기 때문에 AI를 적용한 분야는 그리 많지 않다. 물론 AI의 학술적 역사는 오래됐지만, 산업에 들어온 지는 얼마 안 됐고 이제서야 몇 개 분야에서 AI를 도입하고 있는 중이다.

이게 무엇을 의미할까? 많은 분야가 AI 기술을 새롭게 적용해볼 수 있는 미개척의 영역이라는 것이다. AI 농업, AI 드론, AI 채용, AI 호텔, AI 레스토랑 등 AI 기술을 어디에 적용하든 웬만해서는 최초가 된다. 참신하고 새로운 AI 기술 적용사례를 만들어내면서 새로운 산업의 역사를 얼마든지 개척할 수 있다는 뜻이다.

이미 AI가 적용된 분야보다 아직 적용되지 않은 분야가 훨씬 많다. 이런 상황을 고려하면 AI 혁신에 있어서 새로운 AI 기술을 개발하는 것도 중요하지만, 이미 개발된 기술을 새로운 분야에 적용하는 '창조적 응용creative use' 능력이 매우 중요하다고 볼 수 있다.

AI 혁신은 인공지능 기술이 만들어낼 수 있는 거대한 기회를 획득하는 것이다. 그러기 위해서는 테크놀로지 푸시 방식인 AI 혁신의 성격상 기술에 대한 지식과 통찰력을 갖춰야 한다. 또한 AI 기술이 반영되는 제품 및 서비스는 시간이 지날수록, 사용량이 많아질수록 발전하기 때문에 단순히 새롭고 신기한 제품을 출시해 반짝 효과를 낼 게 아니라, AI의 특별한 가치를 점진적으로 발전시키기 위한 장기적 접근을 취해야 한다. 그리고 AI 기술은 다양한 분야에 적용될 수 있기 때문에 창조적 응용능력을 발휘해 새로운 가치를 창출해야 한다. AI 혁신의 속성을 이해했다면, 이제 본격적으로 AI 혁신을 시작해보자.

요약하기

AI 혁신은 인공지능 기술을 이용해 고도화된 기능의 제품을 구현하고, 새로운 가치를 창출하여, 사용자경험을 향상시키는 과정을 의미한다. AI 혁신의 핵심요소는 알고리즘, 데이터, 애플리케이션 그리고 비즈니스 모델이다. AI를 통해 혁신적 비즈니스를 개발한다는 것은 구체적으로 이 네 가지를 개발하는 것과 같다. AI 혁신은 테크놀로지 푸시 형태를 띠며, 제품 사용량이 많아질수록 고도화되는 특징이 있다. 또한 적용범위가 넓기 때문에 창조적 응용능력이 중요하다.

STEP 2

엔지니어의 눈으로 문제를 통찰하라

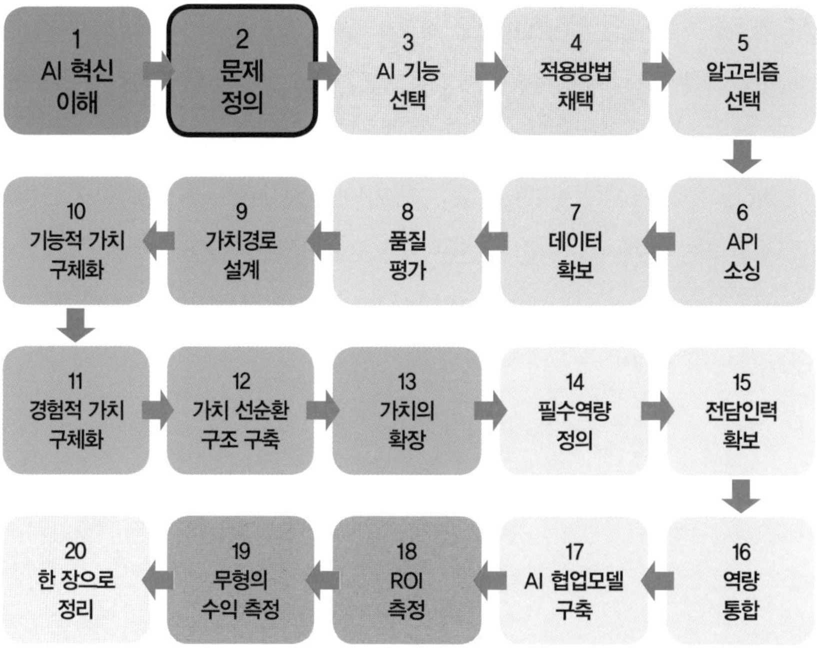

과제 ______ '해결이 필요한 사용자의 문제'를 구체적으로 정의하여 AI 혁신 아이디어를 개발한다.

"내게 세상을 구할 시간이 한 시간 주어진다면
59분은 문제를 파악하는 데 쓰고,
나머지 1분은 해결하는 데 쓰겠다."

알베르트 아인슈타인 Albert Einstein

왜 문제정의가 중요한가

AI 혁신을 시작하기 위해서는 우선 문제를 정확히 파악해야 한다. 시험을 볼 때 정답을 맞히려면 일단 문제를 정확하게 이해해야 하는 법이다. 이 단순하고도 기본적인 원칙은 AI 혁신에 그대로 적용된다. 과거에는 지금보다 변화의 크기가 상대적으로 크지 않았고 반복적인 일이 많았다. 풀어야 할 문제도 어느 정도 정해져 있었다. 그때는 주어진 문제를 '어떻게 해결할 것인지how to solve'가 중요했다. 그러나 인공지능이 새로운 시장을 만들어 내고 있는 지금 시기에는 해결해야 할 문제가 아예 주어지지 않는다. 무엇을 해결해야 할지를 모르는 시기다. 따라서 이런 때 위대한 혁신을 이루기 위해서는, '해결돼야 할 중요한 문제를 통찰하는 작업what to solve'이 선행돼야 한다.

특히 AI 혁신은 새로운 기술 궤도를 만들어내는 급진적 혁신이기 때문에 참고할 만한 선례가 많지 않다. 문제를 직접 발견하고 정의 내리는 방식으로 해나갈 수밖에 없다는 이야기다. 하지만 시대의 중요한 사안에 대한 문제를 짚어내면 거대한 기회와 연결된다.

1970년대에 마이크로소프트 창업자인 빌 게이츠Bill Gates는 IBM을 주축으로 PC가 대중화될 것을 예상했다. 하지만 PC의 확산에 비해 그 안에 들어갈 운영체제 등 소프트웨어는 충분히 개발되지 않은 상황이었다. 빌 게이츠는 이러한 공백을 발견해 MS-DOS, 윈도 시리즈 등 사용자 친화적인 운영체제를 개발했고 IBM PC와 더불어 마이크로소프트의 운영체제는 엄청난 속도로 확산됐다. '문제는 가면을 쓴 기회'라는 말이 있다. 문제를 포착하면 강력한 기회로 이어진다.

그러나 안타깝게도, 현실에서는 문제를 정확히 모른 채 개발이 이뤄지는 일이 비일비재하다. 공들여 뭔가 새로운 기술을 개발하긴 하는데 궁극적으로 무엇을 해결할지 모르고 작업하면, 정작 사용자에게는 맞지 않는 제품이 개발되고 만다. 기술적으로는 뛰어나지만 시장성은 없는 이른바 '쓸모없는 걸작'이 되기 쉽다. AI가 시장에 들어온 지 얼마 되지 않았기 때문에 대부분의 기업인은 AI 혁신의 초보자라고 봐야 할 것이다. 문제를 정확히 이해한 다음에 답을 찾으라는 학교 선생님의 지침은 지금 AI 혁신을 추구하는 기업인에게도 유효하다.

문제를 통찰하기

AI 혁신의 문제를 정의하려면 인공지능 기술에 대한 지식이 필요하다. 앞서 AI 혁신은 테크놀로지 푸시 성격을 띤다고 말했다. AI 기술이 무엇을 할 수 있는지 알아야 무엇을 혁신할지 통찰할 수 있다는 뜻이다. 주행 중인 자동차가 갑자기 멈춰서 보닛(차량 앞 덮개)을 열어봐도 자동차 문외한의 눈에는 뭐가 문제인지 잘 보이지 않는다. 자동차 내부구조에 대해 박식하게 알고 있어야 뭐가 잘못됐는지, 또는 뭘 고쳐야 하는지를 알 수 있다. AI 혁신은 인공지능 지식을 가진 엔지니어의 시각으로 AI의 가능성을 펼쳐낼 거대한 기회를 찾는 것이다. 엔지니어의 눈으로 문제를 통찰하는 예는 다음과 같다.

- AI 기술로 아무도 시도하지 못한 어떤 기능을 만들어낼 수 있을까?
- AI 기술로 할 수 있는 일과 할 수 없는 일은 무엇인가?
- AI 기술을 새롭게 적용해볼 만한 영역은 어디인가?
- AI 기술이 사용자에게 어떠한 가치를 제공할 수 있을까?
- AI가 아니면 해결할 수 없는 문제는 어떤 것들인가?
- AI가 창출할 수 있는 새로운 시장은 무엇인가?

구글 수석디자이너인 제이크 냅Jake Knapp에 따르면, 구글에서는 엔지니어의 관점에서 흥미로워 보이는 아이디어가 거대한 사업적 기회로 연결되는 경우가 많다고 한다. AI가 할 수 있는 일은 무궁무진하지만 그걸로 실제 무엇을 할 수 있는지 알아야 풀어낼 만한 문제를 가려낼 수 있다. 따라서 AI 기술에 대한 지식은 AI 혁신에 필수적이다.

좋은 문제정의의 조건

문제정의는 AI 혁신의 출발점이자 거대한 사업적 기회를 여는 열쇠다. 문제를 정의한다는 것은 사람들에게 불편함, 비효율, 아쉬움을 주는 것이 무엇인지 파악하는 일이다. 문제는 가능한 명확하게 정의돼야 한다. 문제정의를 명확하게 한다는 것은 어떤 의미일까?

첫째, 문제의 주체, 즉 사용자를 명확히 정의해야 한다. 같은 상황이라도 사용자에 따라 문제는 달라진다. 한겨울 눈이 내릴 때 모든 사람이 똑같은 감정을 느낄까? 그렇지 않다. 군인, 아파트 관리인, 어린아이, 연인 등 사람마다 다 다르다. 정확히 이야기하자면, 문제정의란 특정한 사람의 문제를 이해한다는 것이다. 따라서 문제를 명확히 정의하려면 문제를 갖고 있는 사용자가 궁극적으로 누구인지 파악해야 한다.

둘째, 사용자가 분명해졌다면 사용자의 문제 역시 분명해져야 한다. 불편함이나 아쉬운 점이 구체적으로 무엇인지를 설명할 수 있어야 한다. 문제 자체가 모호하면 혁신의 방향성을 명확하게 잡을 수 없다. 문제해결에 가장 적절한 알고리즘과 데이터를 정하기가 모호해진다는 의미다.

셋째, 이 문제를 해결했을 때 사용자가 얻는 혜택이 분명해야 한다. 모든 불편함이 문제가 되지는 않는다. 기업가는 중요한 문제에 주목해야 한다. 그 말은 기회 지향적 문제opportunity oriented problem를 선택해야 한다는 뜻이다. 기회 지향적 문제란, 해결했을 때 사용자가 만족하는 문제를 말한다. 사용자가 만족을 위해 돈을 지불할 의사까지 있다면 그게 바로 기회다.

넷째, 내가 이 문제를 해결하는 게 맞는지, 명분이 분명해야 한다. 사용자의 중대한 문제를 기업이라고 다 해결해도 되는 건 아니다. 명분이란, 왜 다른 사람이 아닌 내가 해결해야 하는가에 대한 정당한 이유를 의미한다. 법률가가 의학지식이 있다고 해서 암 환자에게 의료행위를 할 수는 없다. 법률자문을 할 자격은 있지만, 환자를 치료할 자격은 없다.

문제를 어떻게 정의할 것인가

좋은 문제가 무엇인지 이해됐다면 문제정의의 방향은 정해진 셈이다. 문제정의 프로세스는 다음과 같이 정리해볼 수 있다.

문제정의 프로세스

사용자를 정의한다	• 사용자가 누구인가? • 사용자의 주요 특성은 무엇인가?
문제를 기술한다	• 문제가 무엇인가? • 문제의 근본적 원인은 무엇인가?
명분을 서술한다	• 문제해결이 회사의 전략에 부합하는가? • 우리 회사가 이 문제를 해결하는 게 적절한가?
제약을 파악한다	• 문제를 해결하는 데 있어서 내외부의 제약사항은 무엇인가?
이점을 정리한다	• 문제해결로 인해 고객이 얻는 이점은 무엇인가?

❶ 사용자를 정의한다. 먼저 사용자를 정확히 파악한다. 사용자가 누구인지, 그리고 사용자의 주요 특성은 무엇인지 정리한다.

❷ 문제를 기술한다. 이 사용자에게 있어 해결이 필요한 문제를 문장으로 기술해본다. 문제 기술은 최대한 명확하고 구체적이어야 한다. 전문용어나 특정 분야의 지식을 담지 말고 일반 대중의 입장에서 문제를 기술한다.

❸ 명분을 서술한다. 내가 왜 문제를 해결해야 하는지를 서술하는 단계다. 여기서는 짚어봐야 할 사항이 두 가지다. 먼저 문제해결이 회사의 전략적 목표에 부합하는지 점검해야 한다. 기업의 한정된 자원을 소모하기에 충분한 가치를 갖는지를 확인해야 한다. 두 번째는 문제를 풀어내는 해결사가 다른 사람이 아닌, 다른 회사가 아닌 나여야 하는 이유를 살펴서 서술한다.

❹ 제약을 파악한다. 문제 해결 시 발생할 수 있는 내외부의 제약을 서술한다. 내부의 자원이나 조직역량의 투입이 문제가 될 수 있다. 외부 제약도 제시해야 한다. 이러한 과정을 통해 문제를 맥락화한다.

❺ 이점을 정리한다. 끝으로 문제해결을 통해 사용자가 얻는 이점을 정리한다. 편의성에서의 이점, 경제적 이점 등을 포함해 구체적으로 정리한다. 이를 어떻게 측정할지에 대한 방법도 함께 고려하라.

이러한 다섯 가지 항목을 정리하기 쉽도록 다음과 같은 문제정의 기술서를 작성해본다.

문제정의 기술서

사업과 조직에서 '해결이 필요한 문제'를 구체적으로 정의한다	
문제정의	• 사용자가 누구인가? • 해결해야 할 문제가 무엇인가?
이 문제를 해결해야 하는 이유	• 문제해결로 얻는 이점(고객/조직/개인)은 무엇인가? • 이 문제를 나 또는 우리 조직이 해결해야 할 이유(명분)는 무엇인가?
기타	• 문제해결을 할 때 고려해야 할 제약사항은 무엇인가?

Zone7의 문제정의

명확한 이해를 위해 사례를 하나 살펴보려 한다. 2017년 유럽 축구클럽 FC 바르셀로나의 공격수인 우스만 뎀벨레Ousmane Dembele는 스페인 프로 축구의 최상위 리그인 프리메라리가에서 헤타페와의 경기 중 전반 30분 만에 왼쪽 허벅지 부상을 당했다. 진단 결과 왼쪽 대퇴이두근이 파열되는 큰 부상이었다. 뎀벨레는 최대 4개월 경기 출전 불가 판정을 받았다.

그는 FC 바르셀로나가 이적료로 1억 5,000만 유로를 주고 보루시아 도르트문트에서 영입한 선수다. 그런 선수가 겨우 세 경기 122분을 뛰고 장기부상을 당해 팀에 근심을 안긴 것이다. FC 바르셀로나로서는 커다란 손실이다.

맨체스터 유나이티드 역시 2019년 핵심 미드필더인 스콧 맥토미니

Scott Mctominay가 뉴캐슬 유나이티드를 상대로 프리미어리그 경기를 하는 도중 무릎 인대 부상을 당했다. 이로 인해 그는 8주 이상 쉬어야 했고, 아스날 전 등 중요한 경기에 결장하게 됐다. 중원에서 공격과 수비에 걸쳐 왕성한 활약을 펼치는 선수이기에 팀 전력에 큰 손실이었다. 2019년 기준으로 맨유에서는 이러한 부상자가 일곱 명이나 리스트에 올랐다.

선수들의 부상은 축구 구단이 피하고 싶어 하는 중대한 위협 중 하나다. 부상 때문에 전략자산이 중요한 경기에 나가지 못해 승률 관리에 커다란 타격을 입는 경우가 많다. 부상 정도에 따라 몇 주 또는 몇 달 동안 출전을 못 하게 되는 선수가 나오는가 하면 심하면 선수 명단에서 아예 빠져야 할 수도 있다. 문제는 부상이 언제 발생할지 알 수가 없다는 것이다. 이 때문에 각 구단은 선수들의 부상을 예방하기 위해 의료진을 동원하고 각종 부상 예방 프로그램을 실시한다. 그럼에도 선수들의 부상이 끊임없이 발생하는 게 현실이다.

이러한 문제를 포착한 실리콘밸리 소재 스타트업 Zone7은 운동선수들의 부상 가능성을 예측함으로써 구단이 미리 대응할 수 있게 해주는 서비스를 내놨다. Zone7은 선수별 경기 데이터, 의료기록과 건강 데이터 등 개인화된 데이터를 AI로 분석해 부상 가능성을 예측하고 최적의 훈련 수준을 추천한다. 이 회사는 지금까지 95%의 정확도로 선수들의 부상을 예측하고 있다. 그리고 구단은 이를 통해 선수들의 부상 가능성을 75% 가까이 줄였다.

그럼 지금부터 Zone7의 입장에서 문제정의 프로세스를 정리해보자.

AI로 운동선수의 부상 가능성을 예측하는 서비스 회사 Zone7

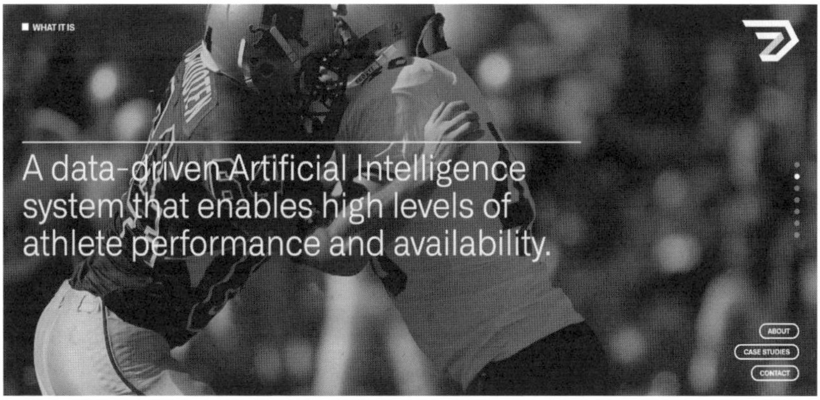

출처: zone7.ai

사용자

먼저 Zone7의 사용자는 축구를 비롯한 글로벌 스포츠 구단이다. 대부분의 구단은 구단주가 운영하고 있으나 FC바르셀로나처럼 다양한 이해관계자들이 소시오socio라고 집단을 이뤄 구단을 운영하기도 한다. 각 구단은 감독, 코치, 스태프를 두고 있다. 주전 선수와 후보 선수를 보유하고 있으며, 상황 및 전략에 따라 주기적으로 선수 앤트리를 변경한다. 주요 선수는 고가의 이적료를 지불해 영입하기도 한다.

문제정의

문제는 선수들의 부상으로 인한 전력손실이다. 문제의 핵심은 부상을 예측할 수 없기 때문에 대응도 할 수 없다는 점이다. 스타 선수가 부상을 입으면 치료 및 보상 등 구단이 치러야 할 비용이 꽤 크다. 주요 선수 결장은 티켓 판매와도 직결되기 때문에 그로 인한 경제적 손실도 크다.

문제해결의 명분

Zone7은 인공지능 예측 엔진을 개발해온 IT기업이고 스포츠에 특화된 시스템을 개발해왔다. 스포츠 업계에서의 부상을 예측하고 분석하는 알고리즘, 데이터, 전문 엔지니어를 보유하고 있다. 이 회사는 고도화된 부상 예방 시스템을 갖추기 위해 500만 개가 넘는 경기와 수천 건의 부상 관련 데이터를 학습했고, 고객 구단 선수들의 프로파일과 의료 데이터를 통해 부상과 관련한 패턴을 식별할 수 있는 AI 시스템을 구비했다.

제약사항

제약사항은 축구 경기 중 선수들의 컨디션, 주변환경 요인, 상대 선수와의 충돌 등 부상 발생 요소가 너무나 다양해서 감독이나 코치, 전문가의 판단으로 모든 상황을 예측하기가 쉽지 않다는 점이다.

문제해결 시 얻는 이점

구단의 문제를 해결한다면 선수 부상에 의한 앤트리 제외 일수를 줄일 수 있어 전력손실을 방지할 수 있다. 많은 연구 결과에 따르면 부상 감소는 승리와 밀접한 관련이 있다. 또한 부상을 줄이면 의료비용이 줄어들기 때문에 경제적 손실 감소 효과도 있다. 나아가 주요 선수의 지속적인 출전으로 인한 방송 수익 및 리그 상금 등 추가 수입도 얻을 수 있다.

Zone7의 문제정의 기술서

사업과 조직에서 '해결이 필요한 문제'를 구체적으로 정의한다	
문제정의	**사용자** : 축구, 농구 등 스포츠팀을 이끌고 지속적인 경기를 펼치는 구단 **문제** : 선수들의 부상으로 인한 팀 전력손실 및 구단의 경제적 손실, 선수 부상에 대한 정확한 예측 필요
이 문제를 해결해야 하는 이유	**이점** : 선수 부상으로 인한 시합의 결장을 감소시켜 전력손실을 방지, 의료비용 절감 및 우승 상금 등 경제적 이점 **명분** : Zone7은 AI 기반 예측 시스템을 전문적으로 개발해온 업체로 스포츠 분야에 대한 지식을 충분히 갖추고 있으므로 부상 예측 솔루션 개발에 적절
기타	**제약사항** : 부상 관련 변수가 다양해 인간의 판단으로는 예측에 한계가 있음

요약하기

문제의 정확한 파악이 AI 혁신의 첫걸음이다. 문제를 파악하면 인공지능의 어떠한 기능을 특화할지, 어떠한 기회를 획득할지에 대한 방향성이 생긴다. 문제를 정의하려면 먼저 사용자를 정확히 파악해야 한다. 사용자가 누구냐에 따라 문제가 달라지기 때문이다. 이 사용자에게 해결이 필요한 문제를 문장으로 기술해본다. 우리 회사가 왜 이 문제를 해결해야 하는지 명분을 따져본다. 이와 함께, 문제해결에 있어서 내외부 제약을 따져보고, 문제해결로 얻는 이점을 명확히 확인한다.

2장

어떤 AI 기능을 사용할 것인가

AI Business Model

STEP 3

AI의 핵심기능을 선택하라

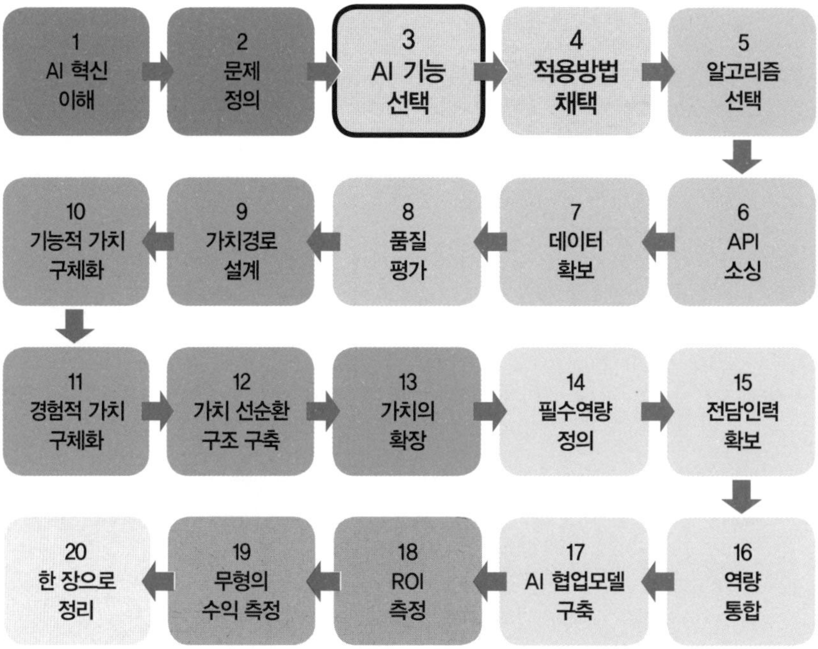

과제 ______ 비즈니스 혁신을 위해 AI가 어떤 기능을 제공하는지 이해한다. 다양한 기능 중에서 문제를 창조적으로 해결할 수 있는 핵심기능을 선정한다.

"일을 잘하는 방법은 두 가지다.
첫째는, 목표가 뭔지를 이해하는 것,
둘째는 이를 쉽게 이뤄줄 도구가 무엇인지를 찾는 것."

피터 드러커 Peter Drucker

AI의 어떤 기능을 활용할 것인가

1장에서는 사용자의 문제가 무엇인지 파악했다. 이제 AI 기술로 이 문제를 어떻게 창조적으로 해결할지 고민할 때다. 스탠퍼드대학교 앤드루 응Andrew Ng 교수가 강조했듯 인공지능 도입은 기본적으로 기능공학feature engineering이다. 데이터가 제공하는 인사이트를 바탕으로 머신러닝 등 알고리즘이 문제해결을 위해 작동하도록 기능feature을 설계하는 작업이다. 이를 해내려면 인공지능의 기능을 알아야 한다. 인공지능은 사실 기술 자체가 아니라, 다양한 요소기술을 포함하고 있는 기술의 집합 개념이다. 인공지능이 할 수 있는 일은 매우 다양하다. 수많은 AI 관련 기능 중에서 사용자의 문제를 창조적으로 해결하려면 어떤 기능을 요긴하게 적용해야 할까? 이것이 이 단계에서 풀어야 할 과제이다.

AI의 기능은 인식, 예측, 자동화, 소통, 생성이다. AI 혁신이란 결국 문제해결을 위한 솔루션(제품 및 서비스의 형태)을 창조적으로 만드는 것인데, AI 기능은 이 솔루션에 넣을 '기술적 재료'라고 볼 수 있다.

AI 5대 기능

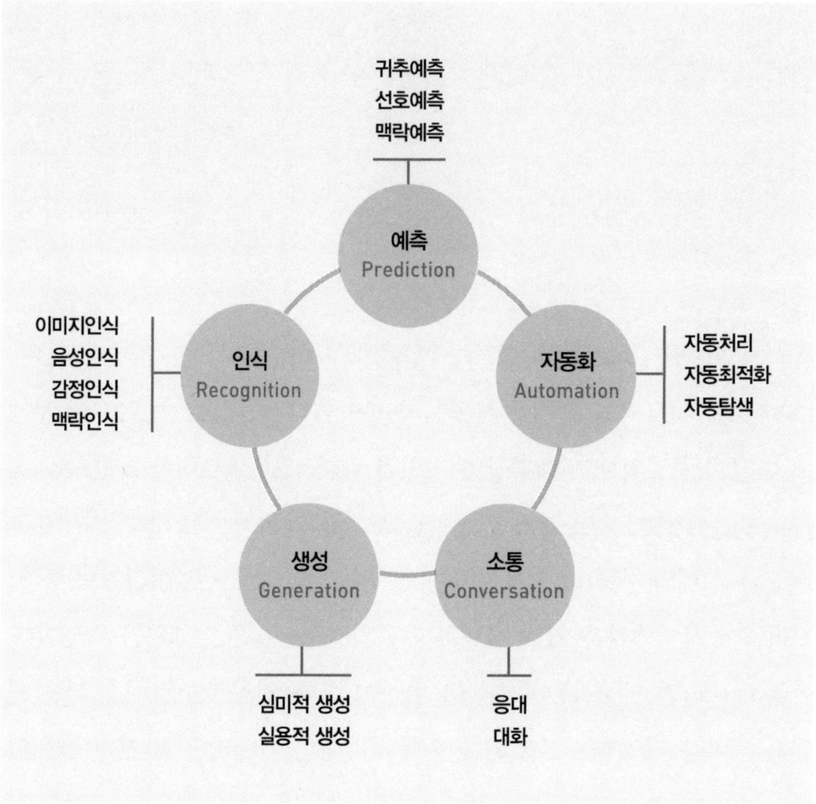

인식

AI 인식 혁신은 사물에 인공지능의 인식기능을 부여하는 것이다. 기계가 사용자의 얼굴을 알아보고, 사용자의 말을 알아듣고, 사용자가 원하는 게 무엇인지를 인지하여 그에 맞춰 반응하고, 사용자가 상황을 이해하도록 하는 것이다. 인공지능이 어떤 대상을 인식하느냐에 따라 이미지인식, 음성인식, 감정인식, 맥락인식으로 구분할 수 있다.

이미지인식 이미지인식은 인공지능이 사물이나 사람의 형체를 알아보는 기술이다. 딥러닝 혹은 인공신경망 계열의 알고리즘이 우수하게 수행하는 기능이다. 이미지 데이터의 패턴을 학습하여 새로운 이미지가 주어지면 그것이 무엇인지 알아내는 방식이다. 예를 들어, 지문인식 시스템을 보면 사람마다 지문의 모양이 다르기 때문에 각 지문으로 패턴을 만들어낸다. 여러 지문 데이터를 학습하면서 통계학적 패턴을 구분하고, 지문 확인이 필요할 때 어떤 패턴에 해당하는지를 계속적으로 추적해서 최종적으로 지문의 주인이 누구인지를 가려내는 것이다. 이 기능의 가치는 사람이 눈으로 알아보기 어려운 미세한 차이를 정확히 그리고 빠르게 식별한다는 데에 있다. 정적인 이미지뿐 아니라 움직이는 동영상을 인식하는 것도 AI 인식기능에 포함된다.

음성인식 음성인식은 소리를 인식하는 것이다. 음성인식 기술은 컴퓨터가 마이크 등 센서를 통해 얻은 음향학적 신호가 디지털 정보로 변환되는 것을 기본으로 한다. 아날로그 음성이 디지털 정보로 변환된다는 것은 사람의 목소리가 머신을 학습시킬 수 있는 데이터 형태로 만들어진다는 것을 의미한다. 이를 통해 AI는 다양한 음성을 듣고 그 의미를 인식할 수 있다. 말을 이해하기 때문에 아마존 알렉사는 피자를 주문하고, 우버 차량을 예약하는 등 음성명령 서비스를 구현할 수 있다. 음성인식을 활용하면 그 외에도 아기 울음소리를 듣고 우는 이유를 분간해내는 일을 할 수 있고, 동물의 소리를 분석해서 건강상태를 파악하는 데에도 도움을 줄 수 있다.

감정인식 인공지능은 감정인식도 할 수 있다. 다양한 조건에서 사람들이 느끼는 감정의 패턴을 파악해, 특정 조건이 주어질 때 그것이 어떤 감정의 영역에 해당하는지를 인식한다. 간단하게는 심장 박동수를 모니터링해서 쇼핑 중에 생체 및 감정 상태가 어떻게 변화하는지를 체크한다. 마트에서 카트의 핸들을 잡으면 생체인식 기능이 사용자의 심장 박동수, 온도 변화, 속도 변화, 카트를 밀 때의 힘의 변화 등을 측정할 수 있고, 이러한 데이터를 바탕으로 사용자의 스트레스 수준을 파악할 수도 있다. 자동차 운전자의 얼굴표정을 읽고 화났는지, 지루한지, 졸린지 등 생체 및 감정 상태를 인식할 수도 있다.

맥락인식 AI 인식기능은 점차 맥락context, 즉 상황을 인식하는 단계로 발전하고 있다. 인공지능의 인식기술 중 가장 고도화된 단계다. 이는 단순히 말을 알아듣거나 생긴 모양을 구분하는 수준을 넘어 특정 시공간 안에서 벌어지는 상황이 어떤 종류에 해당하는지를 인식하는 종합적 판단능력이다. 이를테면, 거리에 모여 있는 군중의 행동을 읽고 폭력적 상황이 일어나는지를 감지하기도 하고, 연기나 불씨 등을 보고 화재 위험 상황을 감지하기도 하며, 가상비서 사용자의 숨소리 패턴을 확인함으로써 심장병 발작을 감지할 수도 있다. 다양한 맥락에 대한 학습이 이뤄져야 맥락인식을 할 수 있다.

예측

AI의 두 번째 기능은 예측이다. 기업에 가장 필요한 기능이다. 사업의 실패는 예측의 실패에서 비롯될 때가 많고, 예측이 가능하면 수익을 극대화할 수 있다. 예측의 대상이 무엇이냐에 따라 귀추예측, 선호예측, 맥락예측 등으로 구분된다.

귀추예측 귀추예측은 미래에 일어날 일을 미리 예견하는 기능이다. AI는 수많은 데이터를 학습하여 패턴을 파악하고, 특정 조건에서 그에 대한 결과를 추론함으로써 예측을 수행한다. 주가예측, 날씨예측, 스포츠 승패예측, 기업의 수요예측 등에 이 기능이 활용된다. 스포츠화 기업인 나이키는 AI 스타트업인 셀렉트Celect를 인수해 소비자의 수요예측 기능을 강화했다. 셀렉트는 사용자의 구매패턴을 인식해서 수요를 예측하고 사용자행동을 분석하는 알고리즘을 이용한다. 모바일 앱, 웹 사이트, 오프라인 매장에서 나오는 모든 데이터를 통합해 사용자가 원하는 운동화 및 의류의 스타일, 구매 타이밍, 구매 장소 등을 예측할 수 있다. 과거에는 수요를 예측하는 데 수개월이 소요되기도 했지만 AI 예측기능의 도움으로 30분 만에 주요 품목의 월간, 연간 수요를 예측할 수 있게 됐다.

인공지능을 기반으로 수요를 예측하는 셀렉트

출처: 보스턴 비즈니스 저널

선호예측 인공지능의 예측기능은 사용자의 선호를 예측해 고객을 중심으로 하는 비즈니스의 본질에 더욱 가까이 다가설 수 있게 도와준다. 선호예측은 사용자가 선호하는 것, 나아가 구매 가능성이 높은 품목을 예측해서 맞춤화를 실현할 수 있게 해주는 기능이다. 예측능력은 딥러닝의 최대 강점이다. 사용자가 원하는 것을 사용자 자신보다도 더 정확히 알아내는 알고리즘이 계속 개발되고 있다. 빅데이터에서 특정 패턴을 추출하는 과정을 반복하면서 이뤄진 학습이 예측을 가능하게 만든다. 머신러닝을 이용해 그동안 축적해온 사용자의 구매이력 및 다양한 빅데이터를 기반으로 사용자의 구매패턴을 읽고, 이를 바탕으로 사용자가 가장 좋아할 만한 품목을 예측해 추천해준다. 아마존의 예측배송anticipatory shipping이나 알리바바의 추천엔진recommendation engine이 AI의 선호예측 기능에 기반한다.

데이터를 분석해 자동차 고장을 예측하는 카핏

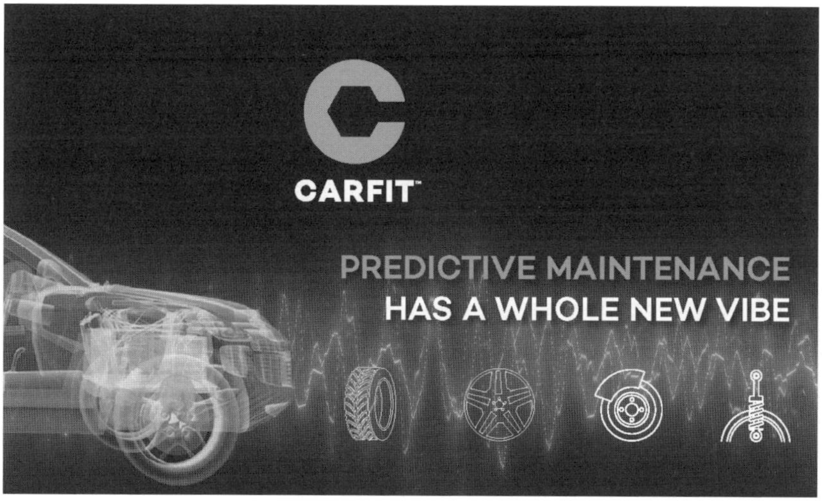

출처: 카핏

맥락예측 맥락예측은 상황을 예측하는 기능이다. 이미지인식이나 음성인식 등으로 파악한 현황을 바탕으로 미래에 발생할 상황을 예측하는 것이다. 예를 들어 프랑스의 스타트업인 카핏Carfit은 자동차의 소음이나 진동의 속성과 관련한 데이터를 인식해 앞으로 발생할 고장을 예측한다. 머신러닝 기반의 이 시스템은 자동차에 문제가 생기기 전에 미리 정비를 할 수 있도록 해주기 때문에 운전자 입장에서는 차량을 고장 없이 유지 관리할 수 있고, 카센터나 자동차 제조사 입장에서는 정비 효율성을 높이고 관리 비용을 절감할 수 있는 유용한 솔루션이다.

자동화

자동화 역시 AI가 제공하는 강력한 기능이다. 자동화의 역사는 오래됐고, 비용절감을 실현하는 중요한 기능이다. 하지만 AI 자동화는 단지 비용절감뿐 아니라 수익성 극대화, 사용자경험 극대화 등 새로운 가치를 만들어 낸다. 적용 형태에 따라 자동처리, 자동최적화, 자동탐색으로 구분된다.

자동처리 자동처리는 인공지능의 인식기능과 예측기능을 바탕으로 사람 손을 의지하지 않고 일을 수행하는 기능이다. 예를 들어, 사람들이 대체로 귀찮아하는 자잘한 일 중 하나가 설거지인데, 미국의 스타트업 디쉬크래프트 로보틱스Dishcraft Robotics는 AI 설거지 로봇을 내놓았다. 설거짓거리가 많은 식당을 타깃으로 개발한 로봇이다. 수많은 식기를 카트에 쌓아 놓은 다음 로봇 시스템에 넣으면 그 안에 있는 로봇 팔이 그릇들을 마그네틱 방식으로 잡아 옮기고, 세척 로봇이 그릇을 닦는다. 한 번에 최대 90개의 식기를 넣을 수 있다. 기존의 식기세척기와 다르게, 컴퓨터비전 기반의 AI 시스템을 사용해서 식기의 청결도를 검사하고 음식물이 남아 있으면 다시 세척한다. 식당 운영자 입장에서 설거지 작업은 부엌에서 가장 시간 소모적이고, 식당 운영에서 비효율성이 큰 일이다. 설거지뿐 아니라 커피 머신이 고객이 말하는 주문을 알아듣고 자동으로 커피를 뽑아주거나 자율주행 로봇이 마트 안을 스스로 돌아다니며 재고를 파악하는 등 자동처리는 다양한 영역에서 효율성을 높이는 데 활용될 수 있다.

자동최적화 자동최적화는 인공지능의 속성을 가장 잘 대변하는 기능이다. 기존의 자동화는 인간이 설정해놓은 규칙 아래에서 자동으로 운영되는 시스템이라서 그 효과가 고정적이다. 반면, 인공지능 자동화는 자가최적화self-optimization다. 머신 스스로 더 효율적인 방법을 찾아낸다는 점에서 기존 자동화 컴퓨팅과 차이가 있다. 환경이 변화하면 그에 맞춰 AI 시스템도 변화하며 끊임없이 효율성을 극대화한다. 공장의 전기세를 절감하기 위한 운영최적화에 적용될 수도 있고, 우버나 에어비앤비 같은 공유경제 서비스에서 차량 및 숙박 제공자, 이용자, 회사 전체의 수익을 극대화하는 다이내믹 프라이싱dynamic pricing에 적용될 수도 있다. 기업가의 이익을 극대화하는 방향으로 최적화된 의사결정을 자동으로 해주기 때문에 이 기능

컴퓨터비전 기반으로 식기를 구분해 세척하는 디쉬크래프트의 식기 세척 로봇 시스템

출처: www.dishcraft.com

이 산업계에 미칠 영향은 매우 클 것으로 예상된다.

자동탐색 자동탐색은 인간이 생각지도 못한 절묘한 대안을 찾아내는 기능이다. 바둑에 적용된 알파고 제로의 경우, 강화학습을 통해 바둑 전문가들이 그동안 시도해보지 못한 새로운 묘수妙手를 찾아내 승리 기법을 만들어냈다. AI는 방대한 탐색으로 인간이 그동안 생각지 못한 참신한 대안을 도출해낸다. 샌프란시스코에 기반을 둔 오픈AIOpenAI라는 연구소에서는 AI의 자동탐색 능력을 보여주는 숨바꼭질 시스템을 선보였다. 정해진 공간에서 상자, 패널 등 몇 가지 사물을 이용해 숨바꼭질을 한다. 강화학습과 함께, 숨는 자와 찾는 자가 경쟁을 하면서 숨바꼭질의 새로운 방법을 탐색하는 방식을 적용했다.

놀라운 점은 가르쳐주지도 않은 새로운 방식을 계속 찾아낸다는 것이다. 처음에는 구석진 장소나 높은 장소 등 찾기 어려운 곳에 숨는다. 그러다가 주변에 있는 상자나 널빤지 등 도구를 이용하는 방법을 터득해, 널빤지로 은신처를 만들어 숨기도 하고, 상자를 사용해서 출구를 막아서 술래가 방 내부로 들어오지 못하게 하기도 한다. 술래를 널빤지와 상자로 가둬 못 나오게 만드는 방법까지 고안해낸다. 새로운 방식을 끊임없이 찾아내는데 이 과정에 인간은 전혀 개입하지 않는다는 점이 특징이다. 이처럼 AI 자동탐색 기능은 새로운 전략을 찾는 데 유용하다. 새로운 조합의 신약을 개발하는 데 활용될 수도 있고, 수익성 높은 신시장 혹은 신규고객 발굴에 적용될 수도 있다. 축구나 농구 등 스포츠 경기에서 새로운 전술을 개발하거

오픈AI의 숨바꼭질 시뮬레이션

출처: OpenAI.com

나, 금융권에서 신종 사기수법을 막기 위한 대응책을 마련하는 데에도 가치가 있을 것이다.

소통

AI 소통기능은 기존의 딱딱한 기계에 대화기능을 부여하는 것이다. 인간이 인공지능을 가깝게 느끼는 데 중요한 역할을 하는 것이 바로 이 대화기능이다. 기존의 머신은 설정된 틀 안에서 이른바 생각 없이 적절한 답변과 질문의 종류를 파악해 기계적인 대화를 할 뿐이다. 그러나 지능형 대화기능은 사용자와의 소통이 필요한 비즈니스의 다양한 영역에서 활용될 것으로 전망된다. AI 소통은 응대와 대화로 구분된다.

응대 텍스트 분석, 이미지 분석 및 음성인식을 기반으로 인간과의 의사소통을 가능케 하는 자연언어처리NLP 기술이 고도화되어 응대로봇 서비스로 진화했다. 이미 많은 서비스 업체가 인공지능 챗봇을 도입해 고객 응대를 자동화하고 있다. 기존의 챗봇 서비스는 상품 안내, 지점 안내처럼 단순한 안내 서비스를 제공하는 데 그쳤으나, 요즘에는 고객의 말을 알아듣고 다양한 대응을 하는 등 실제 사람이 안내해주는 것과 흡사한 서비스로 진화하고 있다.

구글은 2018년 10월에 AI 비서가 미용실에 대신 전화를 걸어 예약을 걸어주는 듀플렉스Duplex를 시연하면서 자연스러운 대응으로 놀라움을 안긴 바 있다. 이 기술을 콜조이Calljoy라는 기업용 자동응답서비스로 상용화해 많은 관심을 얻었다. 미국 3,200만 명 중소기업 사업자를 대상으로 하는 이 시스템은 회사나 매장으로 걸려오는 전화에 인공지능이 알아서 응대해주는 서비스다. 스팸전화를 차단하고 발신자에게 기본 비즈니스 정보를 제공하며 고객에게서 예약을 받아 스케줄링을 해주기도 한다.

구글의 AI 자동응답서비스 콜조이

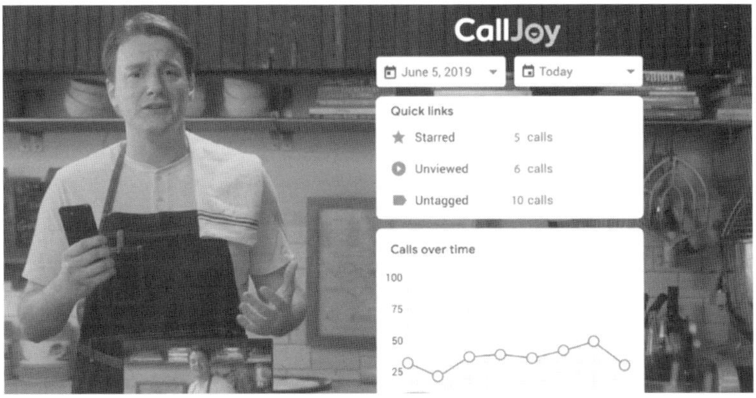

출처: www.calljoy.com/

대화 단순한 대화 서비스를 제공하는 것도 AI 소통기능의 일부분이다. 1인가구가 늘어나면서 말동무를 필요로 하는 사람들을 겨냥한 다양한 AI 대화 친구 서비스가 등장하고 있다. 게이트박스Gatebox 등이 그 예다. 또한 스픽나우Speaknow처럼 AI 튜터와 대화를 하며 영어 실력을 키울 수 있는 서비스도 있다. AI 대화기능은 인간의 정서적 안정과 유희를 높이고 언어 능력을 키우는 데 도움을 준다.

생성

AI 생성기능은 텍스트, 음성, 이미지, 사진, 동영상 등을 창조적으로 생성해 내는 창작의 기능이다. 그 목적에 따라 심미적 생성과 실용적 생성으로 나뉜다.

심미적 생성 심미적 생성은 인간의 예술활동을 따라 하는 것이다. 미술작품이나 작곡 등 심미적인 예술활동에 응용될 수 있다. 스탠퍼드대학교 연구원인 로비 바렛Robbie Barrat은 머신러닝을 이용해 사람이 그린 그림 수천 점을 인공지능에 학습시킨 후 생성적 적대신경망Generative Adversarial Network, GAN 기술을 적용해 직접 누드화를 그려보도록 했다. AI 화가로 알려진 오비어스Obvious는 14~20세기 초상화 1만 5,000여 점을 학습해 〈에드몽 드 벨라미Edmond de Belamy〉라는 그림을 그려냈는데, 이 그림이 크리스티 경매에서 43만 달러(약 5억 원)에 낙찰돼 주목을 받았다. AI의 심미적 생성은 새로운 형태의 예술작품을 만들어내거나 창작을 효율적으로 하는 데 활용될 것이다. 이를테면, 정기적으로 출간되는 잡지의 표

AI 화가 오비어스가 창작한 〈에드몽 드 벨라미〉

출처: 크리스티

지 디자인 분야 등에 효율적으로 활용될 수 있다.

실용적 생성 실용적 생성은 예술활동보다는 실제 활용을 목적으로 인공지능의 창작기능을 이용하는 것을 말한다. 예를 들어, 스타트업 제너레이티드 포토스Generated photos는 사람의 얼굴을 생성하는 딥페이크deep fake 기술을 이용해 10만 명의 인물사진을 만들어냈다. 이 세상에 존재하지 않는 가상의 얼굴이다. 다양한 성별, 인종, 스타일, 체형의 인물사진을 생성했기 때문에 기업들이 초상권이나 저작권 걱정 없이 홍보영상 등에 자유롭게 활용할 수 있다.

제너레이티드 포토스가 생성한 가상의 인물사진

출처: icons8.com

AI 혁신모델 스케치하기

AI 혁신을 진행하기 위해서는 인공지능의 수많은 기능 중 문제를 창조적으로 해결하기 위해 어떤 기능을 적용할지를 파악해야 한다. AI가 제공하는 핵심기능은 앞서 살펴본 대로 인식, 예측, 자동화, 소통, 생성 등 다섯 가지로 추릴 수 있다. 이를 바탕으로 AI 혁신의 아이디어를 구체화하기 위한 기능 목록을 다음 AI 혁신모델 스케치에 작성해보기 바란다.

먼저, 앞서 정의한 문제해결을 위한 다섯 가지 기능요소를 어떻게 사용할지를 정해야 한다. 그러기 위해 해결해야 할 문제를 다시 확인한다. 그리고 AI의 어떤 기능이 문제해결에 유용할지를 정한다. 또한 구체적으로 이 기능이 문제해결에 어떻게 사용될 수 있을지 그 역할을 기술한다. 적용 방식은 다음 단계에서 다룰 예정이다.

Zone7의 AI 혁신모델 스케치 사례

Zone7의 사례를 다시 보자. Zone7의 고객인 축구 구단은 선수들의 부상으로 인한 전력손실이 매우 컸기 때문에, 선수 부상을 예측해서 사전에 관리할 필요가 있다는 게 문제의 요지였다. 이를 해결하기 위해 Zone7은 몇 가지 AI 기능이 구현된 부상 예측 솔루션을 개발했다.

먼저 Zone7에는 선수의 운동량, 부상 위험 및 최적의 훈련 수준을 계산하기 위한 데이터가 필요하다. 이 데이터는 선수의 몸에 장착하여 운동량과 패턴 신체신호 등을 수집할 수 있는 웨어러블 기기, 그리고 훈련 장

AI 혁신모델 스케치

<table>
<tr><th colspan="2">사업과 조직의 문제를 창조적으로 해결하기 위해 활용할 수 있는
AI 핵심기능은 무엇이고 이를 어떻게 적용할 것인가에 대해 서술한다</th></tr>
<tr><td>문제정의</td><td>• 사용자가 누구인가?
• 해결해야 할 문제는 무엇인가?</td></tr>
<tr><td>문제해결을 위한
AI 기능 및
적용 방법</td><td>• 문제해결을 위해 활용할 AI 기능은 무엇인가?
• 이 기능이 문제해결에 어떤 역할을 하는가?
• 이 기능을 어떻게 적용할 것인가?</td></tr>
<tr><th colspan="2">솔루션 스케치</th></tr>
<tr><td colspan="2">• 구상하는 혁신 아이디어의 핵심적인 콘셉트를 시각화하여 스케치한다.</td></tr>
</table>

면을 녹화한 비디오 시스템을 통해 수집할 수 있다. 여기서 웨어러블 기기가 수집한 데이터와 영상을 인식할 수 있는 기능이 필요하며 이는 부상 예측을 분석할 수 있는 기반이 된다. 또한 각 선수의 텍스트 기반 의료정보를 분석한다. 이러한 데이터를 바탕으로 몸의 저항력, 추동력, 순발력, 회복력 등을 분석하고 부상 가능성을 계산하는 기능이 필요하다. 이와 함께 부상을 예방하기 위한 최적의 운동량 및 운동의 종류를 도출해내는 기능도 필요하다. 마지막으로 이러한 분석 결과를 토대로 텍스트와 그래프 등을 생

성하여 사용자에게 보여줄 수 있어야 한다. 그래야 사용자가 인사이트를 얻을 수 있다. 이러한 내용을 AI 혁신모델 스케치에 작성하면 다음과 같다.

Zone7의 AI 혁신모델 스케치(일부)

사업과 조직의 문제를 창조적으로 해결하기 위해 활용할 수 있는 AI 핵심기능은 무엇이고 이를 어떻게 적용할 것인가에 대해 서술한다	
문제정의	**사용자** : 지속적으로 경기에 참가하는 스포츠 구단 **문제** : 선수들의 부상으로 인한 구단의 전력손실이 크기 때문에 선수 부상에 대한 예측 필요
문제해결을 위한 AI 기능 및 적용 방법	**이미지(영상)인식** : 웨어러블 기기 또는 비디오 기술을 통해 얻은 선수들의 플레이 정보 인식 **텍스트인식** : 선수들의 의료 데이터 인식 **맥락예측** : 데이터 분석을 통해 현재 체력 및 컨디션을 분석, 가까운 시일 내 부상 가능성을 예측하여 사용자에게 보고
솔루션 스케치	

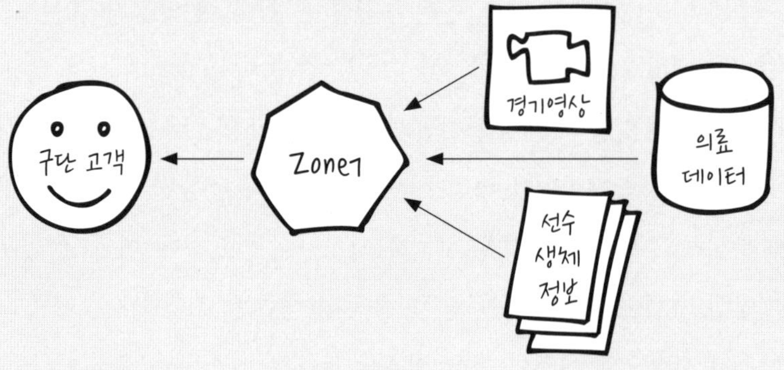

요약하기

AI 혁신은 인공지능이라는 새로운 도구를 이용하는 혁신이다. 도구가 어떤 일을 할 수 있는지 알아야 효과적으로 이용할 수 있는 법이다. AI의 주요 기능은 인식, 예측, 자동화, 소통, 생성 등 다섯 가지다. 문제해결을 위해 어떤 AI 기능을 적용할지를 정하고 이 기능이 문제해결에 어떻게 사용될 수 있을지를 점진적으로 구체화한다.

STEP 4

AI의 적용방법을 채택하라

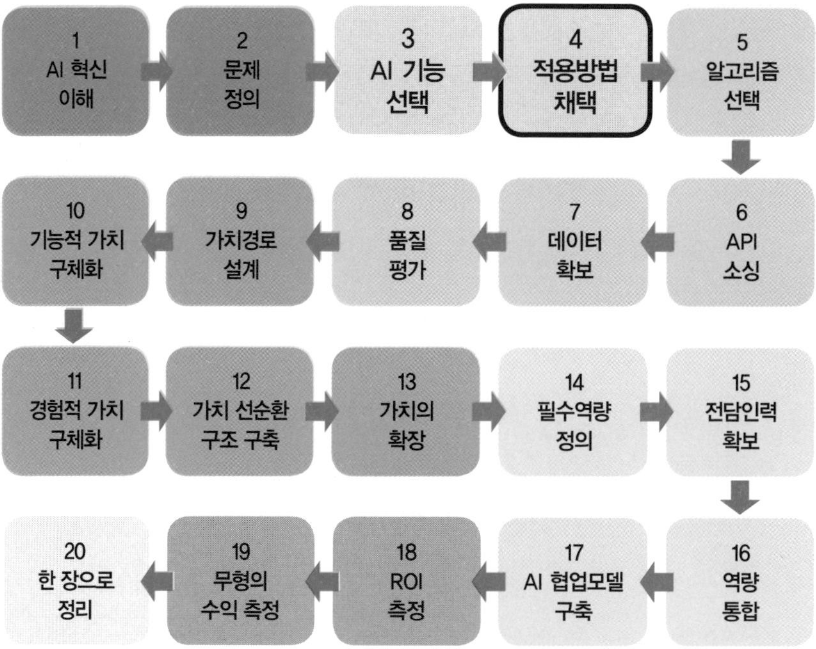

과제 ——— 혁신적인 AI 기능을 제품과 서비스에 구현할 수 있는 방법을 채택한다.

"좋은 도구가 있어도
사용법을 모른다면
그것은 당신에게 도구가 아니다."

AI 기술을 적용하는 4가지 방식

AI 핵심기능을 선택했다면 이제 이 기능을 어떻게 적용할지 설계해야 한다. AI 기술을 적용하는 방식은 두 가지이다. 첫 번째는 혁신 결과물이 만들어지는 방식이다. 전에 없던 완전히 새로운 것을 만들어내는 창조invention와 기존의 것을 다른 형태로 변환시키는 재창조reinvention로 나뉜다. 두 번째 기준은 기존 자원 및 기술의 연속성에 따라 연속적continuity과 단절적discontinuity 접근으로 구성된다. 이 두 기준을 토대로 AI 기술의 적용 방법을 창출, 결합, 대체, 확장 등 네 가지로 구분할 수 있다.

AI 기술의 4가지 적용 방식

	단절적 DISCONTINUITY	연속적 CONTINUITY
창조 INVENTION	창출 Invention by Creation	결합 Invention by Combination
재창조 REINVENTION	대체 Reinvention by Replacing	확장 Reinvention by Expansion

창출

완전히 새로운 기능을 지닌 제품이나 서비스를 만들어내는 접근이다. 새로운 기술과 자원을 이용해 이전에는 없던 새로운 기능을 추가하거나 새로운 종류의 제품을 만들어내는 것이다. 가령, 자율주행차는 이전에 존재하지 않은 새로운 제품 카테고리다. 자율주행차에 들어가는 AI 관련 기술 재료도 과거의 차량에는 활용되지 않는 전혀 새로운 종류다. 알렉사나 시리Siri와 같은 가상비서도 전례 없는 새로운 창출 제품이다. 가상비서를 통해 물건을 구매하는 음성쇼핑은 기존의 쇼핑과 그 방법이 전혀 다르다.

결합

기존에 존재하는 기술적 재료를 결합하여 새로운 형태의 창조물을 만드는 접근이다. 예를 들어 하이미러HiMirror는 거울이라는 대상에 카메라와 AI 인식기능을 결합해 피부 상태를 분석해주는 새로운 거울로 재탄생됐다. 이 거울은 내 모습을 비춰주기만 하던 과거의 용도를 넘어 주름, 잔주름, 안색, 다크서클, 반점 및 모공을 인식한 후 피부 상태를 분석해준다. 얼굴을 비춰보던 거울의 기존 기능에 얼굴을 정밀하게 분석해주는 기능이 추가적으로 구현됐기 때문에 새로운 종류의 혁신제품이라고 볼 수 있다.

확장

기존 제품 및 서비스의 기능을 AI를 통해 고도화하는 접근이다. 창출이나 결합처럼 새로운 종류의 제품 카테고리를 만드는 게 아니라 AI가 지닌 기술적 장점을 이용해 기존 제품의 기능을 더욱 강화하는 형태다. 대표적인 예로 번역을 들 수 있다. 구글 번역서비스는 인공지능을 이용하기 전에는 통계를 기반으로 번역을 수행했다. 어절과 구 단위로 높은 통계적 유의성을 지닌 표현을 선택해 번역하는 방식이다. 제한된 설정 아래서 번역이 이뤄지기 때문에 오류가 많다. 하지만 2016년부터 구글은 번역서비스를 인공신경망 방식으로 고도화했다. 신경망 기반의 번역은 어절이나 구 단위가 아니라 문장 단위의 번역을 한다. 수많은 문장 데이터를 기반으로 최적의 표현을 생성하기 때문에 오류가 적다. 이 번역을 통해 구글 번역의 정확도는 70~90%까지 향상됐다. 구글의 번역서비스는 과거와 다를 것 없이 존재하지만, 인공신경망 알고리즘을 적용해 번역의 질은 고도화됐다.

대체

제품과 서비스의 기능을 대체하는 방식이다. 기존 제품 및 서비스를 개선한다는 점에서는 확장과 유사하지만 확장 방식이 기존의 기능과 프로세스를 그대로 존속시킨 상태에서 성능을 고도화하는 것이라면 대체 방식은 프로세스의 일부 혹은 전체를 AI의 수행기능으로 바꾼다는 점에서 차이가 있다. 최근 주목받고 있는 AI 채용 프로세스를 보자. 많은 기업이 챗봇 등을 통해 채용 프로세스를 자동화하는 서비스를 선보이고 있다. 인재 채용은 회사의 역량을 좌우할 만큼 매우 중요하지만 사실 수많은 지원자를 심사 및 선정하는 작업에는 시간이 많이 들고 부담이 크다는 점은 부인하기 어렵다. XOR.ai는 챗봇 기반의 채용 자동화 서비스를 내놨는데 지원자를 대상으로 하는 1차 평가를 24시간 동안 자동으로 진행한다. 100개 언어를 지원하기 때문에 글로벌기업의 채용에 잘 맞는다. 이 AI 채용 시스템은 채용에 걸리는 시간을 33% 줄이고 채용 과정 전체에 들어가는 비용도 50%를 감소시키는 효과가 있다.

AI 대체 방식은 병원의 암 검진에도 적용될 수 있다. 암을 검진하는 여러 프로세스 중 일부, 그러니까 암 진단 부분에 한해 높은 정확도를 지닌 AI 인식모델로 대체하는 게 하나의 예다. 이러한 대체를 통해 병원은 암 진단 정확도를 100% 가까이 획기적으로 높일 수 있고, 의사들은 수술 및 상담 등 고난도 작업에 더 많은 시간을 할애할 수 있게 된다. 대체 방식은 이처럼 프로세스의 효율성을 높일 때가 많다.

혁신 방향을 설정하기

이전 단계에서는 'AI의 어떤 기능을 적용할까'를 살펴봤다. 즉 what to에 해당한다. 반면, 이번 단계에서는 AI의 기능을 '어떻게 적용할까', 즉 how to에 대한 질문을 다룬다. AI의 월등한 기능을 어떤 방식으로 제품 및 서비스에 구현할지에 대한 고민이다. 이 두 가지 접근을 함께 고려해 AI 혁신의 방향을 정할 수 있다. 이는 다음 표 〈AI 혁신의 방향 세분화〉처럼 정리할 수 있다. 'what to'에 해당하는 다섯 가지의 AI 기능과 'how to'에 해당하는 네 가지 적용 방식을 토대로 총 스무 가지의 혁신 방향을 도출할 수 있다. 이를 토대로 혁신의 방향을 잡아본다.

AI 혁신 방향의 세분화

What \ How	창출	결합	확장	대체
예측기능	예측기능 창출모델	예측기능 결합모델	예측기능 확장모델	예측기능 대체모델
인식기능	인식기능 창출모델	인식기능 결합모델	인식기능 확장모델	인식기능 대체모델
자동화기능	자동화기능 창출모델	자동화기능 결합모델	자동화기능 확장모델	자동화기능 대체모델
소통기능	소통기능 창출모델	소통기능 결합모델	소통기능 확장모델	소통기능 대체모델
생성기능	생성기능 창출모델	생성기능 결합모델	생성기능 확장모델	생성기능 대체모델

혁신 방향에 대한 이 표는 그동안 구상한 아이디어가 어디에 해당하는지 확인하는 용도로도 사용할 수 있지만, 추가로 발전시킬 수 있는 혁신 영역을 찾는 아이디어를 얻는 용도로도 사용할 수 있다.

예를 들어, 스마트 거울인 하이미러는 기존의 거울에 AI 인식기능을 결합해 피부 상태를 분석해주는 기능을 구현, 새로운 종류의 거울을 만들었기 때문에 인식기능 결합모델에 해당한다고 볼 수 있다. 또한 하이미러는 알렉사와의 연동으로 음성 커뮤니케이션을 할 수 있다. 이 역시 기존 거울에는 존재하지 않은 새로운 기능이기 때문에 소통기능 창출모델에 해당한다. 이를 더욱 발전시킨다면, 피부 상태가 개선된 말끔한 버전의 얼굴을 보여주는 이미지생성 기능을 넣는다는 구상을 해볼 수 있다. 생성기능 창출모델이다. 그리고 매일매일 측정한 피부 데이터를 토대로 일주일 후 혹은 한 달 후 피부 개선상태를 예측하여 보여주는 기능을 추가해볼 수도 있다. 예측기능 창출모델이다. 이렇게 거울이라는 단순한 물품으로 다양한 방면의 혁신을 추구해볼 수 있다.

AI 혁신모델 스케치하기

자, 이제 실전에 적용해보자. 앞서 소개한 AI 혁신모델 스케치에 이번 장에서 다룬 적용 방법을 포함시킨다. 문제정의에서 출발하고, 이 문제를 창조적으로 해결하기 위해 활용할 수 있는 AI 핵심기능은 무엇인지 정의한다. 그리고 이를 어떻게 적용할지에 대해 서술한다. 이를 바탕으로 만들어지는 솔루션에 대한 아이디어를 그림으로 표현해본다.

하이미러의 AI 혁신모델 스케치

하이미러는 피부 상태를 분석해주는 최첨단 스마트 거울이다. 거울 앞에서 피부를 측정해달라는 요청을 하면 하이미러가 사용자의 얼굴을 분석한다. 이를 구현하려면 사용자의 말을 인지하는 음성인식 기능이 필요하다. 명령을 받은 하이미러는 사용자의 주름, 잔주름, 안색, 다크서클, 반점 및 모공을 인식한 후 피부 상태를 분석한다. 정밀촬영장치인 히스킨Hiskin을 연결하면 육안으로는 알기 어려운 수분 수준과 색소침착 등의 상태까지 측정

AI 혁신모델 스케치

사업과 조직의 문제를 창조적으로 해결하기 위해 활용할 수 있는 AI 핵심기능은 무엇이고 이를 어떻게 적용할 것인가에 대해 서술한다	
문제정의	• 사용자가 누구인가? • 해결해야 할 문제는 무엇인가?
문제해결을 위한 AI 기능 및 적용 방법	• 문제해결을 위해 활용할 AI 기능은 무엇인가? • 이 기능이 문제해결에 어떤 역할을 하는가? • 이 기능을 어떻게 적용할 것인가?
솔루션 스케치	
• 구상하는 혁신 아이디어의 핵심적인 콘셉트를 시각화하여 스케치한다.	

할 수 있다. 여기에는 거울에 장착된 카메라로 얼굴의 이미지를 정밀하게 측정하는 이미지인식 기능이 필요하다. 이와 함께 분석 결과 및 제안을 사용자에게 보고하려면 텍스트, 이미지, 음성 생성 기능을 갖춰야 한다.

사업과 조직의 문제를 창조적으로 해결하기 위해 활용할 수 있는 AI 핵심기능은 무엇이고 이를 어떻게 적용할 것인가에 대해 서술한다	
문제정의	**사용자** : 피부 노화를 걱정하고 피부 관리에 대한 니즈가 큰 30~40대 여성 **문제** : 일상생활에서 손쉽게 피부 상태를 체크하고 관리할 수 있는 용품의 부재(거울의 피부측정기능 혁신 필요)
문제해결을 위한 AI 기능 및 적용 방법	**이미지인식기능** : 사람의 안면 피부 상태를 분석한다. 주름, 잔주름, 안색, 다크서클, 반점 및 모공을 인식한 후 피부 상태를 분석하고, 정밀촬영장치인 히스킨을 연결해 육안으로 알기 어려운 수분 함량과 색소침착 등 구체적인 상태까지 측정 **음성인식기능** : 사람의 목소리로 내리는 구체적인 명령(예: 피부 분석)을 이해하고 실행 **생성기능** : 사용자의 요청에 대한 분석 결과 및 제안을 텍스트, 이미지, 음성을 통해 사용자에게 보고 **적용 방법** : 기존 거울에 카메라 및 센서를 장착하여 상기 기능을 결합하는 방식으로 적용(인식기능 결합모델 + 생성기능 결합모델)

솔루션 스케치

클라우드 방식으로
피부 상태 분석
알고리즘 구동

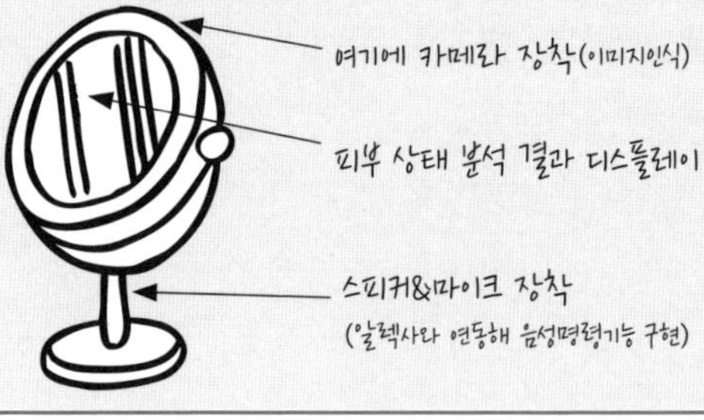

요약하기

AI 핵심기능과 구체적 알고리즘까지 선택했다면 이제 이를 어떻게 제품 및 서비스에 적용할지 구체적으로 설계해야 한다. AI 기술을 적용하는 방식은 새로운 기능 또는 제품의 창출, 기존 제품 및 서비스에 새로운 기능을 더하는 결합, 기능의 확장, 기존 기능의 대체로 구성된다. 다섯 가지 AI 기능과 네 가지의 적용 방식을 토대로 총 스무 가지의 혁신모델이 도출될 수 있는데 이 가운데 어떤 모델을 채택할지 분명히 정의 내린다.

3장

AI 기능을 어떻게 구현할 것인가

AI Business Model

STEP 5

최적의 알고리즘을 마련하라

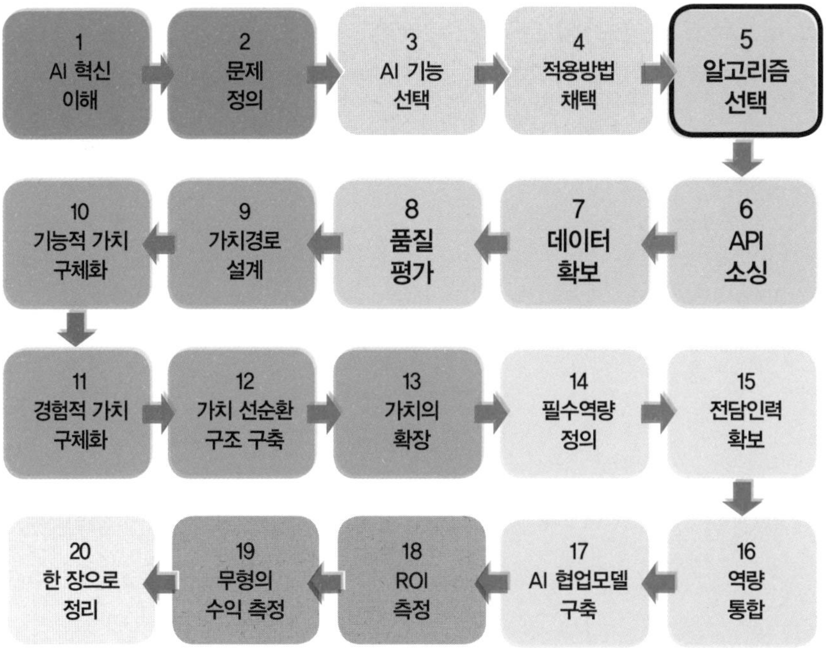

과제 ______ 문제해결을 위해 사용할 AI 기능을 구현할 구체적인 알고리즘을 개발한다. 이를 위해 전반적인 AI 알고리즘의 체계를 이해한다.

"어떤 알고리즘을 쓸지 알고 있다면
문제의 절반은 이미 해결되었다."

페드로 도밍고스Pedro Domingos 워싱턴주립대학교 교수, 《마스터 알고리즘》 저자

알고리즘 선택이 중요하다

앞 장까지 강력한 기회를 만들 창조적인 AI 제품 아이디어를 구상했고, 어떠한 기능을 어떻게 적용할지에 대해 검토했다. 이제 좀 더 구체적으로 AI 기능을 구현할 방법을 고민할 차례다. 간단히 말해, AI 기능을 구현하는 데 필요한 최적의 알고리즘을 선택해야 한다.

인공지능 알고리즘은 그 종류가 매우 많고 각각 기능과 장단점이 다르다. 따라서 좋은 결과를 내려면 문제의 성격에 잘 맞는 최적의 알고리즘을 골라내야만 한다. 3장의 내용은 주로 엔지니어가 고민해야 할 부분이지만, 경영자나 기획자 역시 전반적인 흐름을 파악하고 있어야 한다는 것을 염두에 두고 찬찬히 살펴보자. 훌륭한 엔지니어가 확보되었거나 데이터 및 알고리즘 등 여건이 마련된 경우라면 STEP 9로 넘어가도 좋다.

알고리즘 선정과 관련해서 많은 개발자가 저지르는 한 가지 실수가 있다. 바로 자신이 잘 아는 익숙한 알고리즘만 사용한다는 점이다. 실행이 쉽고 결과를 금방 도출해낼 수 있는 알고리즘에 의존하면 처음에야 괜찮겠지만 이후 데이터 양이 많아지고 기능의 확장이 필요한 단계에 이르면 비효율과 부정확성 때문에 고생하기 쉽다.

알고리즘이 최고의 성능을 발휘하려면 수차례의 튜닝 작업과 광범위한 학습이 필요하다. 이러한 과정을 효율적으로 진행하려면 애초에 최적의 알고리즘을 선택하는 데 공을 많이 들여야 한다. 숙련된 엔지니어도 모든 알고리즘을 써보기 전까지는 알고리즘을 골라내기가 쉽지 않다. 따라서 적절한 알고리즘을 선정하는 방법을 숙지할 필요가 있다.

알고리즘 선정 프로세스 찾기

프로젝트마다, 개발자마다 알고리즘을 선정하는 방식은 다양하다. 그러나 혁신제품을 구성하는 최적의 기능을 구현한다는 기능공학적 관점으로 접근해보면, 다음과 같이 AI 핵심기능을 구현하는 테크닉이 무엇인지 구분하고, 작업속성을 확인한 다음 적정 알고리즘을 찾아내는 방식이 적절하다.

알고리즘 선정 프로세스

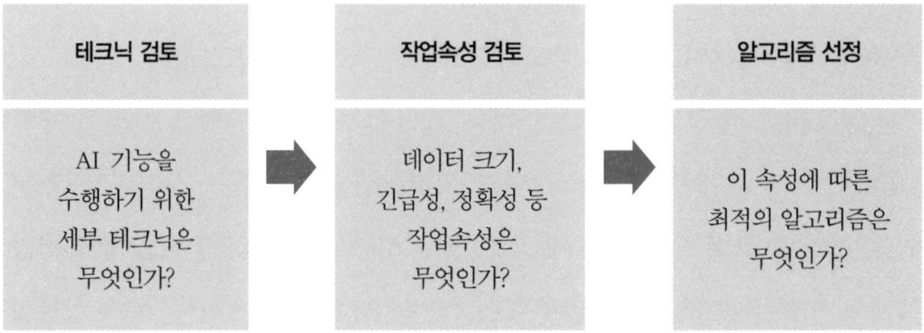

기능 구현을 위한 테크닉 파악하기

AI 알고리즘을 선정하기 위해서는 AI 핵심기능 구현에 어떤 테크닉이 필요한지를 알아야 한다. 테크닉이란 구현하고자 하는 기능에 대한 기술적인 원리를 표현한 것이다. 즉 기능을 구현하기 위해 기술적으로 일을 수행하는 방법, 그것이 바로 테크닉이다.

나무판자로 책상을 만들려면 나무를 정해진 모양으로 잘라야 한다. 이때 나무판자를 자르는 방법이 테크닉이다. 톱으로 자를 수도 있고, 압력을 가해 부러뜨릴 수도 있고, 레이저로 절단할 수도 있다. 그중 일의 종류와 작업환경에 가장 잘 맞는 방법을 선택하면 된다. 마찬가지로 AI 기능을 구현하기 위해 어떤 테크닉이 필요한지를 알아야 하며 이 테크닉을 가장 잘 수행할 수 있는 알고리즘을 골라내야 한다.

예를 들어서 모조품 가방을 가려내는 서비스의 기능을 구현하려면 어떤 테크닉이 필요할까? 진짜와 가짜를 구분할 수 있는 분류classification 테크닉이 필요하다. 분류 테크닉을 구현할 수 있는 알고리즘은 나이브 베이즈Naïve Bayes, 의사결정 트리decision tree, 로지스틱 회귀분석logistic regression analysis, 신경망neural network 등 몇 가지로 간추려볼 수 있다. 작업속성을 고려해 이 가운데 최적의 알고리즘을 선택하면 된다.

금융거래에서 비정상적인 카드 지출을 가려내는 기능을 수행하고자 한다면 어떨까? 일반적인 패턴과 다른 특이사항을 감지해내는 테크닉이 필요하다. 또한 비정상적인 카드 지출이 발생했을 때 이를 사용자에게 알려줄 가상비서가 필요하다. 가상비서의 소통기능을 구현하기 위해서는 사람의 말을 알아듣고(자연어이해) 말을 할 줄도 아는(자연어생성) 테크닉이 필요하다. 핵심적인 테크닉이 무엇인지 명확히 정의될수록 이 테크닉을 수행할 적절한 알고리즘을 수월하게 선택할 수 있다.

여기서 중요한 전제가 있다. 어떠어떠한 인공지능 알고리즘이 있는지를 알아야 골라 쓸 수 있다는 것이다. 엔지니어라면 웬만한 알고리즘은 알아야겠지만 경영자나 제품 기획자는 기술적인 내용을 다 알기가 어렵다. 그러나 적어도 AI 혁신에서 핵심적으로 다뤄지는 알고리즘은 숙지할 필요가 있다. 이 책 말미에 수록한 부록 〈반드시 알아야 할 AI 핵심 개념사전〉에 알고리즘의 체계도와 주요 알고리즘을 정리해뒀다. 자주 다뤄지는 핵심적인 AI 알고리즘이니 한번 훑어보기 바란다.

작업속성에 따른 최적의 알고리즘 선정하기

이제 테크닉을 구현해낼 수 있는 알고리즘 후보 중에서 작업속성에 가장 잘 맞는 것을 골라내는 단계다. 작업속성은 다음과 같은 질문을 통해 파악한다.

- 데이터의 크기가 어느 정도인가?
- 변수가 어떤 종류인가?
- 어떤 학습 방식이 적절한가? (지도학습/ 비지도학습/ 강화학습)
- 얼마나 빨리 결과를 얻어야 하는가?

- 어느 정도의 컴퓨팅 성능이 요구되는가?
- 정확성이 얼마나 중요한가? (시간이 오래 걸려도 정확성이 중요한가?)
- 결과의 품질을 어느 정도 수준에 맞출 것인가?

예를 들어 딥러닝은 성능이 뛰어나지만, 일반적인 머신러닝 알고리즘에 비해 많은 연산능력이 요구된다. 그렇기 때문에 하드웨어적인 기반이 갖춰졌을 때 딥러닝 알고리즘을 활용하는 게 적절하다. 소프트웨어도 중요한 역할을 한다. 구글이 공개한 텐서플로TensorFlow 같은 딥러닝 패키지와 연동되면 이용이 수월해진다. 고성능의 하드웨어와 방대한 데이터가 확보돼 있다면 딥러닝을, 학습 과정에서 수많은 등급 분류를 사용해야 하거나 최적의 답을 빠르게 도출할 목적이라면 다른 머신러닝 알고리즘을 선택하는 편이 적절하다.

또 다른 예로, 수요예측기능을 구현하기 위해서는 회귀 테크닉을 활용할 수 있다. 이를 구현할 수 있는 알고리즘은 다양한데, 속도가 중요한지 아니면 정확도가 중요한지에 따라 적절한 알고리즘의 종류가 달라진다. 만일 대량의 데이터를 빠르게 처리해야 하는 작업이라면 선형회귀linear regression분석이나 의사결정 트리를 고려해보는 게 좋다. 속도보다는 정확성이 중요하다면 랜덤 포레스트random forest, 신경망 등이 더욱 적절하다. 알고리즘마다 특성과 장단점이 다르기 때문에 비슷한 테크닉을 수행할 수 있다 해도 작업속성에 잘 맞는 알고리즘을 선택하는 것이 중요하다. 여기서 언급한 알고리즘 역시 부록 〈반드시 알아야 할 AI 핵심 개념사전〉에 수록했다. 이러한 알고리즘을 선정하는 가이드라인도 함께 수록했으니 참고하기 바란다.

알고리즘 결합하기

자, 현실에서는 알고리즘이 어떻게 활용되고 있을까?

알고리즘마다 제각기 장단점이 있기 때문에 하나의 알고리즘으로 문제를 완전히 해결하기는 어렵다. 이 때문에 여러 알고리즘을 결합해서 문제를 푸는 게 일반적이다.

예를 들어, 이세돌과 대결한 알파고에 어떤 알고리즘이 활용됐는지 보자. 알파고는 지도학습과 강화학습을 결합한 학습을 했다. 먼저 인간 프로 바둑기사들의 기보 16만 건을 보고 흉내 내는 방식으로 사전학습을 했다. 바둑을 배우는 사람이 기보를 보고 바둑을 어떻게 두는지 익히는 것과 같다. 기보를 보고 익히는 데에는 이미지 처리에 강한 딥러닝 기법 중 컨볼루셔널 신경망convolutional neural network이 활용됐다. 바둑의 패턴을 인식하는 알고리즘이다.

이렇게 패턴을 이해한 이후에는 자체 대결을 통해 강화학습을 지속해 성능을 고도화하는 방식을 채택했다. 강화학습을 결합한 이유는 지도학습의 한계로 자주 언급되는 과적합overfitting 문제 때문이다. 인공지능이 사람이 준 데이터 학습에만 의존하다 보니 새로운 상황이 주어지면 결정을 제대로 못하는 문제가 발생하게 된다. 이 때문에 강화학습을 통해 새로운 사례를 스스로 만들어 수많은 상황에 대응하도록 한 것이다.

알파고가 좋은 수를 찾는 데에는 몬테카를로 트리 탐색Monte-Carlo tree search 알고리즘이 활용됐다. 몬테카를로 트리 탐색은 의사결정을 위한 체험적 탐색 알고리즘으로, 특히 게임을 할 때에 많이 쓰인다. 바둑처럼 경우의 수가 너무 많아서 모든 경로를 탐색하기가 불가능한 상황에서 트리 탐색 기법으로 효율적으로 일을 수행하는 방식이다.

알파고에는 이렇게 여러 가지 알고리즘이 결합돼 있다. 다양한 알고리즘을 적절히 결합하면 시너지가 창출돼 고성능의 애플리케이션을 만들어낼 수 있다.

AI 혁신 기술명세서 정리하기

최적의 알고리즘을 선정하는 과정을 풀어서 정리해보자. 앞서 정의한 사용자의 문제를 정리하고, 이를 해결하여 창조적인 제품 및 서비스로 만들어 보고자 하는 AI 핵심기능을 나열한다. 그다음은 이 기능을 구현하는 데 필요한 테크닉을 정리하고, 작업 긴급성, 정확성, 중요도, 데이터 크기 등 작업속성을 설명한다. 최종적으로 이러한 내용에 가장 부합하는 알고리즘을 정한다.

예를 들어보자. 알파고의 알고리즘이다.

알파고는 바둑 경기에 임해야 하기 때문에 승리의 가능성을 높이는 것이 중요한 문제가 된다. 이를 위해 활용할 수 있는 AI 기능은 '예측'과 '최적화'다. 바둑알을 둘 때마다 앞으로 벌어질 시나리오를 내다보고 승률을 예측해야 한다. 그리고 승률이 가장 높은 곳에 바둑알을 두면서 최적화를 실현해나가야 한다.

이를 구현하기 위해서는 몇 가지 테크닉이 필요하다. 특정 경로로 수를 선택selection해서 트리 방식으로 착수 지점을 분화해 수를 확장expansion할 수 있어야 한다. 이런 방식으로 수많은 경로를 시뮬레이션simulation한다. 그다음에는 승률이 높은 경로를 계산해낸다. 역전파/역산backpropagation이라고 하는 테크닉을 통해 각각의 경로에 대한 승산을 계산해낸 다음 가장 승산이 높은 곳에 수를 두게 되는 것이다. 알파고에는 이러한 테크닉을 잘 수행하는 몬테카를로 트리 탐색 알고리즘이 활용됐다.

알파고는 가상 대국을 통한 강화학습을 하기에 앞서 16만 건의 기보를 학습했다. 이 기보 학습을 위해서는 이미지 형태로 된 기보를 읽는 이미지인식 기능이 필요하다. 흑백의 바둑알을 분류하고, 어떤 형국의 수가 유리하고 어떤 수가 위험한지에 대한 특징을 추출하고, 국지적 또는 전체 바둑판의 분포를 파악해 어떤 맥락인지 이해하는 테크닉이 필요하다. 이러한 테크닉을 구현하기 위해 컨볼루셔널 신경망이 활용됐다.

지금까지의 내용을 다음(87쪽)의 표로 정리한 것을 'AI 혁신 기술명세서'라고 한다.

또 다른 사례도 살펴보자. 이메일에서 스팸메일을 자동분류하는 기능을 구현한다고 해보자. 스팸메일 여부를 확인해야 하기 때문에 내용 파악을 포함한 맥락인식기능이 필요하며, 스팸메일로 확인되면 자동처리(분류)

AI 혁신 기술명세서

<table>
<tr><td>문제</td><td colspan="4">• 해결해야 할 문제를 기술</td></tr>
<tr><td>핵심기능</td><td colspan="2">• 문제해결에 활용할 AI 기능1</td><td colspan="2">• 문제해결에 활용할 AI 기능2</td></tr>
<tr><td>테크닉</td><td colspan="2">• 기능1 구현을 위해 AI 알고리즘이 수행해야 할 주요 테크닉</td><td colspan="2">• 기능2 구현을 위해 AI 알고리즘이 수행해야 할 주요 테크닉</td></tr>
<tr><td>작업속성</td><td colspan="2">• 작업환경 및 주어진 자원에 대한 속성</td><td colspan="2">• 작업환경 및 주어진 자원에 대한 속성</td></tr>
<tr><td rowspan="2">알고리즘 및 데이터</td><td>알고리즘1</td><td>데이터1</td><td>알고리즘2</td><td>데이터2</td></tr>
<tr><td>• 테크닉과 작업속성을 고려한 적절한 알고리즘</td><td>• 학습 및 테스트에 필요한 데이터</td><td>• 테크닉과 작업속성을 고려한 적절한 알고리즘</td><td>• 학습 및 테스트에 필요한 데이터</td></tr>
</table>

가 돼야 한다. 이를 구현할 수 있는 테크닉은 텍스트인식과 지도학습 계열의 분류다. 의사결정 트리나 로지스틱 회귀분석과 같은 알고리즘도 고려해볼 수 있지만 메일로 이뤄진 데이터가 방대하며, 스팸메일 도착 시 바로 분류가 필요한 속성을 고려한다면 나이브 베이즈 분류 계열의 알고리즘이 가장 적합하다. 이 과정을 기술명세서로 정리하면 다음(88쪽)과 같다.

'스팸메일 자동 분류'를 위한 AI 혁신 기술명세서

<table>
<tr><td>문제</td><td colspan="2">• 이메일에서 스팸메일 자동 분류 필요</td></tr>
<tr><td>핵심기능</td><td colspan="2">• 스팸 인식(맥락인식)
• 스팸 분류(자동처리)</td></tr>
<tr><td>테크닉</td><td colspan="2">• 텍스트인식
• 분류</td></tr>
<tr><td>작업속성</td><td colspan="2">• 메일로 이뤄진 데이터가 방대
• 스팸메일 분류작업은 수신과 동시에 실시간 처리 필요</td></tr>
<tr><td rowspan="2">알고리즘 및 데이터</td><td>알고리즘</td><td>데이터</td></tr>
<tr><td>• 나이브 베이즈 분류 알고리즘</td><td>• 정상 메일과 스팸메일이 섞인 메일 데이터로 학습
• 데이터 플랫폼(ex. 캐글Kaggle)에서 제공하는 메일 데이터 확보</td></tr>
</table>

요약하기

인공지능 알고리즘은 종류가 매우 많고 각각 기능과 장단점이 다르기 때문에, 최고의 성과를 내기 위해서는 문제의 성격에 잘 맞는 최적의 알고리즘을 선택해야 한다. 이를 위해 문제해결을 위한 AI 핵심기능을 구현할 수 있는 테크닉이 무엇인지 파악해야 하고, 데이터 크기, 긴급성, 정확성 등 작업 속성을 파악해서 이러한 요건에 가장 잘 맞는 알고리즘을 선택해야 한다.

STEP 6

외부 API를 소싱하라

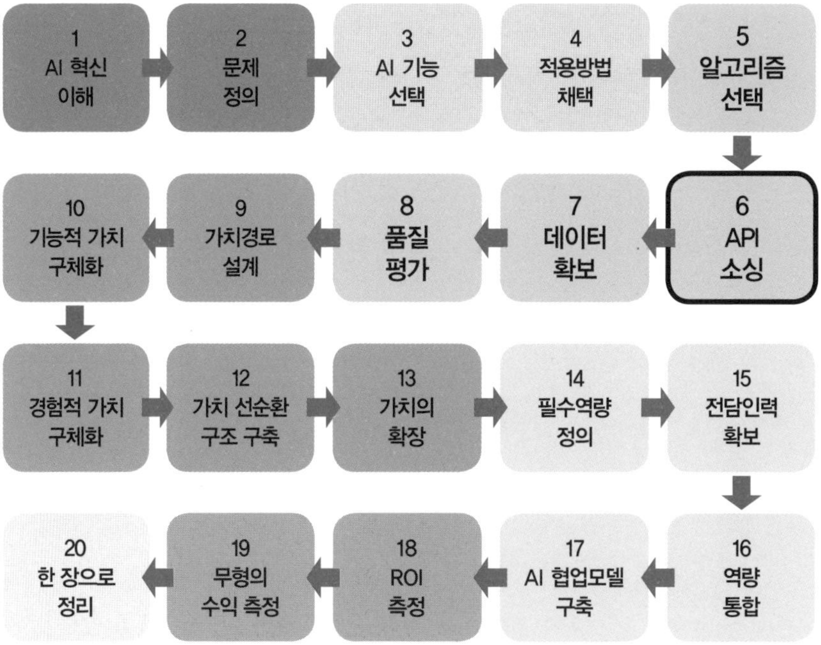

과제 ______ AI 솔루션을 구현하기 위해 외부 API 도입을 검토한다.

> "선진기업이 만들어놓은 알고리즘이 무료로 공유된다.
> 알고리즘을 개발하는 것보다 필요한 알고리즘이
> 어디에 있는지 찾아내는 것이 중요하다.
> 즉 메이킹making보다 파인딩finding이다."

메이킹이 아닌 파인딩이 중요하다

AI 혁신 기능을 구현하려면 알고리즘이 필요하다는 점을 강조했다. 복잡하고 정교한 알고리즘을 개발하기는 쉬운 일이 아니다.

하지만 좋은 소식이 있다. 아마존이나 마이크로소프트, 구글 등 선진기업은 그동안 개발해놓은 수많은 알고리즘을 APIApplication Program Interface로 외부에 개방하고 있다. 전 세계 4,000만 명가량의 개발자가 알고리즘 소스를 공유하는 플랫폼 깃허브Github에는 현재 약 1억 개의 오픈소스가 저장돼 있다. 개발하고자 하는 웬만한 알고리즘이 이미 공유되고 있는 세상이다.

따라서 지금은 알고리즘을 직접 개발하는 것보다, 필요한 알고리즘이 어디에 있는지 찾아내는 게 더 중요할 수 있다. 즉 알고리즘에 있어서는 메이킹보다 파인딩이 통할 수 있다는 점을 염두에 두기 바란다. 지금부터 알고리즘을 찾는 법을 살펴보자.

효율적인 AI 구현, AIaaS

선진기업이 정교하게 구현해놓은 AI 기능을 자사의 제품과 서비스에 결합하여 활용할 수 있도록 하는 API 공유 서비스가 커다란 시장을 형성하고 있다. AIaaSAI as a service라고 불린다. AI 역량이 없는 기업 및 개발자도 이 서비스를 활용하면 AI 기능을 자사의 제품과 서비스에 수월하게 구현할 수 있다. 기업에 따라 다양한 형태의 지원서비스를 제공하는데 크게는 클라우드를 통해 AI 기능 구현에 필요한 서비스를 지원하는 형태Saas와, AI 기반 플랫폼 및 개발에 필요한 툴을 이용할 수 있는 플랫폼을 지원하는 형태PaaS, AI 구현을 위해 필요한 하드웨어나 인프라를 제공하는 형태IaaS로 구분된다.

많은 기업이 이러한 지원서비스를 이용하고 있는 중이다. 예를 들어, 도미노피자는 고객 광고의 적중률을 높이기 위해 아마존 퍼스널라이즈Amazon Personalize를 활용했다. 그동안 도미노피자가 고객에게 일방적으로 광고를 보내왔던 방식이 더이상 통하지 않고, 사람들이 자신과 관련성 높은 메시지에 반응한다는 점을 고려해서다. 고객의 거주지, 주문 패턴, 이전에 적용받았던 할인가격 등을 아마존 퍼스널라이즈를 통해 학습해 개별 소비자에게 시기적절하게 상품소개와 할인정보 등을 제공해서 구매전환율을 높였다.

물론 선진기업의 API를 활용하는 데에는 장단점이 있기 때문에 상황에 맞춰 전략적으로 활용하는 게 좋다. AI의 고급기능이 이미 구현돼 있는 형태이기 때문에 개발자로서는 알고리즘 구현 시간을 단축할 수 있다. 선진기업이 개발해놓은 고도화된 AI 기술을 활용할 수 있다는 장점이 크다. 인공지능 가상비서가 구현된 냉장고를 직접 만들려면 고급 머신러닝 개발자를 보유해야 하고 알고리즘을 개발하는 데에도 시간이 많이 소요된다. 투자해야 할 비용도 만만치 않을 것이다. 하지만 아마존과 제휴하여 알렉사를 도입한다면 비교적 적은 수수료를 지불하고 고급 AI 기능을 냉장고에 탑재할 수 있다. 일반적인 웹사이트에서 고객응대 서비스를 구현하기 위해 챗봇 API를 가져와 구동하는 것도 비슷한 이유에서다.

반면, 외부에서 개발된 알고리즘은 나의 비즈니스를 위해 개발된 것이 아니기 때문에, 내가 구상하는 제품 및 서비스 기능에 최적화돼 있지 않을 가능성이 높다. 완벽하게 호환이 되지 않아서 추가적인 응용개발이 필요할 수 있다. 또한 상당수의 API는 데이터 양 혹은 사용자 수에 근거해 유료로 제공되는데, 장기간 지속적으로 API를 활용해야 한다면 비용이 적지 않을 수 있으므로 투자가치를 잘 고려해야 한다.

한편 외부 API를 사용할 때 자사가 보유한 데이터를 클라우드를 통해 구동하는 경우가 있는데 개인정보 유출 혹은 도용의 문제도 발생할 수 있다. 데이터를 공유하는 플랫폼에 비즈니스가 종속되거나 고객의 데이터를 공유해야 하는 제약이 있을 수도 있다. 더불어, 자사 제품과 서비스의 핵심기능을 외부 API에 의존해 구현하면, 동일한 API를 쓰는 경쟁사와 차별성이 없어진다는 단점도 있다. 따라서 핵심역량 및 핵심기능을 외부에 의존하는 것에 대해서는 신중해야 한다.

외부 AI 지원서비스는 수준 높은 AI 기능을 빠르게 구축하는 데 분명히 도움이 된다. 하지만 선진기업이 제공하는 기능이 자사 제품과 서비스의 모든 것을 해결해주지는 못한다는 것을 인지해야 한다. 따라서 플랫폼에서 제공하는 AI 지원서비스에 지나치게 의존하지 않도록 주의해야 하며, 전략적 선택을 할 필요가 있다. 무엇보다도, 회사의 전체적인 혁신 방향이 분명해야 하며, 이 방향 아래서 자사의 핵심 경쟁력을 보완해줄 수 있는 부분에 한해 외부 자원을 활용하는 것이 현명한 접근이라고 볼 수 있다.

선진기업이 제공하는 AI 지원서비스

아마존웹서비스

아마존은 AWS를 통해 기본적인 클라우드 컴퓨팅과 스토리지 기능뿐 아니라 데이터베이스 분석, 예측, 관리, 모바일 애플리케이션 개발, 보안, 하이브리드, 엔터프라이즈 애플리케이션 등 100개 이상의 광범위한 서비스를 제공한다. 머신러닝 개발 경험이 없는 개발자나 일반 사용자가 쉽게 활용할 수 있으며, 애플리케이션의 핵심 알고리즘을 개발하고 운영 · 관리하는 데 드는 시간을 줄여준다. 사용자는 AI의 주요 기능을 그대로 가져다 활용할 수 있는 서비스, 자사가 보유한 데이터를 주입하면 다양한 머신러닝 솔루션을 구현할 수 있는 서비스, 데이터 기반의 학습모델을 만들고 학습시킬 수 있는 머신러닝 플랫폼 등 다양한 서비스를 이용할 수 있다.

아마존웹서비스가 제공하는 AI 지원서비스

구분	설명
퍼스널라이즈 Personalize	개발자가 자사의 애플리케이션을 사용하는 소비자에게 개별화한 추천서비스를 제공할 수 있도록 지원
폴리 Polly	텍스트를 음성으로 변환
트랜스크라이브 Transcribe	음성을 텍스트로 변환
레코그니션 Rekognition	딥러닝 기반의 이미지와 비디오 분석 기능을 추가
렉스 Lex	음성 및 텍스트를 이용해 챗봇 등 대화형 인터페이스 구축
프로드 디텍터 Fraud Detector	머신러닝 기반 자동 이상 거래 탐지 기능 제공
아마존 A2I Augmented Artificial Intelligence	개발자가 리뷰를 통해 머신러닝을 예측 검증하도록 지원

세이지 메이커 오토파일럿 Sagemaker Autopilot	머신러닝 기반 자동화 기능 제공
세이지 메이커 모델 모니터 SageMaker Model Monitor	개념 변화를 감지하고 교정

IBM 왓슨

IBM 또한 왓슨Watson의 인지컴퓨팅 기술을 적극적으로 공유하고 있다. 왓슨은 언어language, 말하기speech, 이미지vision, 데이터 분석data Insight 등 네 가지 영역에서 다양한 API를 제공하고 있다. IBM의 클라우드 플랫폼 '블루믹스Bluemix'에서 이용할 수 있다.

IBM 왓슨이 제공하는 AI 지원서비스

구분	설명
컨버세이셔널 API Conversation API	자연어를 이해하고 메시징 플랫폼 및 웹사이트, 모든 장치에 챗봇 같은 커뮤니케이션 채널을 구축
트랜슬레이터 API Translator API	언어 번역기를 사용하여 전 세계에서 뉴스를 가져와서 사용자의 언어로 보여주고, 의사소통 등을 하는 작업

자연어분류 API Natural Language Classifier API	텍스트 이면에 숨겨진 의미를 해석하고 신뢰 점수를 부여하여 맥락에 따라 분류
자연어이해 API Natural Language Understanding API	고급 텍스트 분석을 위한 자연어처리 API로 자연어이해 알고리즘을 사용하여 개념, 키워드, 범주, 감정, 관계 등에 대한 인사이트 추출
퍼스널리티 인사이트 Personality Insights	텍스트를 통해 해당 인물의 성격 특성과 니즈 등을 이해하는 기능. AI 제품 및 서비스를 통한 경험디자인에 활용
리트리브 앤 랭크 Retrieve and Rank	머신러닝을 통한 정보검색 향상과 검색 및 순위를 지정
톤 애널라이저 Tone Analyzer	언어분석을 통해 서면 텍스트의 톤과 스타일을 이해하고 작성된 텍스트의 통신 신호를 감지
스피치 투 텍스트 Speech to Text	인간의 목소리를 텍스트로 변환
텍스트 투 스피치 Text to Speech	디바이스가 사람처럼 말할 수 있도록 하는 텍스트를 음성으로 변환
비주얼 레코그니션 Visual Recognition	이미지의 내용을 이해한다는 뜻으로, 이미지에 태그를 지정하고, 음식을 인식하며, 인간의 얼굴을 발견하고, 대략적인 나이와 성별을 식별

Microsoft

마이크로소프트

마이크로소프트는 데이터를 주입하면 머신러닝 기반의 분석기능을 사용할 수 있는 기본 서비스와 사용자의 상황에 맞춤화된 AI 플랫폼을 구축해주는 지원서비스를 제공한다. AI의 이미지 · 음성 · 감정 인식 등 다양한 기능을 API, 오픈소스, MS오피스 등의 형태로 제공하고 있다.

마이크로소프트가 제공하는 AI 지원서비스

구분	설명
랭귀지 언더스탠딩 Language Understanding	디바이스나 서비스에 자연어 인식기능을 탑재
애저 퍼스널라이저 Azure Personalizer	사용자의 효율적 의사결정을 위한 맞춤화 환경 구성
Q&A 메이커 QnA Maker	대화형 질문 및 답변 계층을 추가
텍스트 애널리틱스 Text Analytics	다양한 텍스트 데이터를 통해 감정 및 인사이트 도출
트랜슬레이터 텍스트 Translator Text	60개 넘는 언어를 인지하여 자동 번역하는 기능

트랜슬레이터 보이스 Translator Voice	실시간 음성번역을 앱에 통합할 수 있는 서비스
스피커 레코그니션 Speaker Recognition	음성을 기반으로 사용자를 식별하고 확인하는 기능
텍스트 투 스피치 Text to Speech	텍스트를 인지해 실제 같은 음성으로 변환
컴퓨터비전 API Computer Vision API	이미지 콘텐츠를 분석
페이스 애널라이저 Face analyzer	안면 이미지를 통해 사람의 감정을 인식

Google Cloud

구글 클라우드

구글 클라우드는 기업이 보유한 데이터에서 인사이트를 뽑아내 비즈니스의 가치를 높일 수 있도록 클라우드 기반의 머신러닝 솔루션을 지원한다. 구글이 제공하는 AI 지원서비스를 통해 머신러닝에 대한 전문지식이 부족한 개발자도 고품질의 맞춤형 솔루션을 쉽게 구축할 수 있다. 구글 클라우드의 AI 지원서비스를 이용하면 텍스트, 동영상 등의 데이터를 기반으로 다양한 기능이 반영된 머신러닝 모델을 구축할 수 있다.

구글 클라우드가 제공하는 AI 지원서비스

구분	설명
클라우드 스피치 Cloud Speech	오디오를 텍스트로 변환하고 110개의 언어를 인식
클라우드 비전 API Cloud Vision API	AI를 통해 물체를 식별
클라우드 자연어 API Cloud Natural Language API	머신러닝을 사용해 텍스트의 구조와 의미를 파악, 번역 기능 감정분석, 항목분석, 콘텐츠 분류, 구문분석 등 자연어 이해 기능
오토ML 비전 Auto ML Vision	마이크로소프트 클라우드 및 에지 플랫폼의 이미지에서 유용한 정보를 도출
오토ML 비디오 인텔리전스 AutoML Video Intelligence	동영상 콘텐츠를 탐색하고 머신러닝 모델을 학습
오토ML 자연어처리 AutoML Natural Language Processing	머신러닝으로 텍스트의 구조와 의미를 파악
오토ML 번역기 AutoML Translation	언어를 동적으로 감지하고 번역
오토ML 테이블 AutoML Tables	정형 데이터에 대한 머신러닝 모델을 자동으로 구축하고 배포

AI 플랫폼 AI Platform	대규모 머신러닝 모델 학습 수행, 학습된 모델을 클라우드에서 호스팅, 예측 수행 등 애플리케이션 구축 플랫폼
클라우드 오토ML Cloud AutoML	빅쿼리, 클라우드 데이터플로, 클라우드 데이터랩 등 강력한 기능을 활용해 데이터 분석 모델 개발 지원

세일즈포스 아인슈타인

특정 기능에 특화한 인공지능 알고리즘을 제공하는 기업도 있다. 고객관계관리CRM 전문업체인 세일즈포스Salesforce에는 아인슈타인Einstein이라는 인공지능 알고리즘이 있는데, 마케팅 관리에 특화된 API를 다수 제공한다. 세일즈포스의 아인슈타인이 적용된 CRM을 도입하면 고객관리와 관련된 범용 AI를 확보할 수 있다. 이를 이용해서 자사의 영업능력과 고객 서비스의 질을 대폭 향상시킬 수 있다. CRM 플랫폼의 각 부문에 머신러닝, 자연어처리, 패턴인식 등이 적용돼 있다.

세일즈포스 아인슈타인이 제공하는 AI 지원서비스

구분	설명
아인슈타인 포캐스팅 Einstein Forecasting	CRM 데이터를 활용해 판매량, 매출, 고객 수 등을 예측해주는 세일즈 툴 제공

커머스 클라우드 아인슈타인 Commerce Cloud Einstein	사용자의 브라우징 습관을 파악하고 이에 기반해 전자상거래 웹사이트에서 검색 및 카테고리 페이지에 어떤 순서로 제품을 보이게 할지 등 머신러닝을 이용해 서비스를 개인화
서비스 클라우드 아인슈타인 Sales Cloud Einstein	주요 케이스 필드를 자동으로 사전 점유하고 올바른 에이전트에게 이들을 라우팅하는 예측적 케이스 분류 기능 제공
마케팅 클라우드 아인슈타인 Marketing Cloud Einstein	마케팅 인사이트를 주는 다양한 예측기능 구현 기능, 고객의 구매활동을 예측하는 스코어링 기능, 고객 행위에 기반한 고객 세분화 기능 등 제공
애널리틱스 클라우드 아인슈타인 Analytics Cloud Einstein	비즈니스 프로세스의 향후 패턴을 예측하는 기능, 수집된 데이터로부터 인사이트를 얻게 해주는 스마트 데이터 디스커버리 기능과 이러한 인사이트의 우선순위를 정리할 자동화 애널리틱스 등 포함
IoT 클라우드 아인슈타인 IoT Cloud Einstein	예측기기 스코어링 기능. 서비스 프로세스 및 마케팅을 위한 최적의 향후 행보 추천, 자동화 IoT 규칙을 최적화하는 등의 기능 제공
아인슈타인 서치 Einstein Search	기업 구성원이 각자 구글 검색을 이용하듯 사내 정보를 검색할 수 있는 지능형 정보검색 툴 제공

요약하기

선진기업은 주요 AI 기능을 간편하게 사용할 수 있도록 API를 제공한다. AI 역량이 없는 기업 및 개발자가 쉽게 AI 기능을 자사 제품 및 서비스에 구현할 수 있는 것은 장점이다. 그러나 호환성, 데이터 공유 이슈, 비용 등의 문제가 있기 때문에 전략적, 선별적으로 활용해야 한다. 아마존이나 마이크로소프트, 구글 등이 제공하는 지원서비스의 종류를 충분히 숙지하고, 자사의 핵심 경쟁력을 보완해줄 수 있는 서비스를 전략적으로 도입하는 것은 AI 혁신에 필요한 역량을 확보하는 중요한 방법이다.

STEP 7

핵심 데이터를 확보하라

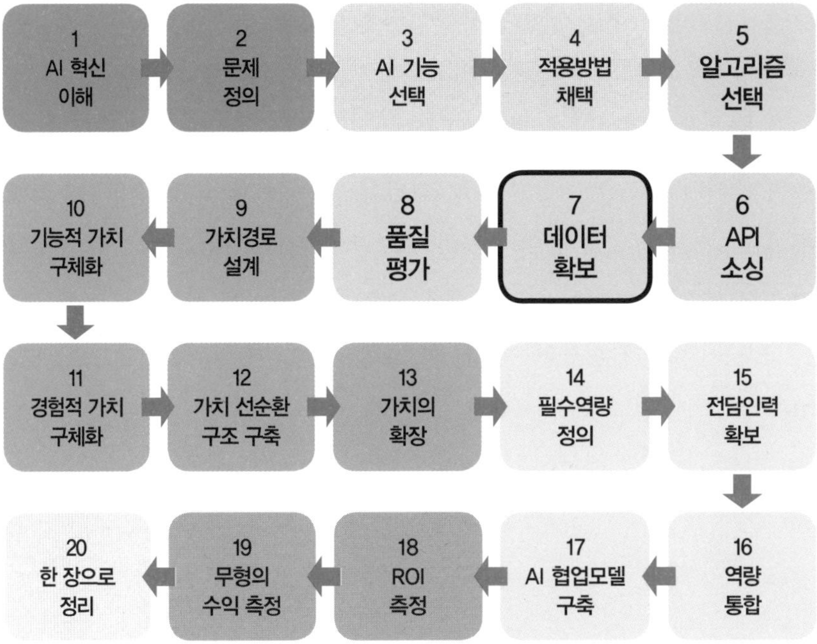

과제 ______ AI 혁신 솔루션의 기능을 구현하는 데 필요한 핵심 데이터가 무엇인지 정의한다.

"흔히 저지르는 실수가 있다.
정교한 예측 알고리즘을 개발해놓고도,
여기 필요한 데이터는 가지고 있지 않다는 것이다."

제이콥 스포엘스트라 Jacob Spoelstra, **마이크로소프트 데이터과학자**

핵심 데이터를 정의하라

이제 알고리즘을 포함해 혁신모델을 어느 정도 디자인했다. AI 혁신을 이루기 위한 뼈대가 만들어졌다고 볼 수 있다. 하지만 이렇게 만들어진 뼈대를 바탕으로 혁신모델이 실질적으로 기능을 발휘하려면 아직 중요한 절차가 남아 있다. 바로 데이터의 확보다.

인공지능은 데이터 학습에 기반하기 때문에 어떤 데이터를 쓰느냐에 따라 제품의 성능에 차이가 생긴다. 흔히 정교한 예측 알고리즘을 개발해놓고, 정작 여기에 필요한 데이터는 확보하지 않는 실수를 저지르곤 한다. 데이터가 없으면 AI 제품과 서비스는 작동하기 어려우며, 알고리즘의 정교함은 데이터의 부재를 구제해주지 못한다. 알고리즘이 작동하려면 반드시 데이터가 필요하다. AI 혁신의 성과는 데이터 확보 능력과도 밀접한 관련이 있다.

물론 언제나 알고리즘을 선정하고 데이터를 확보하게 되는 것은 아니다. 데이터가 먼저 확보되는 경우도 많다. 정확히 이야기한다면 알고리즘 선정과 데이터 확보는 동시에 고려해야 할 작업이다.

데이터를 확보하려면 먼저 학습에 필요한 핵심 데이터가 무엇인지 정의를 내려야 한다. 모든 데이터가 AI 학습에 활용되는 건 아니다. AI가 기능을 발휘하려면 어떤 키 데이터가 필요한지 파악하고 확보해야 한다. 그게 어떤 종류인지를 사전에 정의 내려야 한다.

어떤 기능을 구현할 것인지에 따라 필요한 데이터가 달라질 수 있기 때문에 앞서 선정한 사용자의 문제와 이를 해결하는 데 필요한 AI 기능, 그리고 이를 구현하는 알고리즘에 어떤 데이터를 공급해야 하는지 분명히 이해해야 한다.

접근 가능한 데이터 소스를 파악하라

AI 혁신을 위해 어떤 데이터가 필요한지를 정의 내렸다면, 그다음은 그 데이터가 어디에 있는지를 확인해야 한다. 데이터는 마치 금과 같아서 필요한 만큼 마음껏 확보할 수가 없다. AI 혁신의 경쟁력은 결과적으로는 데이터의 경쟁력에 의해 만들어진다. 다시 말해, 양질의 데이터를 충분히 확보해야 좋은 제품과 서비스를 구현할 수 있다.

그러려면 사용 가능한 데이터 소스를 모두 나열한 다음 전략적으로 중요한 소스를 가려내야 한다. 선택지가 많을수록 데이터의 질을 높이는 데 유리하다. 내외부의 가용 데이터를 전방위적으로 고려해보자.

- 회사 내부의 데이터
- API 통한 외부 데이터
- 웹 스크랩 통한 외부 데이터
- 제휴기업 데이터베이스
- 공공 데이터

먼저 내부에서 어떤 데이터가 확보되는지 잘 따져봐야 한다. 대기업이라면 대부분 여러 부서에서 다양한 데이터를 생성한다. 마케팅, 회계, 운영, 영업 등 모든 부서의 가용 데이터를 파악할 필요가 있다. 특별히 고객서비스를 고도화하기 위해서는 자사 서비스를 이용하는 사용자 혹은 타깃 고객의 활동 데이터가 중요하다. 구글이나 페이스북, 카카오 같은 플랫폼 기업은 방대한 이용자를 보유하고 있는 데다 매시간 활동내역, 커뮤니케이션, 주고받는 이미지, 동영상 등 어마어마한 자료가 끊임없이 생성되기 때문에 데이터 확보에 유리하다.

최근에는 외부 데이터를 조금 더 쉽게 획득할 수 있도록 도와주는 API 및 데이터 플랫폼이 다수 등장했다. 이러한 지원 도구를 이용하면 유용한 외부 데이터를 얻을 수 있다.

협력 및 제휴 회사의 채널과 합치면 데이터 소스가 더욱 다양해진다. 정부나 비영리단체에서 공유하는 공공 데이터는 대체로 특정 비즈니스에 맞춰 제공되지 않기 때문에 일반 기업에서 사용하기에 적절치 않을 때가 많지만, 거시적 혹은 타 분야 시장에 대한 인사이트를 얻는 데 도움이 될 수도 있으니 함께 고려해야 한다.

이렇게 내외부의 가용 데이터 소스를 파악했다면, 각각의 중요도와 정합성을 고려하여 우선순위를 매긴다. 이때 최우선 고려사항인 핵심 데이터를 제공하는 중추적인 소스가 무엇인지 그 순서대로 순위를 매긴다. 이를 토대로 AI 혁신에 있어 중요한 데이터 소스를 가려낸다.

데이터 확보 전략을 세워라

이제 데이터를 실제로 확보해야 한다. 데이터 확보를 위한 전략을 수립해야 할 수도 있다. 사용자의 일상 속에 녹아 있는 심층 데이터를 끌어와야 좋은 인사이트를 얻을 수 있는데 이는 쉽게 확보할 수 있는 종류가 아니기 때문이다. 이를 위해 데이터 소싱 채널을 전략적으로 구축하는 것도 방법이다.

예를 들면, 스타벅스는 보다 심층적인 고객 데이터를 확보하기 위해 '디지털 플라이휠Digital Flywheel'이라는 디지털 서비스를 활용한다. 이 서비스를 통해 스타벅스는 '리워드', '개인 맞춤화', '결제', '주문' 등 다양한 디지털 서비스를 모바일 기기 통해 제공하는 한편, 고객의 디테일한 활동 데이터를 수집한다. 사람들의 커피 주문 추이, 결제 방식, 취소 경향 등에 대한 정보는 인공지능을 학습시키는 귀중한 데이터다.

구글은 이미 검색포털을 통해서 고객의 정보를 방대하게 모으고 있지만, 조금 더 깊이 있는 인사이트를 얻으려면 고객의 일상에 숨어 있는 데이터를 얻어야 했다. 이를 위해 음성비서, 네스트Nest 같은 스마트홈 기기를 통해 사용자의 일상 속 지극히 사적인 활동 데이터까지 수집한다.

'좋은' 데이터 확보가 관건이다

단순히 원하는 데이터를 손에 쥐었다고 해서 데이터 확보가 끝났다고 생각하면 안 된다. 데이터의 질은 천차만별이다. 데이터 확보란 질 좋은 데이터를 수집할 준비를 끝내는 것까지 포함한다. AI 경쟁력은 데이터의 경쟁력이라고 말한 바 있다. 더 정확하게 이야기하면 AI 경쟁력은 데이터 질의 경쟁력이다.

그렇다면 어떤 요인이 데이터의 질을 결정할까?

- 데이터 크기
- 데이터 시의성 및 생성의 지속성
- 데이터 다양성
- 데이터 편향성
- 적절한 속성의 정의(레이블링Labeling)
- 데이터 관리 시스템

데이터의 질을 높이려면 우선 AI를 충분히 학습시킬 수 있을 정도로 데이터의 양이 방대해야 한다. 또한 시의성과 신선도를 가져야 한다. 데이터가 노후했다는 이야기는 이를 통해 얻는 결과 역시 신선하지 않다는 이야기다. 데이터가 끊임없이 생성되고 업데이트되는 채널을 마련해야 한다. 그리고 문제를 수월하게 해결할 수 있도록 데이터의 핵심 속성을 정확히 정의 내려야 한다. 데이터가 편향되지 않고 균형을 유지해야 하며 다양한 속성을 담고 있어야 한다. 평상시 데이터를 평가하고 보완하는 관리 시스템의 여부도 데이터의 질에 영향을 준다.

데이터 질을 결정하는 레이블링

지도학습의 경우에는 AI 시스템을 잘 구현하기 위해 데이터의 레이블링에 신경을 많이 쓸 수밖에 없다.

레이블링은 옷에 붙은 라벨이 그 옷의 핵심적인 속성을 말해주듯, 데이터의 속성을 지정해주는 작업이다. 레이블링은 데이터 학습 및 분류의 기초이다.

문제는 이것이 알고리즘의 성능, 특히 정확도에 영향을 준다는 점이다.

속성과 종류를 100%의 정확도로 분류한 데이터를 사용하는 것이 이상적이지만 일반적으로는 그렇지 못하다. 데이터에 레이블이 없거나 애매하게 지정되기도 하고, 잘못 지정되기도 한다. 이른바 지저분한 데이터dirty data라 불리는데 이런 데이터는 머신러닝 엔지니어를 힘들게 하며 AI 제품의 성능을 떨어뜨린다.

레이블링을 사람이 하는 경우에는 주관이 개입되어 데이터의 왜곡이 일어날 소지도 많다. 레이블은 데이터가 지닌 규모의 제약을 극복하게 해준다는 점 또한 염두에 둬야 한다. 레이블이 잘 지정된 데이터는 양이 적어도 양 많은 지저분한 데이터보다 우수한 정확도를 제공한다.

데이터가 없는 환경에서 데이터를 확보하는 법

이미 사용자 기반과 플랫폼을 갖춘 기업이야 수월하겠지만 대다수 기업은 현실적으로 데이터 확보에 어려움을 겪는다. 학습에 이용할 데이터가 사실상 많지가 않기 때문이다. 하지만 데이터 부재 상황은 다음과 같이 전략적으로 극복할 수 있다.

스타트업은 사용자 기반이 없기 때문에 새로운 AI 제품을 출시해도 이를 학습시킬 데이터를 확보하기 어렵다. 하지만 최근에는 사용자 기반이 없어도 데이터 생성을 지원하는 툴이 나왔다.

예를 들어 테스트.AITest.AI는 출시를 준비하고 있는 애플리케이션의 데이터 요구사항을 제시하면, 인공지능 소프트웨어 로봇이 애플리케이션의 각 기능과 사용 흐름을 확인하고 사람처럼 직접 실행한다. 이를 통해 어플이 실행되는 동안 사용 프로세스, 사용자경험, 퍼포

먼스 데이터가 자동으로 생성된다. 로봇을 인간과 유사하게 설정할 수 있기 때문에 고품질의 학습 데이터를 단기간에 확보할 수 있다.

데이터의 제약을 호소하는 기업이 많지만 사실 데이터가 전혀 없는 기업은 존재하지 않는다.

직원들이 작성하는 문서, 사용자의 방문 및 구매 이력, CCTV를 포함한 수많은 영상. AI 학습에 바로 이용할 수는 없지만 잘 다듬으면 요긴한 데이터로 거듭날 자료가 의외로 많다. 이를 로데이터raw data라고 하는데, 이를 인공지능 학습에 이용할 수 있는 학습 데이터로 자동 변환해주는 플랫폼도 있다.

예를 들어 스케일APIScale API는 인공지능 개발용 학습 데이터를 생성해주는 플랫폼이다. 이 회사의 API로 로데이터를 입력하면 다양한 도구로 데이터를 검토하여 머신러닝의 학습에 활용할 수 있는 학습 데이터로 변환해준다. 요구되는 기준 데이터 사양의 95% 정확도로 정제된 데이터를 확보할 수 있게 해주는데, 이를 통해 제품 개발 속도를 높일 수 있다는 장점이 있다.

자율자동차처럼 로데이터가 많이 생성되고 학습 데이터로의 변환이 필요한 영역에서 이러한 플랫폼의 수요가 많다. 리프트Lyft, 보이지Voyage 등 자율주행차 업체가 이를 이용하고 있다.

한편, 사무실에 있는 수많은 종이 문서도 엄연한 잠재 데이터다.

종이 문서에서 데이터를 추출하는 도큐참

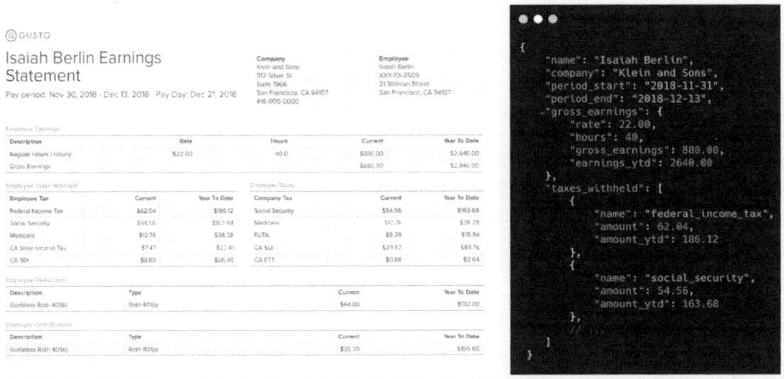

출처: techcrunch.com

도큐참Docucharm 같은 플랫폼은 광학문자인식OCR 기술을 이용해 종이 문서에 있는 텍스트를 AI 학습에 사용할 수 있는 데이터로 변환해 준다. 회사 내에서 생산되는 수많은 문서가 유용한 빅데이터로 재탄생되도록 만들어주는 플랫폼이다.

동영상이나 이미지를 다루는 업체라면 학습을 위한 데이터를 만들기 위해 각각의 동영상과 이미지에 태깅을 하는 게 큰 일일 수 있다. 태깅이란 분류 및 클러스터링 알고리즘의 학습에 용이하도록 동영상 혹은 이미지에 관련 정보를 입력하는 것이다. 방대한 동영상에 일일이 태깅을 하는 것은 매우 시간 소모적이고 비효율적이기 때문에 데이터화에 커다란 제약으로 작용한다. 만일 태깅을 자동으로 해줄 수 있다면 학습 데이터를 훨씬 쉽게 생성할 수 있다.

이를 가능케 하는 자동 태깅 플랫폼이 있다. 대표적인 예로 추치 AIChooch AI를 들 수 있다. API를 통해 입력된 동영상/이미지의 프레임마다 등장사물, 사운드와 관련된 태그를 자동으로 달아주는 플랫폼이다. 스마트글래스나 드론 카메라, 블랙박스, CCTV 등 모든 종류의 동영상 및 이미지 데이터를 학습 데이터로 바꿀 수 있기 때문에 매우 유용하다.

이러한 플랫폼은 인공지능 앱 제작에 필수적인 고품질의 학습 데이터를 효율적으로 생성해주기 때문에 데이터 확보 전략으로 고려해 봄직하다.

사용 가능한 데이터를 여러 소스를 통해 확보하면 데이터가 다양한 시스템에 분산되는 경우가 많은데 유의할 필요가 있다. 데이터 소싱의 분산은 알고리즘 학습 과정에 방해가 될 수 있다. 여러 시스템에서 소스 데이터에 액세스할 때, 기술 통합, 변경 제어 및 기타 위험 같은 여러 이슈가 있기 때문에 실제 데이터의 사용 자체에 장애가 많다. 큰 조직에서는 여러 부서가 서로 다른 데이터를 사용하다 보니 데이터가 제각각 단편화되는 경향이 있다. 이는 AI 알고리즘의 학습에 커다란 걸림돌로 작용한다.

따라서 데이터는 그때그때 필요할 때마다 단편적으로 확보할 게 아니라, 인공지능 제품 및 서비스에 대한 커다란 방향을 그린 후 그에 맞춰 일관되게 확보해야 하고, 서로 다른 출처의 데이터를 어떻게 일관된 데이터셋으로 결합시킬지 분명한 전략을 세워야 한다.

체계적으로 데이터의 품질을 관리하라

AI 혁신을 위한 데이터를 관리할 때는 데이터의 확보, 데이터 품질관리, 데이터 활용에 이르기까지 모든 과정을 시스템으로 갖추는 데 가장 신경을 써야 한다.

충분한 데이터를 확보하고, 필요한 핵심 데이터를 꾸준히 생성하며, 확인되지 않은 데이터나 왜곡된 데이터는 사용하지 않고, 의사결정 단계에서 데이터의 왜곡을 탐지할 수 있는 관리체계를 갖춰야 한다. 그래야 데이터 생성 및 소비(사용)의 선순환이 이뤄진다.

데이터를 잘못 사용할 경우 이를 복구하는 비용, 신뢰 손실로 인한 비용, 그리고 잘못된 결정으로 인한 2차 손실이 생길 수 있다. 데이터 선순환 체계가 잘 잡혀 있을수록 데이터의 품질과 비즈니스의 성과가 지속적으로 향상된다.

액센츄어의 조사에 따르면 AI 선진기업의 98%는 견고한 데이터 관리체계를 갖추고 있는 데 반해 후진기업은 단지 49% 정도만 관리체계를 갖고 있다. 선진기업의 90%는 지속적으로 데이터 체계를 보강한다. 놀랍게도 자신이 쓰는 데이터의 품질을 얼마나 신뢰하는지에 대한 조사에서 체계를 갖춘 선진기업은 90%가 자신의 데이터 품질을 보장하지만 AI 후진기업은 40%만이 품질을 보장하는 것으로 나타났다.

말하자면, 견고한 데이터 관리체계는 자신이 쓰는 데이터에 대한 신뢰와 연결되고, 이는 제품과 서비스에 대한 자신감에도 고스란히 영향을 준다. 다시 강조하지만, AI 혁신에 있어서 데이터 관리체계의 확립은 매우 중요하다.

AI 혁신 기술명세서 작성하기

이제 혁신모델의 기술명세서에 데이터와 소스에 대한 내용을 넣어 완성해 본다. 우선 문제해결에 필요한 알고리즘의 학습에 활용될 핵심 데이터가 무엇인지를 정의한다. 그리고 이 데이터를 어떻게 확보할 수 있는지 기입한다.

예를 들어 이메일에서 스팸메일을 자동분류하는 기능을 구현한다고 해보자. 분류 알고리즘을 학습시키기 위해서는 정상 메일과 스팸메일이 섞인 메일 데이터가 필요하다. 이 데이터는 자체 이메일 서비스 채널, 외부 데이터 플랫폼 등에서 다양하게 확보할 수 있다. 여기서는 외부 데이터 플랫폼을 이용하는 경우로 데이터 소스를 정해본다. 메일 데이터는 캐글 같은 데이터 플랫폼에서 확보할 수도 있다.

스팸메일 분류에 관한 기술명세서

<table>
<tr><td>문제</td><td colspan="2">• 이메일에서 스팸메일 자동 분류 필요</td></tr>
<tr><td>AI 핵심기능</td><td colspan="2">• 스팸 인식(맥락인식)
• 스팸 분류(자동처리)</td></tr>
<tr><td>테크닉</td><td colspan="2">• 텍스트인식
• 분류</td></tr>
<tr><td>작업속성</td><td colspan="2">• 메일로 이뤄진 데이터가 방대
• 스팸메일 분류작업은 수신과 동시에 실시간 처리 필요</td></tr>
<tr><td rowspan="2">알고리즘 및 데이터</td><td>알고리즘</td><td>데이터</td></tr>
<tr><td>• 나이브 베이즈 분류 알고리즘</td><td>• 정상 메일과 스팸메일이 섞인 메일 데이터로 학습
• 데이터 플랫폼(ex. 캐글Kaggle)에서 제공하는 메일 데이터 확보</td></tr>
</table>

알파고의 데이터도 살펴보자. 알파고는 지도학습을 바탕으로 바둑 기보를 학습해야 한다. 그렇기에 승패 분류가 된 기보 이미지 세트가 핵심 데이터다. 알파고는 온라인 바둑사이트인 KGS GO에서 확보한 바둑 고수들의 기보 16만 개를 통해 학습시켰다. 이를 다음과 같이 정리할 수 있다.

알파고의 AI 혁신 기술명세서

<table>
<tr><th>문제</th><td colspan="4">• 바둑 경기 승률 최적화</td></tr>
<tr><th>AI 핵심기능</th><td colspan="2">• 기보 인식(이미지인식)</td><td colspan="2">• 수 예측(귀추예측)
• 승률 계산으로 최적의 수 도출(자동최적화)</td></tr>
<tr><th>테크닉</th><td colspan="2">• 특징 추출
• 분류</td><td colspan="2">• 선택
• 확장
• 시뮬레이션
• 역전파</td></tr>
<tr><th>작업속성</th><td colspan="2">• 바둑판의 정형화된 이미지 데이터 필요</td><td colspan="2">• 수 예측에 필요한 경우의 수가 매우 많음</td></tr>
<tr><th rowspan="2">알고리즘 및 데이터</th><th>알고리즘 1</th><th>데이터 1</th><th>알고리즘 2</th><th>데이터 2</th></tr>
<tr><td>• 딥러닝 컨볼루셔널 신경망</td><td>• 바둑 기보 데이터
• 온라인 바둑사이트 KGS GO에서 확보</td><td>• 몬테카를로 트리 탐색 알고리즘</td><td>• 자체생성 (강화학습)</td></tr>
</table>

요약하기

AI 혁신모델이 실질적으로 기능을 발휘하기 위해서는 데이터가 중요하다. 인공지능 혁신모델의 성과는 적절한 데이터의 확보 여부에 달렸다. 먼저 학습에 필요한 핵심 데이터는 무엇인지 정의를 내려야 한다. 그다음은 사용 가능한 데이터 소스가 어디에 있는지 전방위적으로 파악한 후 혁신모델에 가장 중요한 데이터 소스를 추려낸다. 데이터는 무분별하게 확보할 게 아니라 '좋은' 데이터를 확보해 품질이 유지될 수 있도록 해야 한다. 이를 위한 데이터 확보 및 관리체계를 갖출 필요가 있다.

STEP 8

품질을 평가하라

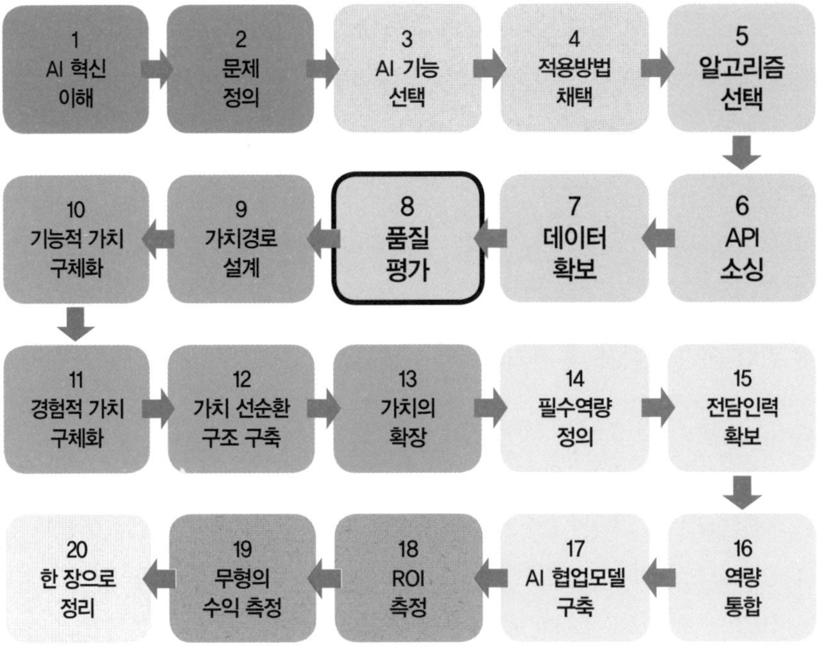

과제 ______ AI 혁신 제품 및 서비스의 성능을 유지하기 위해 평상시 품질 평가 기준과 체계를 마련한다.

"측정하지 않으면 관리할 수 없다."

피터 드러커

혁신모델, 평가가 중요하다

피터 드러커는 "측정하지 않으면 관리할 수 없다"고 했다. AI 기반의 혁신 제품 및 서비스가 비즈니스 경쟁력을 지속적으로 높일 수 있도록 하려면 거기 적용된 AI의 기능이 제대로 작동하는지 점검을 해야 한다. 우수한 성능의 AI 시스템을 보유한 기업은 모델에 대한 평가체계를 갖추고 있다. 혁신모델의 품질은 알고리즘 적절성, 데이터 품질 등이 결정한다. 좋은 결과를 얻을 수 있도록 품질관리를 해야 한다.

품질평가 방법 3가지

AI 혁신모델에 대한 품질관리는 복잡할 수 있지만 또 한편으로는 매우 간단하다. 다음 세 가지를 체계적으로 하면 된다.

- 평가지표Key metrics를 정한다
- 상시적으로 평가한다
- 지속적인 보완한다

품질평가를 위해서는 메트릭metric, 즉 품질평가의 기준이 명확히 정해져야 한다. 앤드루 응 교수는 AI 프로젝트를 시작하기에 앞서 평가기준을 정하라고 권고한다. 품질평가의 기준은 무엇을 관리할 것인지 지표를 선정하고, 이 지표를 어느 정도를 유지할 것인지로 정해진다.

예를 들면, AI를 통한 인식 및 예측 결과의 정확도를 85%로 유지한다는 것을 기준으로 정할 수 있다. 상황에 따라 데이터 편향성 최소화, 데이터 다양성 최대화, 데이터 사이즈 유지 등 특정 속성을 품질의 기준으로 삼기도 한다. 이를 토대로 주기적인 테스트를 진행한다.

품질평가할 때 고려해야 할 것

시간이 지날수록 증가하는 데이터가 지저분해지지 않고 일정 수준의 품질을 유지하기 위해서는 상시적으로 품질평가를 해야 한다. 평가용 데이터를 수집해 분석을 실행하고 사전에 정한 기준과의 격차를 체크하는 방법을 써야 한다.

평가 시기 실제 평가를 할 때 염두에 둬야 할 몇 가지 지침이 있다. 우선 평가가 수시로 이뤄져야 한다. 데이터 및 알고리즘 업데이트 주기, 데이터의 증가 속도 등을 고려해 평가 주기를 정해야 한다. 특히 평가는 혁신모델 개발 초기부터 해야 한다. 품질관리 체계는 처음에 확립된 이후부터는 거의 그대로 유지된다고 보면 된다.

테스트 데이터의 종류 품질평가를 위해서는 테스트 데이터를 별도로 준비해야 한다. 그런데 자주 하는 실수가 있다. 테스트 데이터를 무작위로 선정하는 것이다. 평가는 아무 데이터로 하면 안 된다. 평가의 결과를 신뢰하려면 평가 환경이 실전과 똑같아야 한다. 그러려면 테스트 데이터가 실제 활용하고 있는 데이터를 대표할 수 있어야 한다. 그래야 평가 결과를 신뢰하고 이 결과가 주는 인사이트를 실전에 정확히 반영할 수 있다.

테스트 데이터 크기 데이터 테스트의 크기 역시 실전과 같아야 한다. 평가에 이용하는 데이터의 크기는 그 결과가 실전에 의미를 가질 수 있을 만큼 충분히 커야 한다. 그런데 실제 학습에 소요되는 데이터의 30%도 되지 않는 양으로 평가를 하는 경우가 많다. 효율적인 평가를 위해 가벼운 데이터로 평가해볼 수도 있겠지만 평가의 목적이 실전에서 구동되는 솔루션의 품질관리라는 것을 생각한다면, 테스트 데이터 크기는 실전처럼 충분히 커야 한다.

품질평가의 종류

AI 솔루션의 품질평가는 자체적인 관리 차원에서 이뤄질 수도 있지만, 상용화를 목적으로 하는 대부분의 솔루션은 사용자 및 투자자가 직접 평가를 하기도 한다. 업계에서 많이 이뤄지는 품질평가의 종류는 다음과 같다.

개념증명Proof of Concept, PoC

PoC는 혁신제품을 시장에 출시하기 전에 인공지능 기술이 적용된 신제품이 어떻게 작동하는지를 테스트하는 사전검증 방법이다. 시장에 소개되지 않은 새로운 기술을 현업에 적용할 때 많이 사용한다. 새로운 기술인 만큼 테스트 사례나 참고할 만한 레퍼런스가 없기 때문에 발주처 입장에서는 다소 리스크가 있다고 볼 수 있다. 일부 AI 개발업체는 고객 유치를 위해 자사의 혁신 솔루션을 시연해보는 이벤트를 마련하는데 이 역시 PoC에 해당한다. 대다수 AI 혁신은 새로운 솔루션이기 때문에 PoC를 거친다.

벤치마킹 테스트Bench Marking Test, BMT

PoC가 검증된 적 없는 신기술을 테스트하는 것이라면, BMT는 이미 검증된 솔루션을 도입할 때 사용하는 테스트 방식이다. 실제 도입할 솔루션을 대상으로 테스트한다. 발주업체에서 정확성, 처리 속도, 데이터 용량 등 필요한 성능의 기준을 정해서 테스트를 실시하고, 원하는 수준을 충족하는 솔루션을 채택한다.

파일럿 테스트Pilot test

파일럿 테스트는 프로젝트 진행을 위한 수행안 검증 테스트다. 대규모 프로젝트의 진행에 앞서 소규모로 진행해보는 시험 테스트를 말한다. 이미 시장에서 검증된 적이 있는 기술을 평가하는데, 구현된 기술을 업무 상황에 적용해보고 문제점이나 개선점을 발견하여 실제 프로젝트에 반영한다.

품질평가 항목 10가지

품질평가를 하려면 우선 무엇을 평가할지를 정해야 한다. 바로 평가항목 지표다. 혁신모델의 질적 향상을 위해서는 이 모델을 측정할 품질지표를 명확히 선정해야 한다. 딥러닝 기반의 암 검진 시스템에서는 정확성이 중요한 지표다. 자동 커피머신의 경우는 시간당 생산성이 평가지표가 돼야 한다. 일반적으로 평가항목으로 삼을 만한 지표는 다음과 같다.

평가항목 지표

지표	설명
정확성 Accuracy	• 솔루션의 결과가 정확한가, 반복시도에서 동일한 결과가 나오는가?(정확성은 오차율, 민감성, 특이성 등의 형태로 측정되기도 함)
생산성 Productivity	• 단위 시간 동안 얼마나 많은 결과물을 도출해내는가?
효율성 Efficiency	• 동일 결과물을 도출하기 위해 얼마나 적은 자원을 소모할 수 있는가?
완결성 Completeness	• 모든 가용 데이터를 활용했는가, 이를 올바르게 사용했는가?
시의성 Timeliness	• 필요한 때에 필요한 지점에서 즉시 결과를 얻을 수 있는가?
규모 Scale	• 데이터와 사용자 규모가 증가할수록 솔루션의 기능이 향상되는가?
호환성 Compatibility	• 솔루션이 다른 데이터 및 서비스와 호환되어 폭넓은 활용이 가능한가?

편향성 Bias	• 데이터 및 알고리즘에 편향성이 존재하는가?
투명성 Transparency	• 결과 도출 과정과 인사이트에 대한 근거가 설명 가능한가?
안전성 Safety	• 사용자가 시스템을 통해 손실을 볼 위험은 없는가?

품질평가 방법 예시

머신러닝 모델의 품질이나 성능을 평가하는 데는 오차행렬A confusion matrix이 많이 활용된다. 예측 정확성, 민감성, 특이성 등 중요한 품질 결과를 이해하기 쉽게 보여주는 방법이다. 이 방식은 용어와 수식이 복잡해 보이지만 원리는 매우 간단하다.

실제 사례로 설명하는 편이 아무래도 이해에 도움이 될 테니 예를 들어보겠다. 엔트러피Entrupy는 명품을 실시간으로 판별해주는 인공지능 스캐너다. 가방, 신발 등 명품 제품의 표면을 사진으로 찍은 다음 300만 종류의 사진을 학습한 인공지능이 이미지를 분석하여 진품 여부를 판별해준다. 이 애플리케이션의 판별 정확도를 측정해보려고 한다.

위조품을 구별해주는 엔트러피

출처: 패스트 기즈모스

표 〈오차행렬 예시〉를 보자. 예측치와 실측치 두 가지에 대해 예/아니오를 구분하면 된다.

오차행렬 예시

n=165	예측치: NO	예측치: YES
실측치: NO	50	10
실측치: YES	5	100

- 가로축은 예측치다. 참으로 예측했는지, 거짓으로 예측했는지

두 가지로 나뉜다. 위조품 예측에서 '예'는 위조품으로 예측했다는 의미하고 '아니오'는 위조품이 아니라고 예측했다는 의미다.

- 세로축은 실측치다. 실제 참인지, 아니면 거짓인지 역시 두 가지다. '예'는 실제 위조품인 것이고 '아니오'는 실제 위조품이 아니라는 의미다.
- 품질평가를 위해 총 165개의 루이비통 가방을 가지고 예측을 수행했다.
- 예측 결과 '예'라고 예측한 것은 총 110개, '아니오'를 예측한 것은 55개다.
- 실제로, 실측 결과는 105개가 위조품이고, 60개는 진품이었다.

이제 결과 해석을 위한 용어를 정리해본다.

- True Positive (TP) : 위조품(예)이라고 예측했는데 실제 위조품(예)인 경우
- True Negative (TN) : 위조품이 아니라고(아니오) 예측했는데 위조품이 아닌(아니오) 경우
- False Positive (FP) : 위조품(예)이라고 예측했는데 실제 위조품이 아닌(아니오) 경우

- False Negative (FN) : 위조품이 아니라고(아니오) 예측했는데 실제 위조품(예)인 경우

이 용어에 수치를 대입해 오차행렬에 적용해보면 다음과 같은 그림이 된다. 이 행렬을 토대로 모델의 성능을 측정해보려고 한다.

오차행렬 예시

n=165	예측치: NO	예측치: YES	
실측치: NO	TN=50	FP=10	60
실측치: YES	FN=5	TP=100	105
	55	110	

정확성 먼저 정확성이다. 이 모델이 위조품인지 그리고 위조품이 아닌지를 얼마나 정확히 맞췄는지에 대한 지표다. 간단한 덧셈과 곱셈만 할 줄 알면 쉽게 계산할 수 있다. 한번 해보자. 전체 165개 중에서 위조품을 위조품이라고 예측한 것(100개)과 진품을 진품이라고 예측한 수(50개)의 비중을 보니 0.91이 나왔다. 이 애플리케이션의 정확도는 91%라고 이야기할 수 있다.

(TP+TN)/total = (100+50)/165 = 0.91

오차율 오차율misclassification rate은 정확성의 반대다. 전체 중에서 잘못 예측한 비율을 측정한다. 즉, 실제 위조품인 것을 위조품이 아니라고 예측한 것과 실제 위조품이 아닌 것을 위조품이라고 예측한 개수로 확인할 수 있다. 전체 165개 중에서 위조품을 위조품이 아니라고 예측한 것(10개)과 진품을 위조품이라고 예측한 수(5개)의 비중을 보니 0.09가 나왔다. 이 애플리케이션의 오차율은 9%다.

(FP+FN)/total = (10+5)/165 = 0.09

민감성 다음은 민감성Sensitivity이다. '참'에 대해 얼마나 민감하게 '참'이라고 예측했는지에 대한 지표다. 이 사례에서 실제 위조품인 것에 대해 위조품이라고 예측한 것의 비율로 측정한다. 실제 위조품인 가방의 개수는 105개다. 이 애플리케이션이 위조품이라고 예측한 것은 100개이기 때문에 민감성은 95%에 해당한다.

TP/Actual Yes = 100/105 = 0.95

특이성 특이성Specificity은 거짓이라는 특이한 사례에 얼마나 거짓이라고 예측했는지에 대한 지표다. 위조품이 아닌 가방은 모두 60개다. 그러나 이 애플리케이션이 위조품이 아니라고 예측한 것은 50개다. 따라서 특이성은 83%이다.

$$TN/Actual\ No = 50/60 = 0.83$$

이렇게 오차행렬을 통해 모델의 성능을 측정할 수 있다.

참고로 엔트러피는 고해상도로 사진을 찍은 다음 사물을 260배 확대하여 육안으로 찾아내기 어려운 비정상적인 패턴, 즉 인장이나 가죽 잔주름 사이의 작은 공백, 페인트칠 등을 보고 진품 여부를 판별해낸다.

위 오차행렬의 사례는 임의로 설정한 수치이지만 실제 엔트러피의 판별 정확도는 98%로 매우 높다. 이렇게 정확한 측정을 하는 데 불과 15초 정도밖에 걸리지 않는다는 점도 이 애플리케이션의 장점이다.

요약하기

AI 제품 및 서비스가 우수한 성능을 유지하도록 하려면 품질관리 체계를 갖춰야 한다. AI 혁신모델의 품질관리를 위해 먼저 평가지표를 설정해야 하며, 상시적으로 평가해야 한다. 또한 지속적으로 보완해 품질을 유지해야 한다. 시장에 상용화하는 과정에서 개념증명, 벤치마킹 테스트, 파일럿 테스트 등의 평가를 한다. 프로젝트 초기부터 자체적인 품질평가 체계를 갖춰서 AI 제품 및 서비스의 시장성을 높이기를 권장한다.

4장

어떤 가치를 창출할 것인가

AI Business Model

STEP 9

AI의 가치경로를 그려라

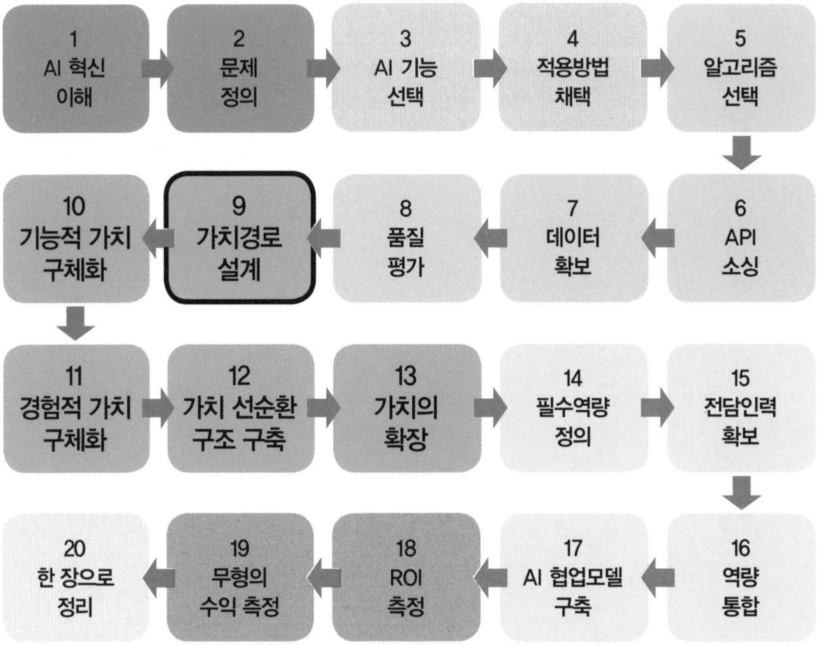

과제 ______ AI 혁신으로 창출할 수 있는 가치의 세부적인 종류를 이해한다. 가치창출의 선순환을 이룰 수 있도록 가치경로path of value를 설계한다.

> "혁신의 성과는 대부분 탁월한 기술에서 창출된다.
> 그러나 수많은 혁신 실패는
> 기술의 탁월성에 대한 맹신에서 비롯된다."
>
> **윌리엄 밀러**William Miller, **스탠퍼드대학교 교수**

가치경로란 무엇인가

AI 혁신의 지향점이 뭘까? AI 혁신의 의미를 다시 살펴보면, 인공지능 기술로 새로운 기능을 구현하고 새로운 가치를 창출하여 사용자경험을 혁신하는 것이다. 다시 말해 AI 혁신은 단순히 기술의 혁신으로 끝나지 않고 사용자의 경험 혁신으로 귀결돼야 한다. 사용자의 경험을 바꿀 수 있을 만큼 강력하고 분명한 가치를 창출해야 한다는 의미다.

스탠퍼드대학교 윌리엄 밀러 명예교수는 하이테크 기업이 공통적으로 저지르는 실수가 바로 '기술에 대한 사랑'이라고 강조했다. 기술에 대한 애착을 비판하는 게 아니다. 문제는 맹신이다. 자신이 개발한 기술에 애착을 갖는 건 당연하다. 하지만 기술을 맹신하다 보면 사용자가 얻을 가치를 간과하게 된다. 시장성을 잊어버린다. 기술적 가치는 사용자가 얻는 가치와 반드시 일치하지 않는다.

기술적으로 뛰어난 제품을 내놨지만 사용자의 가치를 소홀히 하면 어떤 결과가 나올까? 기술 전문가들에게는 호평을 받지만 시장에서는 외면

AI 혁신의 가치경로

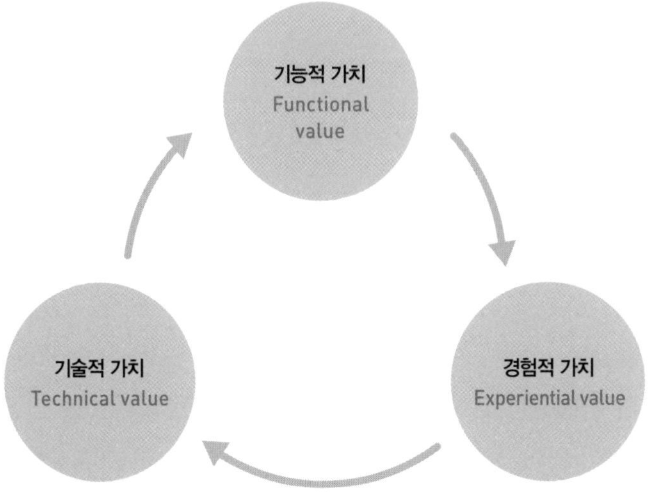

받는다. AI가 창출하는 가치가 여러 종류라는 의미다.

AI 혁신모델을 통해 만들어지는 가치는 기술적 가치, 기능적 가치, 경험적 가치로 구분할 수 있다. AI 혁신을 통해 가치를 창출한다는 것은 이러한 여러 가치가 선순환적으로 연결되는 가치경로를 만든다는 뜻이다. 각각에 대해 살펴보자.

기술적 가치

먼저 기술적 가치다. 혁신모델은 사용자의 문제를 잘 해결해줄 제품을 구현하기 위해 고안된다. 이때 적절한 데이터와 알고리즘을 마련해 문제해결에 필요한 기능을 구현할 수 있어야 한다.

이러한 기술적 요건이 충족되어 의도한 기능을 구현해낼 수 있게 됐을 때 기술적 가치가 생긴다.

정의된 문제를 해결하는 방향에 부합하면서 좀 더 효율적이고 월등한 성능을 지닌 알고리즘이나 양질의 데이터를 확보한다면 이 혁신모델의 기술적 가치는 높아진다.

기능적 가치

이렇게 만들어진 AI 제품은 새로운 기능을 갖게 된다. 정확한 인식이나 예측, 최적화, 소통, 창작 등 인공지능은 기존의 제품과 다른 우월한 기능을 만들어낸다. 이 제품이 이전과 다른 특별하고 차별화된 일을 할 수 있다면 기능적 가치를 확보할 수 있다.

기술적 가치가 주로 연구실 혹은 실험실에서 나타나는 데 반해, 기능적 가치는 사용자가 제품을 접할 때 나타난다. 그렇기에 사용자는 기술적 가치는 잘 인지하지 못하고 기능적 가치는 쉽게 인지한다.

챗봇에 구현돼 있는 자연어처리 기술은 사람들이 잘 모르지만, 이 기술을 기반으로 사람처럼 소통하는 기능은 주목을 받는다. 언론에 소개된 AI 혁신제품 대부분은 기능적 가치를 조명한 것이라고 볼 수 있다.

경험적 가치

그다음은 사용자가 느끼는 경험적 가치다. 앞서 살펴본 기능적 가치는 인공지능 제품이나 서비스가 차별적 기능을 통해 사용자에게 제공하는 이점이라고 볼 수 있다.

그러나 이 이점이 사용자가 경험 속에서 느끼는 특별한 가치로 자동적으로 연결되는 건 아니다. 예를 들어, 홍체인식기술은 간편하게 사용자를 식별하며 보안에도 강점이 있다는 점에서 기능적 가치를 지닌다. 이 기술을 스마트폰에 장착해서 결제수단으로 사용할 수 있다.

그런데 이에 대한 사람들의 반응은 전혀 다를 수 있다. 생체정보가 읽히는 것에 거부감을 느낄 수도 있고, 홍체인식 기반 결제가 편리하다고 느끼지 않을 수도 있고, 해킹이나 도용에 대한 두려움을 가질 수도 있다.

경험적 가치는 사용자의 경험 속에서 문제가 시원하게 해결될 때, 그리고 사용자의 삶에 특별한 만족과 즐거움을 줄 수 있을 때 나타난다는 사실을 명심하자.

가치를 점진적으로 발전시키는 법

이렇게 가치경로는 기술적 가치, 기능적 가치, 경험적 가치로 발전한다. 이 가치의 관계를 보면 이렇다. 문제를 해결하는 애플리케이션을 구현하는 데 적절한 기술적 재료가 갖춰질 때 기술적 가치를 얻는다. 이를 통해 만들어진 제품 및 서비스의 기능이 다른 제품 및 서비스의 기능보다 차별적이고 우월할 때 기능적 가치가 생긴다. 이 기능이 사용자의 삶에 유용하게 활용되어 만족도를 높일 때 경험적 가치가 상승한다. AI 혁신은 이렇게 경험적 가치까지 창출하는 것을 목표로 한다.

일반적으로 엔지니어가 알고리즘을 개발할 때는 기술 구현에만 초점을 맞추다 보니 기술적 가치에서 경험적 가치로 이어지지 않을 때가 많다. 예측 정확도를 높이겠다는 기술적 목표를 위해 많은 실험과 연구를 진행하지만 정작 이 모델이 어떤 기능으로 구현될지, 사용자가 경험 속에서 어떠한 만족을 느낄지까지는 생각하지 못한다. 기술적 가치에만 집중하면 좋은 특허나 논문이라는 결과는 낼 수 있을지언정 사람들에게 유용하게 쓰이는 좋은 제품은 나오지 않는다.

한편, 기능적 가치를 갖는 좋은 제품을 개발했지만 이를 어떻게 사용자에게 전달해야 만족과 감동을 키울 수 있을지 모르는 경우도 많다. 기술과 기능은 좋지만 이를 경험적 가치로 전환하지 못한 것이다.

가치경로가 기술적 가치 혹은 기능적 가치에서 끊기면 사용자에게 선택을 받지 못하고 기술은 상용화에 실패한다. 엔지니어가 알고리즘을 개발할 때 혹은 창업자가 AI 혁신제품을 기획할 때 기술적 가치에서 기능적 가치, 나아가 경험적 가치까지 이어지는 전체 가치경로를 견지해야 한다는 이야기다.

AI 혁신에 필요한 기술적 통찰력은 다른 게 아니다. 인공지능 기술을 보고 가치경로의 어느 지점까지 그려낼 수 있느냐다. 물론 기술에 대한 지식이 있어야 이런 통찰력을 얻을 수 있지만 기술 지식만으로는 부족하다. 기술이 만들어내는 기능적 · 경험적 가치를 발견해내야 하고, 사용자 자신도 모르는 니즈까지 발견해 충족시켜줘야 한다. AI 혁신은 기술에서 사용자의 경험에 이르기까지 다양한 가치를 아우르는 혁신임을 기억하기 바란다. 자, 그럼 다음 스텝에서 하나씩 자세히 살펴보자.

요약하기

AI 혁신모델이 포함하는 가치는 세 종류다. 바로 기술적 가치, 기능적 가치, 경험적 가치다. 이 모든 가치가 선순환 작용을 할 때 AI 혁신모델이 성공적으로 발전한다. 많은 개발자가 기술적 가치에 머무르곤 한다. 사용자에게 선택을 받기 위해서는 한 발 더 나아가 탁월한 기능적 가치와 함께 특별한 경험적 가치를 창출해야 한다.

STEP 10

기능적 가치를 구체화하라

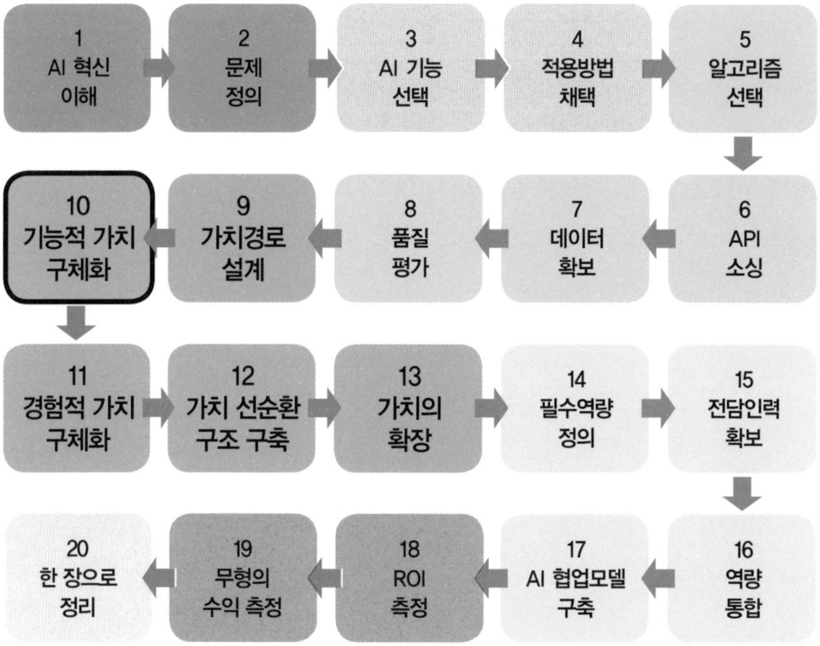

과제 ______ AI 기술이 창출하는 기능적 가치를 명확히 정의한다. 사례를 통해 가치를 어떻게 구현할지에 대한 힌트를 얻는다.

"AI가 놀라운 이유는
그 자체가 비범한 기술이기 때문이 아니라,
이를 통해 만들어지는 세계가 비범하기 때문이다."

기술에서 기능으로 발전하려면

AI 혁신은 인공지능의 기술적 가치, 기능적 가치 그리고 경험적 가치를 창출하는 것이다. 이제 AI 기술을 기능적 가치로 발전시키는 방법을 다루려고 한다. 기능적 가치는 사용자가 AI가 적용된 제품 및 서비스를 사용하면서 월등한 기능을 실감할 때 생긴다. 앞서 이야기했듯이 기술적 가치, 즉 성능 좋은 알고리즘과 풍부한 데이터를 마련해서 기술적인 요건을 충족하는 것만으로는 충분치 않다. AI의 기술적 이점이 사용자가 활용할 수 있는 기능의 형태로 잘 구현돼야 한다. 예측 정확성은 인공지능의 기술적 이점이지만, 이것이 어떤 형태의 기능으로 구현되느냐에 따라 기능적 가치는 달라진다. 흥미로운 사례를 살펴보기에 앞서 기능적 가치를 창출하기 위해서는 몇 가지 조건을 충족해야 한다는 점을 명시하고자 한다.

- AI가 제공하는 기술적 이점이 분명해야 한다
- 그 이점을 활용할 용도가 분명해야 한다
- 용도에 최적화된 형태로 구현돼야 한다

'정확성'의 가치

정확한 인식은 AI 기술이 가진 강력한 이점이다. 사람이 잘 구분하지 못하는 것을 AI는 잘 구분한다. 이를 어느 용도에 사용하느냐에 따라 기능적 가치가 달라진다. 정확한 인식은 그동안 사람이 잘 분간하지 못했던 영역에 활용될수록 높은 기능적 가치를 지닐 것이다.

예를 들어, 아이 울음소리를 듣고 왜 우는지 알려주는 애플리케이션은 아이 부모에게 커다란 도움을 준다. 아이가 우는 소리는 저마다 다르지만, 그 안에는 공통적인 패턴이 있다. 이 알고리즘은 음성인식을 통해 아이의 울음을 식별하고 울음소리의 특징을 분류해낸다. 정상 및 비정상적인 울음 신호의 의미를 구별하고 왜 우는지를 알려준다. 노련한 부모보다 더 정확하게 아이가 우는 이유를 알려주기 때문에 초보 부모에게는 대단히 유용할 수밖에 없다.

병원에서도 AI의 정확성은 유용한 기능으로 구현되고 있다. 알파고를 개발한 딥마인드가 첫 번째로 내놓은 상용화 제품도 바로 AI의 정확한 식별능력을 이용한 녹내장 질환 검사 시스템이다. 눈의 망막을 스캔한 후 AI 알고리즘으로 구현된 시스템을 통해 영상을 판독해 녹내장, 황반변성 등 50여 종의 안과 질환을 진단한다. 그에 그치지 않고 질병의 위급한 정도까지 세분화해서 제시한다. 진단의 정확도는 전문의보다 높은 94%다.

기존의 안과 시스템에서는 눈 망막을 촬영한 다음 PC 장비 등을 통해 의사에게 보고한 후 의사 일정에 맞춰 의사가 영상을 검토하여 진단했다. 인간의 육안으로 검진하니 정확도가 떨어질 때도 있고, 시간도 오래 걸린

딥마인드의 녹내장 진단 기기

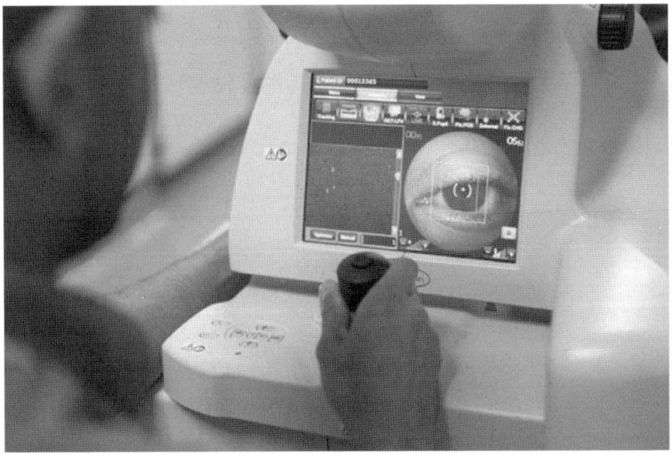

출처: 파이낸셜타임스

다. 그러나 AI 기기를 통한 검진은 안구 촬영 즉시 판독 결과가 나온다. 일부 스타트업은 스마트폰의 카메라를 통해 간편하게 눈 질환을 검사할 수 있는 애플리케이션을 개발하고 있다. AI 덕분에 의사의 개입 없이 정확한 검진 결과를 확인할 수 있기 때문에 환자에게는 매우 편리한 기능이다.

'빠른 처리속도'의 가치

다음은 속도다. 머신러닝은 데이터를 토대로 지식을 축적하고, 패턴을 인식하고, 의사결정을 내리는데, 그 처리속도가 매우 빠르다. 방대한 데이터, 병렬 및 선형 컴퓨팅을 통해 인간보다 빨리 학습하고 처리속도도 뛰어나다. 이러한 기술적 이점은 시간을 많이 잡아먹는 프로젝트에서 높은 기능적 가치를 창출한다.

예를 들어, 암치료제 같은 신약을 개발하려면 일반적으로 신약물질 대상을 선정하는 데만 1~2년이 걸린다. 특정 종류의 암에 대한 치료제를 검증하려면 많은 순열과 균주를 식별해야 하고, 균주 각각이 사람에 따라 돌연변이를 일으켜 부작용이 날 수 있기 때문에 모든 상황에 대해 검증을 해야 한다. 그 양이 천문학적이기 때문에 시간이 오래 걸릴 수밖에 없다. 그런데 베네볼런트AIBenevolentAI, 그레일Grail, 페이지.AIPaige.AI 같은 기업은 AI를 이용한 검증 시스템을 개발해 이 기간을 한 달 이내로 단축했다. 수십억 개의 데이터를 토대로 학습한 인공지능이 빠르고 효율적으로 검증한다. 이는 비용 또한 획기적으로 절감해준다. 시간 싸움으로 많은 비용을 써야 했던 제약회사에는 엄청난 혜택이 아닐 수 없다.

이러한 AI의 능력은 시간 소모 때문에 답답함을 느끼는 영역일수록 커다란 가치를 지닐 것이다. 자동차 검사를 할 때 접수하고 검사하는 데는 수 시간이 걸린다. 차를 맡기고 며칠 뒤에 찾아야 할 때도 많다.

이스라엘의 스타트업 UV아이UVeye는 자동차의 차체를 들어 올리지 않고도 스캔을 통해 외관과 하부 및 내부의 이상징후를 감지하는 검사 시스템을 소개했다. 보안 검색대에 가방을 지나가게 하면 가방 속이 바로 보이듯, 카메라 및 각종 스캔 장비가 고정돼 있는 곳을 차량이 지나가면 고정밀 화상이 모니터에 비치고, 컴퓨터 비전과 머신러닝으로 차량의 상태를 자동으로 진단한다. X레이와 음파를 통해 정밀검진까지 가능하도록 설

UV아이의 AI 기반 자동차 검사 시스템

출처: 트렌드버드

계하는 중이다. 이렇게 차량을 검사하는 데에는 놀랍게도 1분이 채 안 걸린다.

이러한 속도의 이점은 다양한 형태의 기능으로 구현되어 가치를 창출해낼 수 있다. 가령, 렌터카 서비스 지점의 입구와 출구에 이런 스캔 장치가 있다면 렌터카 사용 전후에 검사를 위해 기다릴 필요가 없다. 차량의 제공 및 반환 속도, 서비스 질을 높일 수 있다. 중고차를 살 때도 마찬가지다. 입고 또는 출고 시 상태를 빠르게 확인할 수 있으며 신속하게 거래할 수 있다.

기업의 경우는 어떨까? 자동차 회사의 출고 지점에서 차량의 품질검사 시간을 획기적으로 단축할 수 있다. 이런 가치를 느낀 자동차 회사는 이 기업과 교류를 시작했다. 도요타Toyota 자동차에서 수출업무를 담당하는 그룹과 볼보Volvo의 일부 공장 및 대리점에서 이 기술을 도입했다. 이는 자동차 제조의 전체 수명주기를 개선하며, 시간과 비용을 절감해준다.

'효율성'의 가치

인공지능은 다양한 기술적 이점을 제공하지만 이를 어떤 형태의 제품으로 구현하느냐에 따라서 사용자가 느끼는 기능적 가치가 달라질 수 있다. 최근 들어 무인상점이 속속 등장하고 있다. 다양한 센싱sensing 기술을 이용해서 점원이 없어도 매장을 자동관리할 수 있게 만든 것이다.

그중 하나가 아마존 및 구글 출신 직원들이 설립한 미국의 스타트업 비브Veeve다. 이 회사는 쇼핑카트를 이용해 마트의 모든 쇼핑 과정을 자동화하는 시스템을 구현했다. 세계 최초의 무인매장인 아마존 고Amazon go보다 간편하고 효율적인 시스템이다. 아마존 고에서는 고객이 물건을 집어서 돌아다니면 군데군데 설치된 카메라가 제품을 인식하고 이를 사용자의 청구서에 추가한다.

그런데 시스템에서 처리하는 과정이 복잡하고 정확한 인식에 실패하는 경우 제품을 다시 인식시켜야 하는 번거로움이 생기기도 한다. 비브는 제품을 인식하고 결제하는 모든 기술을 장바구니, 즉 카트 안에 담았다. 카트에 센서와 머신비전이 장착돼 있어 카트에 넣은 제품을 인식하고 청구서에 추가하며, 마트를 나갈 때 신용카드를 긁으면 계산까지 끝난다. 이 시스템은 매장 곳곳에 카메라를 설치할 필요도 없고 카트와 물품이 연동되

비브의 자동 쇼핑 카트

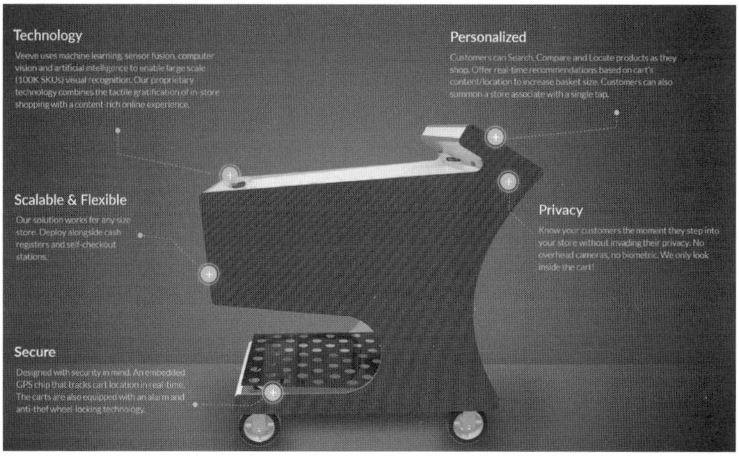

출처: 비브

는 시스템을 파는 것이기에 효율적이며 마트 입장에서도 도입하기가 수월하다.

한편 AI는 인간이 복잡하다고 느끼는 과제를 매우 쉽게 처리한다는 점에서도 새로운 가치를 제공한다. 미국의 법인 H&R블록H&R Block은 IBM 왓슨의 기술을 도입해서 복잡한 세무 프로세스를 효율적으로 처리해주는 시스템을 개발했다. 세법은 계속 바뀌기 때문에 일반인은 물론이고 세무사도 해석하기가 쉽지 않다. 이 기업은 머신러닝 알고리즘을 사용하여 7만 4,000페이지가 넘는 미국연방 세금코드와 수천 가지 세법 변경사항을 분석하고, 수천 건의 Q&A를 학습하여 세금 관련 민원에 신속하게 답변해주는 시스템을 내놨다. 이 시스템을 통해 고객은 세무와 관련한 문제를 빠르고 정확하게 처리할 수 있게 됐을 뿐만 아니라, 세무사도 찾기 어려운 공제 누락분이나 감면 금액을 정확하게 찾아내는 혜택도 얻게 됐다.

'통찰력'의 가치

AI는 데이터를 학습해서 패턴을 인식하는데, 이를 통해 겉으로 드러나지 않은 이면의 상황을 파악하는 통찰력을 발휘할 수 있다. 얼굴을 보고 사람을 알아보기도 하지만 이 사람이 어떤 감정인지, 정치적 성향까지도 알아낸다. 나아가 기업에서 일하는 직원 중 누가 이직할 가능성이 높은지도 알아낸다.

IBM은 직원 규모가 35만 명이다. 이 거대한 조직에서 누가 이직을 할지 왓슨을 통해 예측하는데, 무려 그 정확도가 95% 정도다. 그렇다면 이 기능이 어떤 가치를 줄까? 직원이 회사를 그만두겠다고 결정하기 전에 이를 예방할 수 있는 기회를 회사에 준다. 직원의 불만을 미리 탐지해 원활한 업무환경이 조성될 수 있도록 사전 조치를 할 수 있고, 이직을 방지함으로써 업무의 연속성을 유지할 수 있다.

AI의 통찰력은 제품을 판매하는 기업이 미래 판매량까지 예측할 수 있게 해준다. 앞서 설명한 인키트라는 출판사도 책을 출간하기 전에 스토리 연재를 통해 흥행을 예측한다. 100만 명 넘는 회원이 연재되는 각각의 글에 몇 분 동안 머물렀는지, 언제 읽었는지, 밤을 샜는지 등을 정밀 분석해서 흥행 확률이 높은 책만 출간하다 보니 베스트셀러의 비율이 전체 출간 도서의 90%가 넘는다. 그 이면에는 인공지능의 예측모델이 있다.

'개인화'의 가치

AI의 또 다른 이점은 개인화가 가능하다는 점이다. 개인화는 개별 사용자의 속성을 인식하여 맞춤화된 서비스를 제공하는 것을 말한다. 스포츠 선수의 부상을 예측하는 Zone7의 예를 보자.

Zone7는 선수들의 부상 관리를 위해 개인화를 지향한다. 운동기록, 의료기록, 컨디션 등 중요한 이력을 학습하여 각 선수의 개별적 현재 상태를 정확히 진단하고 예측해 부상을 막는다. 이를 토대로 각 선수의 적정 훈련량도 확인할 수 있다. 이 정보는 체력관리와 실전에서의 목표 달성에 사용될 수 있지만, 무엇보다 과도한 훈련으로 야기되는 부상을 막고 훈련량의 최적화를 이뤄낼 수 있다. 이는 맞춤형 의료를 실현하는 동시에 사용자의 활동력 증강이라는 가치를 창출한다.

이 회사의 창업자인 탈 브라운Tal Brown에 따르면 선수들의 부상률은 승리와 밀접한 관계를 갖는다. Zone7의 부상 예측 정확도는 95%이며 이 시스템을 도입한 구단의 부상 발생률은 75%가량 줄었다. 이를 통해 구단은 팀의 전력 상승과 경기에서의 승리라는 가치를 얻을 수 있다.

‘자율성’의 가치

AI의 자율처리 기능은 인간을 노동으로부터 자유롭게 한다. 지금까지 컴퓨팅 능력의 한계로 불가능했던 일도 인공지능으로 할 수 있게 되면서 인간의 일을 돕는 새로운 가치를 창출해내고 있다. AI의 자율처리는 인식기능 및 예측기능과 결합돼 우리 삶에 더욱 강력한 기여를 할 것이다. 특히 최근에는 언택트 산업이 관심을 끄는 가운데 레스토랑과 같은 매장에 로봇을 투입해 사람의 접촉을 최소화하는 시도들이 있다.

앞서 살펴본 디쉬크래프트의 AI 설거지 로봇은 기존의 식기세척기와 달리 음식 찌꺼기가 안 남을 때까지 확인하면서 세척하고 90개 정도의 대량 세척도 한다. 식당 등에서 설거지가 산더미처럼 쌓이면 사람이 체력을 많이 써가며 처리해야 했다. 기존 식기세척기는 그릇의 위치를 맞춰주거나 종류별로 분류해놓는 등 사람의 세팅 작업을 필요로 하고, 음식물이 다 안 닦이고 여전히 남아 있는 경우도 많았다. 하지만 AI 로봇은 이러한 부담까지 없애줬다.

식당에서 뒤처리를 하는 설거지 로봇이 있다면 앞단에서 음식을 만드는 역할도 로봇 셰프가 하기 시작했다. 보스턴에 있는 레스토랑, 스파이스Spyce가 그 예다. 미슐랭 스타 요리사가 감독하고 로봇이 요리한다. 주문을 하면 그 메뉴에 맞춰 로봇이 직접 냉장실에서 재료를 꺼내어 단 2분 만 요리한다. 그릇 하나당 평균 7.50달러에 판매되고 있으니 고객 입장에서는 저렴한 가격에 음식을 먹을 수 있는 것이다. 이처럼 로봇 세척기나 로봇 셰프는 설거지와 요리에 드는 시간과 비용을 줄여준다. 그뿐 아니라 깨끗한

스스로 요리하는 스파이스 로봇

출처 : 스파이스

세척과 일정 수준 이상의 맛을 보장하며 일종의 부엌 자동화를 실현하는 커다란 가치를 지닌다.

병원에서도 마찬가지다. 코로나 19로 인해 많은 병원에서 비대면 의료서비스에 관심을 갖고 있다. 특히 원격 비디오 통신, AI에 의한 환자 건강 모니터링 및 의료 용품의 안전한 배송을 가능하게 하는 AI 로봇에 주목하고 있다. 이 로봇들은 바이러스의 확산을 막는 안전한 의료서비스 용역으로 활동할 것이다.

가령, 키논 로보틱스Keenon Robotics는 싱가포르에 바이러스 감염자들이 격리된 병원에 16대의 로봇을 투입하여 이들의 건강 상태를 체크하고 안전한 치료를 도왔다. 중국의 시아순 로봇Siasun Robot and Automation은 의료 로봇과 케이터링 서비스 로봇 제품을 소개했으며, JD컴퍼니는 의료용 자율주행 로봇을 출시하기 위해 준비 중이다. 이러한 로봇들은 사람들과 직접 접촉을 하지 않고도 의료 서비스에 필요한 많은 일들을 자율적으로 처리해줄 것이다.

요약하기

AI 혁신을 이루려면 AI의 기술적 · 기능적 가치를 보고 경험적 가치를 통찰해내는 능력이 필요하다. AI의 기술적 이점을 정확히 인지하고 이를 통해 사용자의 경험적 가치를 디자인해야 한다. 정확한 식별능력, 지능적 탐색력, 빠른 처리속도, 효율성, 자율성 등 AI의 기술적 이점이 만들어내는 가치를 분명히 정의 내려야 한다.

STEP 11

경험적 가치를 구체화하라

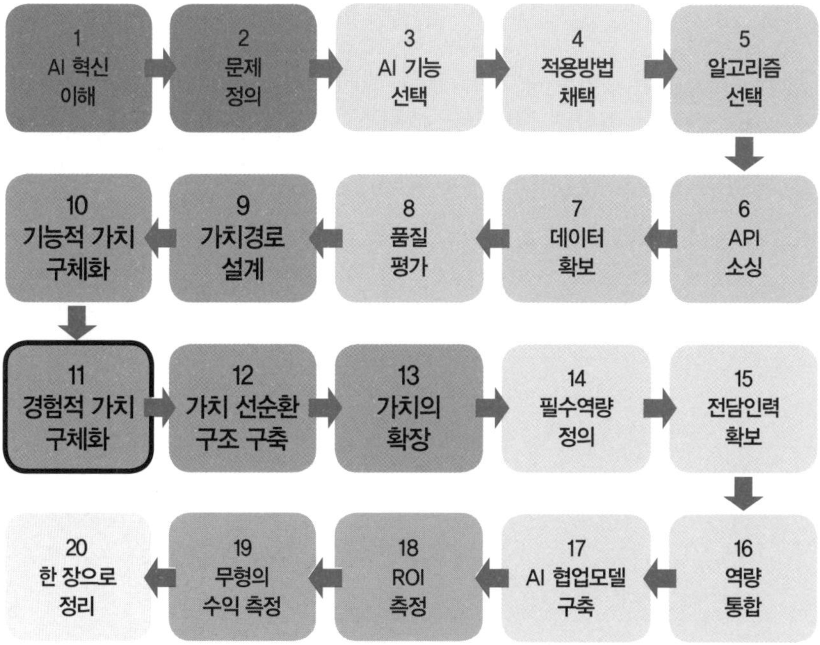

과제 ——— 사용자의 구매경험 주기와 기술에 대한 인지 요인을 기반으로 경험가치지도experiential value map를 그려보며 경험적 가치를 구체화한다.

"AI 혁신은
기술에 대한 이해로 시작되고,
인간에 대한 이해로 완성된다."

인간에 대한 이해가 먼저다

기술적 가치와 기능적 가치를 설계했다면 이제 경험적 가치를 창출하여 AI 혁신의 궁극적인 목적을 달성할 차례다. AI 혁신의 최종적인 성과는 사용자의 경험적 가치를 극대화했느냐로 평가될 수 있다. 이제 경험적 가치를 구체화하는 단계에 이르렀다. AI 혁신이란 단순히 우수한 알고리즘을 구현해서 제품에 기능 몇 가지를 덧붙이는 일이 아니다. AI 혁신의 목적은 사용자, 즉 고객경험의 혁신임을 기억해야 한다.

고객의 경험적 가치를 구체화하기 위해서는 이런 질문을 던져야 한다. "고객이 제품을 사야 할 새로운 이유를 제공하는가?" "그것이 정확히 무엇인가?" 고객의 문제가 획기적인 방식으로 해결되고, 이전에는 느끼지 못했던 새로운 만족과 즐거움을 고객에게 선사해야 한다. AI 혁신을 통해 습관이 바뀌고 문화가 바뀌어야 한다. 그래야 사람들이 그 제품 및 서비스를 사용해야 할 새롭고 분명한 이유가 생긴다.

이러한 이유를 명확히 제시하려면 인간을 잘 이해해야 한다. 기술적 가치 구현은 기술에 대한 충분한 이해에 기반한다. 반면 기능적 가치를 넘어 경험적 가치로 나아갈수록 인간에 대한 이해가 필요하다. 인간의 심리적·행동적 속성을 이해하지 못하면 혁신제품이 어느 지점에서 고객에게 만족과 감동을 줄 수 있는지 찾아낼 수가 없다. AI 혁신제품이 고객에게 어떠한 경험적 가치를 줄 수 있을지 구체적으로 따져보려면 두 가지 중요한 질문을 해야 한다. 첫째, 고객이 혁신적인 제품을 사용하는 경험이 어떤 과정을 거쳐 이뤄지는가? 둘째, 고객이 혁신제품을 수용하게 만드는 요인은 무엇인가? 이 두 가지에 대해 살펴보도록 하겠다.

사용자의 경험적 가치를 파악하기 위한 두 가지 질문

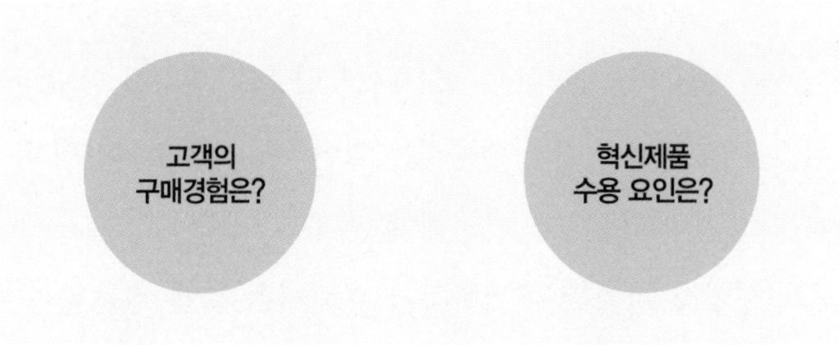

구매경험주기의 6단계

AI 제품이 어떠한 경험적 가치를 창출할 수 있을지를 구상하기 위해서는 고객이 이 제품을 사용하는 모든 과정에서 어떤 경험을 하게 되는지 구체적으로 고찰해봐야 한다.

《블루오션 전략》의 저자인 김위찬 인시아드대학교 교수는 신시장을 개척할 때 해당 시장에 있는 고객의 구매경험주기Buyer Experience Cycle를 파악하는 것이 사람들의 경험을 이해하는 데 도움을 준다고 제시했다. 구매경험주기는 제품이나 서비스의 구매과정에서 고객의 경험을 세밀하게 나누어 살펴보는 접근법이다. 다음과 같은 6단계의 여정으로 구성된다.

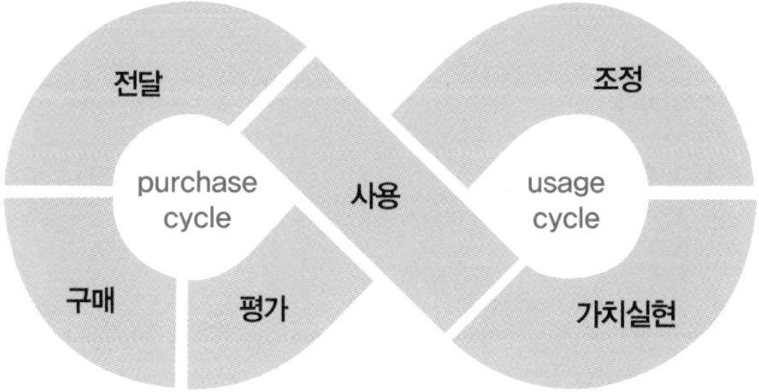

고객이 새로운 제품을 구매하면 제품에 대한 경험이 시작된다. 제품을 사용하면서 이 제품이 제공하는 기능으로부터 새로운 가치를 얻게 된다. 이 기능으로 인해 삶의 질이 높아질 수도 있고 아무 변화가 없을 수도 있다. 제품이 제공하는 가치가 삶 속에 긍정적으로 작용하면 만족을 느끼며 제품을 그대로 사용하겠지만, 그렇지 않다면 제품을 바꾸거나 사용방식을 바꾼다. 제품을 사용할 만큼 사용한 다음에는 구매주기가 마무리에 가까워지면서 제품을 종합적으로 평가한다. 나의 일상에 이 혁신제품을 수용할 것인가? 긍정적이라면 계속 이용하고 그렇지 않다면 폐기한다.

AI 혁신제품은 고객이 이전에 사용하던 제품에서 느끼는 것과는 다른 새로운 가치를 제공한다. AI 혁신이 급진적인radical 만큼 가치에 대한 고객의 호불호가 크게 갈릴 수 있다. 새로운 제품이 고객의 기호에 맞지 않으면 선택을 받지 못한다. 고객이 제품의 새로운 가치를 긍정적으로 인식하면 가치를 계속 얻기 위해 지속적으로 사용할 테고, AI가 제공하는 새로운 사용방식으로 인해 생활습관이 바뀔 수도 있다.

누미Numi라는 변기의 예를 살펴보자. 누미는 사람의 말을 알아듣는 가상비서 기능이 내장된 스마트 변기다. 2020년 CES에서 혁신제품상CES 2020 Innovation Awards을 수상했다. 사람이 음성으로 명령을 하면 화장실 조명을 조절해주기도 하고 보일러 온수를 더 뜨겁게도 해준다. 음악을 듣고 싶으면 말로 음악을 요청하면 되며, 오늘의 뉴스가 궁금하다고 하면 말로 뉴스를 읽어준다. 누미를 사용하면 변기에 앉아서 이 모든 것을 할 수 있다.

2020 CES 혁신상을 수상한 지능형 변기 누미

출처: www.kohler.com/numi

AI가 제공하는 더 중요한 기능은 사용자 맞춤화에 있다. 변기에 앉아서 말로 여러 차례 명령을 하는 동안 이 기기는 사용자의 습관을 학습해 모든 일을 사용자 중심으로 조정한다. 사용자가 좋아하는 종류의 헤드라인 뉴스를 읽어주고, 사용자가 자주 듣는 뮤직박스를 틀어주고 온도와 조명 밝기도 사용자의 선호에 맞춰준다. 어느 변기가 사용자의 취향에 맞춰 이 모든 것을 개인화해줄 수 있겠는가? 변기 하나 들여놨는데 이런 화장실이 생긴다면 사용자가 느끼는 가치는 매우 클 것이다. 사용자는 이 변기를 구매한 이후 기존의 용변 기구만으로 이용하지 않고, 개인화된 엔터테인먼트 기구로 사용할 것이다.

기술에 대한 인지 요인 3가지

AI 혁신의 경험적 가치를 디자인하기 위해 살펴봐야 할 또 다른 하나는 사용자의 인지적 요인social cognitive attributes이다. 바로 혁신제품을 수용하는 데 있어 사용자가 갖는 심리적 요인이다. 기술수용이론Technology Acceptance Theory 계열의 많은 연구가 사용자가 신기술 기반의 새로운 제품을 수용하는 데 중요한 역할을 하는 몇 가지 요인을 제시했다.

AI 혁신제품의 수용과 관련한 변수를 추려보면 다음 세 가지가 핵심 요인으로 떠오른다. 바로 인지된 유용성perceived usefulness, 인지된 용이성perceived ease of use, 인지된 유희성perceived playfulness이다.

인지된 유용성

인지된 유용성은 새로운 혁신제품을 사용하면서 성과향상에 도움이 되리라고 인지하는 정도를 의미한다. 신기술이 사용자에게 전달하는 가치가 기존에 경험한 제품이나 서비스보다 우수할 때 유용성을 크게 인지하게 된다. 지금까지 행해진 여러 연구에 따르면 인공지능 기반의 제품 및 서비스의 수용 의도를 견인하는 데 가장 큰 영향을 미치는 선행변수가 바로 인지된 유용성이다.

보험회사에서 24시간 고객의 질의에 응답할 수 있도록 챗봇 도우미를 도입했다면, 이 챗봇으로 고객이 궁금해하는 사항이 시원하게 해결될 때 기대했던 목적을 이루어 유용성을 느끼게 되는 것이다. 이러한 기대가 클수록 챗봇 도우미를 사용하려는 의도가 커진다.

인지된 용이성

인지된 용이성은 새로운 혁신제품을 사용하기가 간편하고 쉽다고 믿는 정도를 의미한다. 혁신제품을 이용할 때 무리한 정신적 · 신체적 노력이 필요하지 않을 거라는 주관적 믿음이 있을 때 사용해볼 만하다고 느낀다.

많은 혁신제품이 사용하기 어렵기 때문에 이 요인이 중요하다. 다양한 기능이 추가되고 기술적으로 고도화된 제품이지만 정작 사용이 복잡하고 어렵다면 사람들은 이런 제품을 받아들이지 않는다. 혁신제품의 사용법을 무리 없이 습득할 수 있으며, 이를 능숙하게 사용할 수 있으리라고 믿을 때 이를 수용한다.

가상비서를 통해 물건을 구매하는 음성쇼핑voice shopping도 대화를 통해 진행되는 쇼핑 행위가 쉽게 느껴져야 이 방식을 채택하게 된다. 사용이 쉬울수록 수용 가능성이 높아진다는 점을 기억하기 바란다.

인지된 유희성

마지막 요인은 인지된 유희성이다. 유희遊戲는 사전적 의미로 특별한 목적의식 없이도 그것 자체로 흥미를 느끼게 되는 활동의 총칭이다. 인지된 유희성은 혁신제품을 사용하면서 느끼는 즐거움과 기쁨, 몰입의 경험 정도를 의미한다. 인간은 유희적 존재이기 때문에 새로운 AI 제품으로부터 얻는 즐거움 또는 쾌감이 있어야 이를 수용할 동기가 더 커진다. 많은 연구가 유희성이 클 때 신기술 수용도가 높아진다는 점을 강조했다.

인간의 동기는 크게 두 종류로 나뉜다. 내재적 동기intrinsic motivation와 외재적 동기extrinsic motivation다. 내재적 동기는 뭔가를 이용하는 그 자체가 목표인 경우다. 이용 자체가 즐겁고 의미 있기 때문에 이용하는 종류다. 게임이 그 자체로 재미있기 때문에 하는 것과 같다. 외재적 동기는 이용 목표가 이용하는 대상 바깥에 있는 경우를 말한다. 특정 성과를 이뤄내거나 어떠한 유익을 얻기 위한 수단으로 이용하는 종류다.

인지된 유용성이나 인지된 용이성은 AI 혁신제품을 통해 원하는 바를 탁월하게 해결하고, 쉽게 일할 수 있게 해준다는 측면에서 외재적 동기에 해당한다. 반면 인지된 유희성은 그 자체로 만족과 즐거움을 주기 때문에 내재적 동기에 해당한다. 예를 들어, 가상비서를 이용한 음성쇼핑의 목적이 사고자 하는 물건을 좀 더 빠르고 간편하게 구매하려는 것이라면 외재적 동기다. 반면 가상비서로부터 추천을 받고 대화하는 자체가 재미있어서 음성쇼핑을 이용한다면 내재적 동기다.

그렇다면 누미는 어떤 동기를 불러일으킬 수 있을까? 바쁜 아침 시간에 화장실에서 볼일을 보거나 세면을 하는 동안 누미로 기분 좋은 음악을 틀 수도 있고, 오늘의 헤드라인 뉴스를 즉석에서 들을 수도 있을 것이다. 화장실 환경이 나에게 최적화돼 있기 때문에 화장실에서 의미 있는 아침 시간을 보내면서 수월하게 유용성을 인지할 수 있을 것이다. 또한 누미는 샤워를 하면서도 음성으로 명령을 내릴 수 있는 시스템이기 때문에 사

동기에 대한 분류

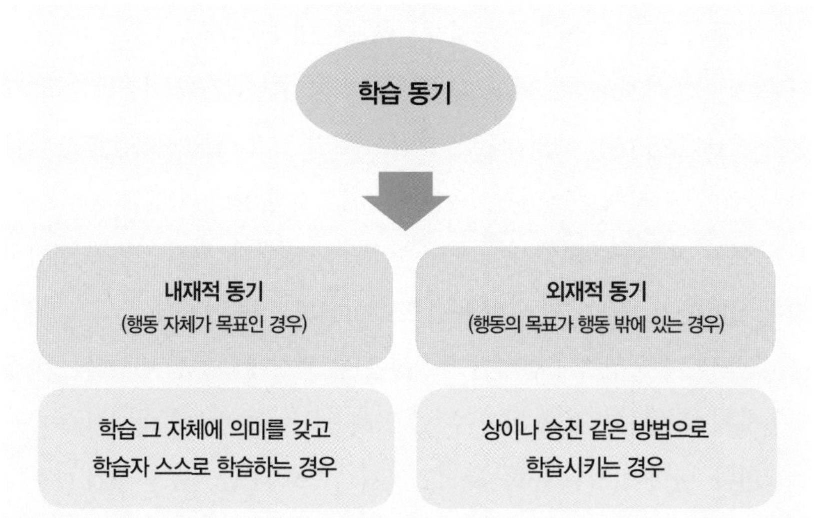

용이 쉽다. 게다가 이 기기는 개인화되는 인공지능 기기라 시간이 지날수록 나의 생활패턴에 최적화돼 사용이 점점 더 편리해진다. 이런 점은 용이성을 높이는 요인이 될 것이다. 이와 함께 음성비서와 대화하며 주변환경을 제어하고 말한 대로 작동되도록 하는 방식은 기존의 변기에서는 느끼지 못했던 새로운 유희를 느끼게 할 것이다.

이러한 유용성과 용이성 그리고 유희성 측면을 긍정적으로 인지하게 되면 혁신제품을 수용할 가능성이 높아지고, 그 말은 AI 기술을 통해 화장실에서의 사용자 행위가 바뀔 수 있다는 의미다. 물론 가격이나 디자인 등에 따라 사용자가 느끼는 가치는 달라질 수 있다. 그러나 기술이 만들어내는 가치는 사용자경험 속에서 발현돼야 하며, 사용자경험에 혁신을 가져다줘야 한다는 점을 기억하기 바란다.

AI를 통해 개인 맞춤화 디자인을 제공하는 서비스의 예도 살펴보자. 온라인 쇼핑으로 옷을 살 때 불편한 점 중 하나는 멋진 옷을 골라 주문했는데 막상 도착해서 입어보면 나에게 안 어울릴 때가 종종 있다는 것이다. 문제의 원인은 옷을 구매하는 그 시점에 내 몸에 맞는지 확인을 할 수가 없다는 데 있다. 이를 해결해주는 서비스가 엘리먼트퓨어Element Pure다. 전면과 측면 사진을 올리면 AI 엔진이 사이즈와 굴곡 등을 계산해 사용자의 몸과 거의 똑같은 3D 바디를 만들고, 핏이 잘 맞는 맞춤 셔츠를 제작해준다. 두 가지 사진으로 만들어내는 3D 바디 모형은 실제 사용자의 몸과 98% 정확하게 일치한다.

사용자가 (가상의) 내 몸에 옷을 입혀볼 수 있기 때문에 옷이 잘 어울

AI 기반의 맞춤 셔츠 디자인 서비스, 엘리먼트퓨어

출처: https://www.kickstarter.com/projects/elementpure/ai-tailored-nanotech-dress-shirt-with-infinite-customization

리는지를 눈으로 확인하고 옷을 주문할 수 있다. 이는 사용자가 충분히 가치를 느낄 수 있는 부분이고, 사용자를 위해 특별히 디자인되는 맞춤 셔츠를 제작해주기 때문에 가장 잘 맞는 옷을 얻을 수 있다는 점에서 유용성이 있다. 기존의 맞춤 매장에 가서 옷을 맞추려면 디자이너가 몸을 측정하고 마음에 드는 디자인을 고르는 등 방문에만 한 시간 이상을 잡아야 한다. 이렇게 치수를 잰 다음에 옷이 제작되기까지 며칠이 더 걸린다. 하지만 엘리먼트퓨어는 사진 두 개만 골라 올리면 즉석에서 디자인이 나오기 때문에 시간이 절약되는 것은 물론이고 편의성이 크다.

백화점에서 이 옷 저 옷을 입어보며 쇼핑을 즐기듯 내 몸에 다양한 옷을 입혀볼 수 있기 때문에 그 자체로 쇼핑의 즐거움을 누릴 수 있다. 물론 화면에 나타나는 3D 바디가 실제 내 몸과 얼마나 유사하며, 그래픽이 얼마나 실제와 같은지에 따라 이러한 인지적 요인은 다르게 나타날 수 있다. 하지만 이러한 유용성, 용이성, 유희성은 새로운 서비스를 사용하고자 하는 이용자의 동기를 높인다.

기술수용이론

신기술 및 신제품이 사용자에게 수용되는 과정을 설명하는 다양한 이론이 존재한다. 대표적으로 기술수용모델Technology Acceptance Model, TAM, 인지행동이론Cognitive Behavior Theory, CBT, 계획된 행동이론Theory of Planned Behavior, TPB, 합리적 행동이론Theory of Reasoned Action, TRA, 혁신확산이론Innovation Diffusion Theory, IDT, 동기부여모델Motivational Model, MM, 사회인지이론Social Cognitive Theory, SCT, 통합기술수용모델Unified Theory of Acceptance and Use of Technology, UTAUT 등이 있다.

이러한 다양한 이론의 근간이 되는 것이 기술수용모델이다. 이는 사용자의 수용 행동을 설명하기 위한 모델로 프레드 데이비스Fred D. Davis가 정보기술과 관련된 경영정보시스템 관련 분야에서 처음 소개하여 많은 후속 연구가 진행돼오고 있다.

기술수용모델은 인간의 행동을 이끄는 인지적·심리적 요인과 밀접한 연관이 있다. 기술수용모델은 인지된 사용 용이성과 인지된 유용성을 중심으로 사용자의 혁신기술 수용에 영향을 미치는 요인을 밝혀내는 도구로 활용된다. 초기 기술수용모델은 지나치게 이들 두 가지 신념변수만 강조하여 기술수용에 영향을 미치는 다른 핵심변수의 발굴을 제한했다는 비판을 받아왔다. 최근에는 기술수용을 다루는 두세 가지 모델을 결합하여 사용하기도 한다. 새로운 정보기술을 다양하게 수용하고 사용하면서 인지된 유용성, 인지된 용이성뿐 아니라 산업에 맞는 변수를 개인의 인지변수에 추가하여 확장할 때 모델의 타당성이 높아지기 때문이다.

이 책에서는 인지된 용이성과 인지된 유용성 외에 인공지능 기술 분야에서 자주 거론되는 인지된 유희성을 추가했다. 그 밖에 혁신 저항의 관점에서 인지된 위험성, 인지된 복잡성 등의 변수를 고려할 수 있으나 여기서는 저항요인보다는 수용요인에 집중하기 위해 이 변수들은 포함시키지 않았다.

참고문헌 —— Fred D. Davis, Perceived Usefulness, Perceived Ease of Use, and User Acceptance of Information Technology, MIS Quarterly Vol. 13, No. 3 (Sep., 1989), pp. 319-340

경험가치지도 작성하기

자, '고객경험주기'와 '기술수용 요인'이라는 두 가지 기준을 통해 사용자가 AI 혁신제품에서 얻는 경험적 가치를 구체화할 수 있다. 이제 이를 일목요연하게 정리할 때다. 구매, 전달, 사용, 가치실현, 조정, 평가 등 여섯 가지의 구매경험주기와 인지된 유용성, 인지된 용이성, 인지된 유희성 등 세 가지 인지 요인을 표로 그리면 다음과 같이 열여덟 개 영역으로 구성된 표가 나온다. 혁신제품이 어떤 영역에서 핵심적으로 경험적 가치를 주는지를 확인한다.

사용자의 경험가치지도

	유용성	용이성	유희성
구매			
전달			
사용			
가치실현			
조정			
평가			

이 표를 스마트 변기 누미에 적용해보자. 사용 단계에서 음성명령 방식으로 다양한 일을 처리할 수 있기 때문에 유용성을 준다. 손으로 조작하

거나 장소를 옮길 필요 없이 화장실 용무를 보는 바로 그 자리에서 음성명령으로 일을 처리하는 방식은 매우 인간 친화적이고 수월하기에 용이성이 높다. 또한 가상비서와 화장실에서 대화를 나누며 시간을 보내는 것 자체가 재미있기 때문에 유희성 요소도 있다.

한편, 이를 통해 가치가 실현되는 부분을 따져본다면 화장실에서 스마트 변기로 음악도 듣고 뉴스나 책도 듣는 등 보다 의미 있는 시간을 창출할 수 있다. 또한 양치질 등의 용무를 보면서도 여러 가지 일을 동시에 할 수 있으니 시간 생산성이 증대되는 효과도 있다. 음악 청취나 오디오 독서 등은 그 자체로 즐거움을 주기 때문에 유희성 측면에서도 가치가 실현되는 부분이다.

누미는 AI 기반의 스마트 기기라는 점 때문에 조정 단계에서도 여러 가지 가치를 지닌다. 사용자의 요청 내역은 모두 학습되기 때문에 기기의 성능이 지속적으로 향상된다. 또한 가상비서의 기술이 점차 다양해지기 때문에 화장실에서 처리할 수 있는 일도 늘어난다. 용이성 측면에서도 지속적인 학습을 통해 사용자 맞춤화되기 때문에 사용자는 기기를 더 편리하게 이용할 수 있다.

이와 함께 AI 기기가 학습을 통해 성장함에 따라 새로운 스킬이나 콘텐츠가 늘어나면 즐길 거리가 많아진다는 데 또 다른 가치가 있다. 이러한 내용을 경험가치지도에 정리하면 다음과 같다.

AI 혁신제품의 핵심적인 기능을 중심으로 경험적 가치를 경험가치지도에 입력했다. 그런데 이 표에 있는 열여덟개 칸 중에서 비어 있는 부분이

누미의 경험가치지도

	유용성	용이성	유희성
구매			
전달			
사용	• 음성명령 방식으로 다양한 일 처리 가능	• 인간 친화적인 음성 명령 방식이 처리에 수월	• 가상비서와의 상호 작용 자체의 즐거움
가치실현	• 화장실에서 보다 의미 있는 시간 창출 • 다양한 용무 처리로 시간 생산성 증대		• 음악 청취, 오디오 독서 등 엔터테인먼트 통해 즐거운 시간 창출
조정	• 가상비서 스킬 다양화로 인해 화장실 처리 용무 확대 • 사용자의 요청 내역이 학습되어 기기의 성능 지속 향상	• 지속적인 학습을 통해 사용자 맞춤화되어 편의성 증진	• 새로운 스킬 및 콘텐츠 확장으로 유희성 증진
평가			

보일 것이다. 이 부분은 어떻게 처리해야 할까? 이는 비즈니스 모델의 확장전략과 관련한 부분이다. 빈 영역을 채움으로써 비즈니스 모델을 고도화할 수 있다.

예를 들어, 구매와 전달 부분은 제품의 딜리버리 방식과 관련한 영역이다. 이 변기를 제공하는 방식을 코웨이 정수기 사업과 같은 렌털서비스 방식으로 한다면 어떨까? 기기를 구매하고 전달하는 과정과 사용 후 재구매하는 과정에서 상당한 용이성을 제공할 수 있을 것이다. 렌털을 하면 지속적인 방문관리를 통해 사용 유용성을 지속적으로 높일 수 있고, 긍정적인 평가를 유도해 구매 상태를 계속 유지하게 할 수 있을 것이다. 또한 내 생활패턴에 맞춤화된 기기이기 때문에 다른 변기로 교체하는 데 심리적 비용이 든다는 것 또한 평가 및 구매 단계에 영향을 준다. 따라서 비어 있는 영역을 어떻게 효과적인 방안으로 채울지는 비즈니스 모델을 고도화하는 측면에서 중요하다고 볼 수 있다.

요약하기

AI 혁신의 최종적인 성과는 사용자의 경험적 가치를 극대화했느냐로 평가된다. 사용자의 경험적 가치를 구체화하기 위해서는 "사용자가 제품을 사야 할 새로운 이유를 제공하는가?"라는 질문에 명확한 답을 제시할 수 있어야 한다. 이를 위해 두 가지 질문을 던져본다. 첫째, 사용자가 이 제품을 사용하는 경험의 여정이 어떠한가? 둘째, 사용자가 혁신제품을 수용하게 만드는 인지적 요인은 무엇인가? 이를 토대로 경험가치지도를 작성해 본다.

STEP 12

가치의 선순환 구조를 만들어라

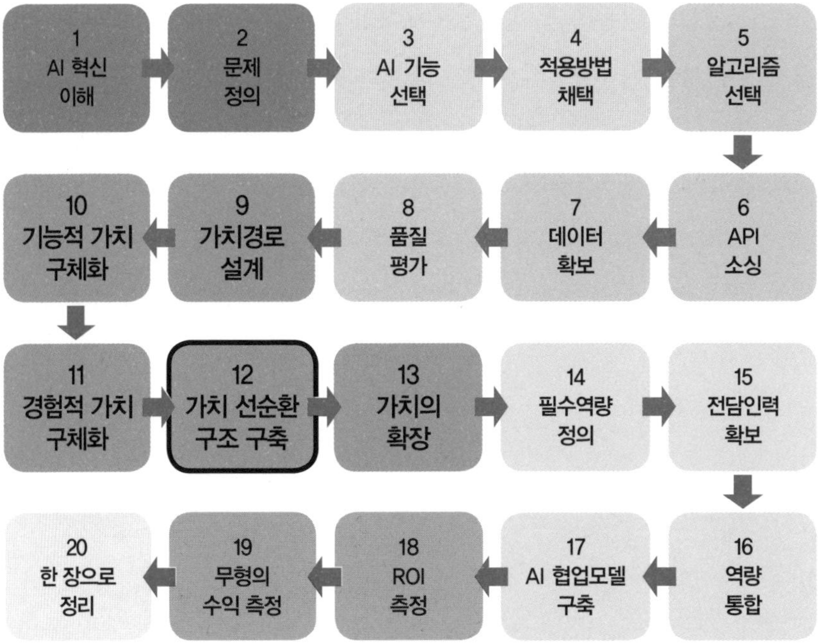

과제 ______ AI 혁신 솔루션을 반복할수록 점진적으로 가치가 향상될 수 있도록 학습루프learning loop를 설계한다.

> "AI 제품의 흥미로운 특징은 새로운 고객경험을
> 선사하기도 하지만, 고객이 겪는 경험이
> 다시 제품으로(데이터로서) 돌아온다는 점이다."

AI 제품의 선순환 체계

AI 혁신의 궁극적인 목적은 사용자경험의 혁신에 있다는 것을 계속 강조하고 있다. 우리는 사용자에게 특별한 경험적 가치를 부여하는 제품과 서비스를 개발해야 한다. 사용자의 경험적 가치는 제품을 만들어 내놓는다고 해서 자동으로 창출되지 않는다. 단 한 번의 좋은 경험을 제공한다고 해서 끝나지도 않는다. AI 혁신의 전 과정에서 오랜 기간 지속적으로 우수한 경험적 가치를 창출할 수 있도록 해야 한다.

그러려면 AI 기반 제품을 개발하는 아키텍처에 사용자의 경험이 고려돼야 한다. 그 이유는 AI 혁신의 특성 때문이다. AI 혁신제품은 사용자의 데이터를 통해 학습한다. 이 데이터가 어디서 생겨나는지를 잘 생각해야 한다. 바로 사용자의 경험 과정에서 생성된다. 사용자가 AI 제품 및 서비스를 경험하면서 하는 모든 행동은 기록되어 데이터화될 수 있다. 이 데이터는 일종의 경험 데이터가 된다. 이 경험 데이터는 다시 AI 혁신모델에 인풋으로 활용돼 알고리즘 학습의 원료가 된다.

그렇다면 이렇게 만들어진 제품과 서비스의 목적은 무엇일까? 더 훌

룽해진 사용자경험이다. 경험 데이터를 통해 사용자의 취향과 선호를 더욱 잘 인지했기 때문에 더욱 맞춤화된 기능을 제공할 수 있다. 다시 말해, AI 혁신이란 사용자의 경험을 학습해 사용자의 특별한 경험을 만들어내고, 특별한 경험 속에서 다시 학습 데이터를 가져와 혁신모델에 반영하는 학습의 선순환 체계를 갖추는 것이다. 따라서 AI 혁신모델을 설계할 때는 사용자의 경험에서 비롯되는 학습루프가 형성될 수 있도록 해야 한다.

AI 혁신의 학습루프

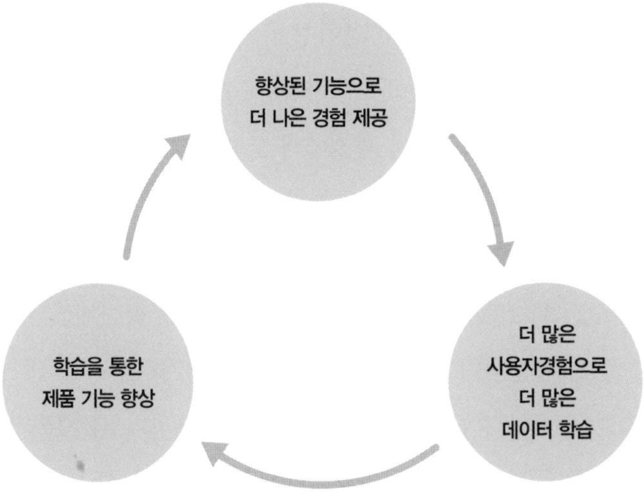

특별한 사용자경험을 만드는 오케스트레이션

오케스트라에서 다양한 악기가 하나의 테마를 공유하며 감동적인 하모니를 만들듯이 AI 혁신과 관련한 모든 요소가 오케스트레이션orchestration을 이뤄야 한다. 즉 특별한 사용자경험을 지속적으로 창출하는 학습루프를 이뤄내기 위해서는 데이터, 알고리즘, 애플리케이션 개발뿐 아니라 하드웨어 성능, 제휴 파트너 등 혁신에 관여하는 모든 구성요소가 사용자의 경험적 가치를 향상시킬 수 있도록 긴밀히 연결되고 통합돼야 한다.

알고리즘을 통해 구현되는 기능이 구체적으로 어떤 경험적 가치를 만들어내는지 따져봐야 한다. 특별한 경험적 가치를 창출하기 위해서 어떠한 경험 데이터를 확보해야 하는지 명확히 정의 내려야 한다. 경험 데이터에서 학습해야 할 내용이 무엇인지, 그리고 이로부터 어떠한 인사이트를 얻어야 하는지 정확히 파악해야 한다. 무엇보다도 이러한 학습루프가 구체적으로 제품 및 서비스의 어느 지점에서 일어나는지 분명히 정해놓아야 한다.

AI 기반 부상 예측 시스템인 Zone7은 선수가 훈련을 하고 실전 경기를 뛰는 과정에서 체력 및 부상 확률이 어느 정도나 되는지를 알 수 있는 데이터를 확보하기 위한 장치를 마련해놓고 있다. 선수들의 경험 속에서 실질 데이터를 얻기 위해 웨어러블 기기와 비디오를 병용한다. 선수들의 의료 및 생체 정보와 함께 전체 활동 거리, 이동속도, 가속 및 감속 역동성 등 부상 예측에 필요한 데이터를 정밀하게 선정해서 부상 위험 및 최적의 훈련 수준을 정확하게 계산해낸다. 경험 속에서 뽑아낸 데이터를 통해 더 나은 경험을 제공하는 예다.

AI 맞춤 셔츠 디자인 서비스를 보자. 전면과 측면 사진을 찍어 올리면 AI 인식기능 및 입체형상 예측을 통해 사용자의 몸과 거의 유사한 3D 모델을 만든다. 여기에 핏이 잘 맞는 셔츠를 디자인해서 제공하는 것이 이 서비스의 일이다. 경험적 가치는 어떻게 구현해낼까? 고객은 백화점에서 쇼핑을 즐기듯 이 옷 저 옷 입어보면서 즐거움을 느끼길 원한다. 그렇기 때문에 이 서비스를 통해 생성된 3D 바디 이미지에 여러 옷을 입혀볼 수 있도록 다양하게 디자인된 옷이 구비돼 있어야 하고, 옷을 입히는 과정이 매끄러워야 하며, 옷을 입은 후의 모습이 인위적이지 않고 자연스러워야 한다.

이 경험을 더욱 특별하게 만들려면 사용자의 경험이 데이터화돼야 한다. 이때 어떠한 학습 데이터를 확보해야 하는지가 정의돼 있지 않으면 경험은 일회성으로 끝난다. 사용자의 패션 취향을 학습하기 위해서는 사용자

AI 기반의 3D 셔츠 디자인, 엘레멘트퓨어

출처: elementpure.com

가 마음에 들어했던 옷과 싫어했던 옷의 경험이 데이터로 변환돼야 한다. 예를 들어, 추천한 옷을 걸렀다면 비슷한 디자인의 옷은 선호하지 않을 가능성이 높다. 선택을 했다면 관심이 있다는 뜻이고 그 옷을 오랫동안 탐색했다면 마음에 드는 경험을 하고 있을 가능성이 높다. 이러한 정보는 사용자의 선호를 파악할 수 있는 중요한 학습 데이터이다.

학습에 필요한 경험 데이터를 생성하기 위해 사용자와의 상호작용을 확장하는 것도 고려해볼 수 있다. 사용자와 소통할 수 있는 채널을 개설하는 등 상호작용 장치를 만들 수 있다. 챗봇도 그 한 가지 예다. 많은 경우 챗봇 서비스를 Q&A 기능으로만 생각한다. 그러나 챗봇은 사용자 응대 기능을 할 뿐만 아니라 중요한 경험 데이터 소스가 돼주기도 한다. 사용자가 물어보는 질문 내용은 모두 이들이 하고 있는 경험을 반영한다. 고객의 성향과 선호를 학습하고 서비스를 개선하는 원료가 되는 중요한 경험 데이터인 것이다.

참고로, 외부 자원을 활용할 수도 있다. 특히 사용자의 선호에 대한 데이터가 전혀 없을 때는 SNS나 업계 파트너로부터 유사 사용자 데이터를 받아 초기 맞춤화 서비스를 제공할 수 있다. 인스타그램처럼 사진을 많이 올리는 플랫폼의 데이터는 타깃 고객의 취향과 트렌드를 파악하는 데 도움이 된다. 사용자에 대한 대규모 행동 데이터를 확보한 플랫폼에 입점하거나 그들과 제휴를 하면 사용자 특성에 맞는 디자인을 좀 더 수월하게 추천할 수 있을 것이다. 이처럼 내외부의 다양한 요소가 특별한 사용자경험을 창출해내도록 유기적으로 연결해야 한다.

정리하면, 특별한 경험을 창출하기 위해 경험 데이터로부터 학습해야 할 내용이 무엇인지, 그리고 이로부터 어떠한 인사이트를 얻어야 하는지 정확히 파악해야 한다. 또한 사용자경험을 데이터화하기 위해 어떠한 장치를 마련할 것인지, 상호작용의 매체는 무엇으로 구축할 것인지를 명확히 정해야 한다. 이렇게 사용자경험이 학습으로 이어져서 더 나은 경험적 가치를 만들어내는 학습루프를 설계한다면 AI 혁신 제품 및 서비스의 가치가 지속적으로 향상될 것이다.

AI 혁신의 가치디자인 노트 작성하기

자! 이제 이 같은 내용을 바탕으로 AI 혁신으로 창출되는 가치를 디자인해 본다. 다음과 같은 가치디자인 노트에 AI 혁신이 창출하는 기술적 가치, 기능적 가치, 경험적 가치를 명확히 제시해야 한다.

먼저 기술적 가치 항목에는 AI의 어떤 알고리즘과 데이터를 활용할지, 그리고 이를 통해 얻을 수 있는 기술적 이점은 무엇인지를 적는다. 기능적 가치 항목에는 AI 기술을 구현해 창출되는 기능은 무엇인지 다시 확인하고, 정확성, 효율성, 속도 등 이 기능이 사용자에게 제공하는 가치를 명시한다. 경험적 가치항목에는 사용자가 경험 속에서 어떤 구체적 가치를 얻는지 명시한다. 이 경험적 가치를 향상시키기 위한 전략은 무엇인지 또한 이곳에 기입한다.

그다음 작업은 가치창출 선순환을 위한 학습루프를 어떻게 구축할지

가치디자인 노트

AI가 창출하는 가치를 구체화	
기술적 가치	• AI의 어떤 알고리즘과 데이터를 활용할 것인가? • 이를 통해 얻는 기술적 이점은 무엇인가?
기능적 가치	• AI 기술을 구현할 때 창출되는 기능은 무엇인가? • 이 기능이 사용자에게 제공하는 가치는 무엇인가?
경험적 가치	• 사용자가 경험하면서 얻는 구체적인 가치는 무엇인가? • 이 경험적 가치를 향상시키기 위한 전략은 무엇인가?
가치창출 선순환을 위한 학습루프 구축	
학습루프	• 고객의 경험에서 어떤 데이터를 확보할 것인가? • 이 데이터를 어떻게 알고리즘 학습에 적용할 것인가? • 이런 학습을 통해 어떤 기능을 향상시킬 것인가? • 이를 통해 나타나는 사용자경험 속 혜택은 무엇인가?

설계하는 것이다. 다시 말하지만, 고객의 경험 속에서 일어나는 데이터가 다시 기술적 가치를 높이는 원천이 될 수 있다. 따라서 고객의 경험 속에서 어떠한 데이터를 확보할지, 이 데이터를 어떻게 알고리즘 학습에 적용할지를 명시해야 한다. 이러한 학습을 통해 어떠한 기능을 향상시킬 것이고, 이를 통해 나타날 고객경험 속 혜택은 무엇인지를 분명히 정의 내려야 한다. 예를 들어 3D 의상 맞춤 서비스를 준비한다면 다음과 같이 가치디자인 노트를 작성해볼 수 있다.

의상 맞춤 서비스에 대한 가치디자인 노트

AI가 창출하는 가치를 구체화	
기술적 가치	• 분류 및 딥러닝 알고리즘을 통해 사용자의 체형 인식 구현 • 생성적 적대 알고리즘 등을 통해 3D 체형 이미지의 현실성 및 자연스러움 증진 • 사용자 및 유사 그룹의 선호·기피 아이템에 대한 데이터 학습을 통해 추천 능력 확보
기능적 가치	• 사용자의 몸 사이즈 및 비율에 대한 정확한 인식기능에 기반해서 사용자의 몸과 동일한 3D 이미지 생성 기능 • 사용자가 선호하는 의상을 예측해 추천하는 기능 • 이를 통해 사용자는 자신에게 잘 어울리는 의상을 확인하기가 용이
경험적 가치	• 매장에 가지 않고도 집에서 다양한 옷을 입어보고 확인할 수 있는 이점 • AI 추천을 통해 마음에 드는 옷 위주로 내 몸에 걸쳐봄으로써 쇼핑의 즐거움 증진 • 이를 위해 사용자의 취향에 적중하는 옷을 추천할 수 있어야 하며 사용자의 3D 체형 이미지에 핏이 잘 맞도록 UI를 구현할 필요가 있음
가치창출 선순환을 위한 학습루프 구축	
학습루프	• 사용자가 검색 및 실제 구매한 의상, 의상 피팅에 소요된 시간, 반환한 의상 등 사용자의 구매행동에 대한 데이터를 수집 • 챗봇을 통해 고객응대 기능을 구현하고 이를 통해서도 고객의 취향에 대한 데이터를 확보. 이러한 데이터를 지속적으로 축적하고 알고리즘 개선을 통해 의상 추천 정확성을 지속적으로 향상 • 신상품 알람 및 유사그룹 선택 아이템 추천 등을 통해 사용 횟수를 늘리도록 하여 데이터 학습량을 확대하는 전략이 필요하며, 이를 통해 정확성을 향상시켜 사용자가 얻는 경험적 가치를 더욱 증대

요약하기

AI 혁신은 사용자의 경험 속에서 데이터를 가져와 학습하고 이를 바탕으로 특별한 경험을 만들어내며, 특별한 경험 속에서 다시 학습 데이터를 가져와 혁신모델에 반영하는 학습루프를 갖춰야 한다. AI 혁신을 위한 아키텍처는 모든 구성요소가 사용자의 특별한 경험을 창출하고 지속적으로 더 나은 경험을 제공하기 위한 학습이 이뤄지도록 설계돼야 한다.

STEP 13

가치를 확장하라

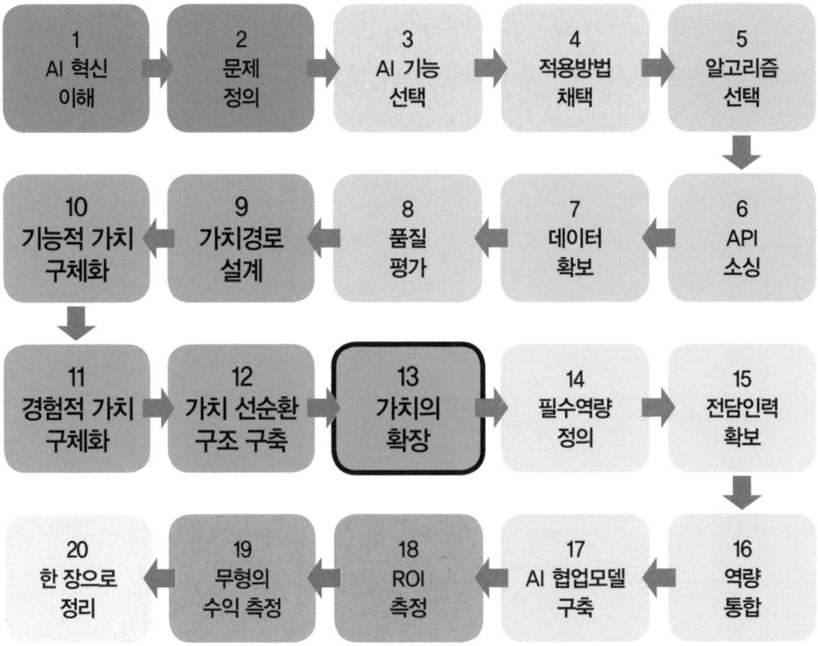

과제 ______ AI 기술을 비즈니스 모델과 결합해 가치를 양적·질적으로 확장할 수 있는 전략을 수립하라.

"같은 사과라도
어떤 용도로 전해지느냐에 따라
전혀 다른 존재가 된다."

가치를 확장한다는 것

앞 장까지 AI 혁신을 통해 창출되는 가치에 대해 이야기했다. AI 혁신의 가치가 설계됐다면 이제 이 가치를 어떻게 실현하고 확장할 것인지에 대한 고민을 해야 한다. 가치를 확장한다는 것은 '더 좋은' 가치가 '더 많은' 사람에게 전달되도록 하는 것이다. AI 혁신을 시도한 기업은 가치 확장을 위해 더 많은 투자를 하는 것으로 나타났다. 보스턴컨설팅그룹Boston Consulting Group, Inc.이 2019년 글로벌기업을 대상으로 조사한 내용에 따르면 AI 선도기업은 기존 AI 프로젝트에 대한 투자를 점진적으로 늘리는 경향이 있으며, 평균적으로 더 많은 혁신 프로젝트를 추진하는 것으로 나타났다. 선도기업의 35%는 20개 이상의 AI 프로젝트에 투자하는 것으로 나타났다.

축구선수들의 부상을 예측하는 애플리케이션을 개발한 Zone7은 부상 예측의 정확성을 높이기 위해 꾸준히 알고리즘 고도화와 더 많은 데이터 학습에 투자했다. 축구 분야에서 성과를 낸 이후에 농구 등 다른 스포츠 종목으로 분야를 확장하기 위한 응용에도 돌입했다. 개발된 AI 애플리케이션으로 신시장을 개척한 것이다. 이를 위해 새로운 종목의 데이터를 모으고 업계 전문가들과 함께 애플리케이션 구현 작업을 수행했다. 또한 AI의 기능을 더욱 다양하게 개발하는 것도 중요하다. Zone7은 기존의 부상 예측이라는 소극적 기능에만 머무르지 않고, 선수들의 컨디션을 최상으로 만들고 주특기를 개발하는 데 도움을 주는 새로운 기능을 추가하고 있다.

구글이 2018년에 듀플렉스를 발표한 이후, 콜조이를 출시한 것도 같은 맥락이다. 미국의 3,200만 중소기업을 대상으로 한 이 서비스는 매장에 걸려오는 고객의 전화에 인공지능이 자동으로 응답해준다. 스팸전화를 차단하고 발신자에게 기본 비즈니스 정보를 제공하며 고객에게 예약을 받는 등 고객 서비스 에이전트 역할을 한다. 구체적인 비즈니스 모델에 적용하여 가치를 실현하고자 하는 노력의 일환이다.

탁월한 비즈니스 모델로 가치를 확장하라

AI의 강력한 기능이 탁월한 비즈니스 모델과 결합하면 커다란 성장 에너지가 생긴다. 비즈니스 모델은 제품 및 서비스가 지닌 기능적 가치를 고객에게 어떻게 전달할지, 이를 통해 경험적 가치를 어떻게 창출할지, 그리고 결과적으로 기업이 어떻게 수익을 얻을지에 대한 방법론이라고 볼 수 있다. 같은 제품도 어떻게 파느냐에 따라 고객이 느끼는 가치가 달라진다.

예를 들어 아마존은 AI 인식 및 예측 기능을 통해 사용자가 선호하는 품목을 정확히 선별해서 퍼스널쇼퍼Personal shopper라는 새로운 서비스를 통해 제공한다. 아마존 프라임 회원들에게 제공하는 서비스다. 고객의 선호, 몸 사이즈, 취향 등을 분석해, 정교하게 엄선된 의류를 매달 정기배송하는 서비스다. 고객은 스타일, 패턴, 소재, 가격 등에 대한 설문조사에 응하고, 평상시 구매활동을 토대로 추천된 가장 적합한 의류 여덟 개를 매달 받는다. 결제는 이때 이뤄지지 않는다. 일주일 동안 입어본 후에 마음에 드는 옷만 구매를 결정하고 나머지는 돌려보낸다. 이 서비스의 비용은 2020년 초 기준으로 한 달에 4.99달러다. 고객 입장에서 보자면 AI에 의한 맞춤 추천도 유용한 서비스인데 이렇게 직접 입어보고 구매할 수 있으니, 커다란 경험적 가치를 느낄 것이다.

스타트업 중에서도 AI 기능과 비즈니스 모델의 결합으로 가치확장에 성공한 사례를 쉽게 찾을 수 있다. 애톨라Atolla는 MIT에서 탄생한 맞춤형 스킨케어 회사다. 머신러닝으로 사용자의 취향과 피부 상태를 파악해 맞춤형 화장품을 제조해 제공한다. 구독형subscription 서비스와 결합돼 고객

특별한 경험적 가치를 창출하는 아마존의 퍼스널쇼퍼

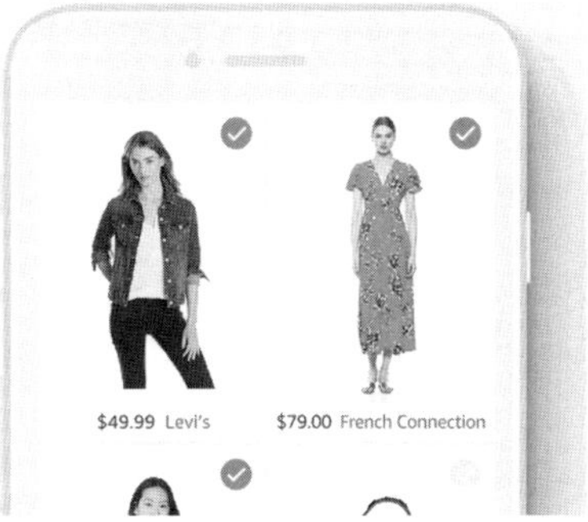

출처 : amazon.com

은 매달 새로운 화장품을 받아볼 수 있다. 가격은 한 달에 45달러다. 애톨라 회원이 되면 매달 피부 분석 키트, 앱을 통한 피부건강 측정 서비스 등을 받을 수 있고, 머신러닝이 계절별 날씨, 식이요법 및 피부 pH 같은 변화를 고려해 매달 맞춤화된 화장품을 제공해준다. 정확한 데이터와 피부과학을 바탕으로 맞춤형 서비스를 제공한다는 점에서 다른 회사와 차별화된다.

또 다른 예로, 음식을 식별해서 구분할 수 있는 AI의 기능을 이용해서도 독특한 비즈니스를 개발할 수 있다. 식당에서 나오는 음식 쓰레기 양은 매우 많지만 대부분은 어떤 음식을 얼마나 버리는지 알지 못한다. 하지만 버려지는 음식에 대한 정보는 식당의 재고관리와 비용절감 측면에서 매우 중요하다.

윈나우Winnow는 AI의 컴퓨터비전 기능을 식당 재고관리 효율화 비즈니스와 결합했다. 음식물이 버려질 때마다 AI가 음식물을 식별하고 폐기

애톨라의 구독형 맞춤 스킨케어 서비스

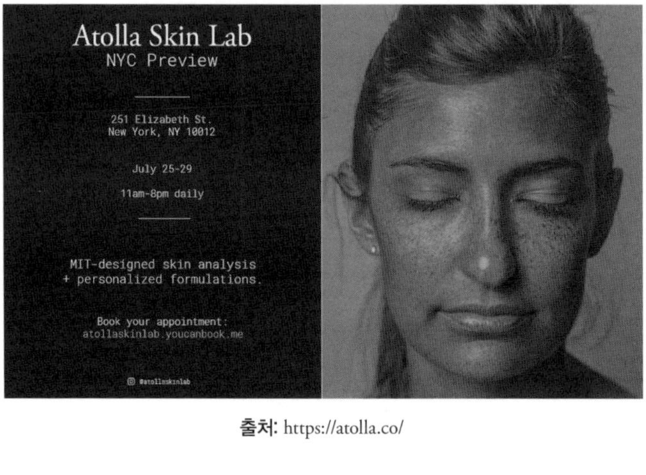

출처: https://atolla.co/

음식물 쓰레기 자동 측정을 통해 식당 재고관리 효율화를 돕는 윈나우

출처: https://www.winnowsolutions.com/

음식물 현황을 데이터로 자동 저장한다. 음식물을 식별하는 정확도는 사람의 육안을 뛰어넘는다. 그리고 일정 기간 동안의 음식물 폐기량은 자동으로 계산되는데 이는 식당의 재료 구매 및 사용 등 재고관리에 큰 도움이 된다. 많이 남는 음식, 즉 고객의 반응이 시원치 않은 메뉴가 무엇인지를 알아내어 질 높은 메뉴로 업데이트할 수 있도록 중요한 시사점을 던져주기도 한다.

윈나우를 사용하는 레스토랑은 1년간 음식물쓰레기를 40~70% 줄이고, 비용은 2~8% 절감하는 효과를 얻는다. 윈나우는 시스템이 포함된 서비스 자체를 판매하거나 식당의 비용절감분에 비례해 수수료를 받는 식으로 수익을 거둔다. AI 기술을 이용해 레스토랑의 숨은 문제점을 해결해 새로운 가치를 만들어낸 사례라고 볼 수 있다.

자율주행기술은 운전자가 이동 중에 독서나 업무 또는 음악감상 등 운전 외에 다른 의미 있는 활동을 할 수 있도록 해준다. 우리 일상에 미치는 영향력이 큰 기술이라고 할 수 있다. 하지만 자율주행이 새로운 비즈니스 모델로 무장한다면 그 파급효과는 더욱 커질 것이다. 대표적으로 공유경제 모델이다. 메르세데스 벤츠는 스마트 비전 EQSmart vision EQ라는 자율주행 콘셉트 카를 소개했다. 2인승의 자율주행차이자 전기자동차다. 이 차를 사용하는 방식이 독특하다. 앱으로 차량을 호출하면 자동차가 스스로 운전해 사용자가 호출한 장소에 도착한다. 외부 표면 디스플레이를 통해 사용자는 이 차량을 쉽게 찾을 수 있다. 사용자가 탑승하면 목적지까지 주행을 하고 사용자가 내리면 스스로 충전시설로 이동해 충전까지 하고 다음 손님을 태울 준비까지 알아서 한다.

기존의 자동차 회사의 판매방식이나 공유경제 서비스와 전혀 다른 비즈니스 모델이다. 도시의 이동성과 지역 대중교통에 대한 새로운 대안을 제공하는 운송 공유 플랫폼이다. 이러한 종류의 비즈니스 모델은 자율주행기술이 가져올 사회적 · 경제적 영향을 더욱 크게 확장시킬 것이다.

사용자 기반 확대를 통한 가치의 선순환

AI의 영향력을 확장하기 위해 제품 및 서비스의 플랫폼화도 고려해야 한다. 플랫폼은 경쟁자가 따라오기 어려운 선순환구조를 만들어내기 때문이다. 그 근간에는 네트워크 효과가 있다. 네트워크 효과는 제품이나 서비스에 대한 어떤 사람의 수요가 다른 사람의 수요에 의해 영향을 받는 효과를 말한다. 한 재화의 수요자가 늘어나면 그 재화의 객관적 가치, 즉 재화 이용자가 느끼는 가치도 더불어 높아질 수 있는데 이것이 바로 네트워크 효과다.

대표적으로 카카오톡을 보자. 카카오톡은 이미 2018년에 SNS 시장 점유율이 94%를 넘었다. 사람들이 카카오톡을 이용하는 이유를 잘 생각해보자. 세련된 인터페이스 디자인이나 새로운 소통방식 등 좋은 기능을 가진 SNS가 계속 등장하고 있음에도 여전히 카카오톡을 이용하는 이유는 카카오톡에 친구들이 다 있기 때문이다. 카카오톡은 국내 사용자 수가 4,500만 명에 이른다. 즉 내 지인을 포함한 웬만한 네트워크가 이 안에 형성돼 있다는 뜻이다. 새로운 SNS의 기능이 좋아도 네트워킹은 카카오톡이 가장 잘할 수 있다. 즉 카카오톡의 장점은 사용자 수이고, 사용자 수가 많아질수록 카카오톡의 가치는 높아진다.

AI 분야에서는 이러한 네트워크 효과가 더욱 중요하다. AI 제품과 서비스를 이용하는 사용자가 많아지면 더 많은 데이터 축적을 통해 학습을 더 많이 할 수 있게 된다. 이로 인해 제품의 정확성이 더욱 높아지거나 개인화 수준이 고도화되는 등 AI 기능이 더욱 향상될 수 있다. 이는 앞서 설명한 학습루프와도 연결된다. AI 기능이 향상되면 더 많은 사람이 사용하게 될 것이다. 더 많은 사람이 모이면 수집되는 데이터 양이 더 늘어나고 더 많은 학습을 통해 제품과 서비스의 질 향상으로 이어진다. 이는 더 많은 사람을 불러모은다. 앤드루 응 교수는 AI 플랫폼 구축으로 이러한 선순환 구조를 설계하는 것이 중요하다고 언급했다.

나는《3년 후 AI 초격차 시대가 온다》에서 강력한 플랫폼을 구축하려면 개방성과 차별성이 중요한 조건이라는 점을 강조했다. 개방성은 자사가 개발한 기술을 타 기업이나 일반대중이 자유롭게 이용할 수 있도록 개방하는 정책이다. 앞서 선진기업은 정교하게 개발해놓은 AI 기능을 API 형태로 외부에 제공한다고 제시한 바 있다. 이러한 정책은 강력한 플랫폼 구축과 무관하지 않다. 일반기업 및 개발자는 이러한 API를 이용하거나 제휴를 통해 고급 AI 기능을 사용할 수 있다.

예를 들어, 아마존은 2016년부터 자사의 인공지능 비서 알고리즘인 알렉사를 외부 기업이 이용할 수 있는 '알렉사 파트너 프로그램'을 펼쳤다. AWS 파트너기업이 알렉사를 냉장고, 자동차, TV 등 자사 제품에 탑재하거나 응용 개발할 수 있도록 한 것이다. 이로써 제휴기업을 대폭 늘린 것은 물론 아마존 제품뿐 아니라 다른 제품의 고객들까지 포섭해 사용자 기반을 기하급수적으로 늘려나갔다.

차별적인 가치를 제공하는 것도 중요하다. 예를 들어, 세일즈포스는 인공지능 기반의 마케팅 지원 툴을 제공하는 플랫폼 기업이다. AI의 고도화된 고객관계관리 기능을 아인슈타인 클라우드 서비스를 통해 제공한다. 음성으로 고객의 요구사항이나 불만을 듣고 다시 음성으로 해법이나 상품을 제안하는 기능도 제공한다. 즉 아인슈타인을 이용하는 렌터카 회사가 렌터카 이용기간을 연장하려는 고객의 전화에 응대해 다양한 차량 선택지를 제시하고 연장 계약을 끝마칠 수 있도록 돕는다. 고객사 입장에서는 손쉽게 고객관리를 할 수 있기 때문에 매우 유용하다. 아마존, IBM, 애플, 메리어트 호텔, 루이비통 등 글로벌기업은 물론 국내에서도 삼성전자와 대한항공, 쿠팡 등이 세일즈포스의 아인슈타인을 이용하고 있다. 전 세계 고객기업이 17만 개가 넘는다. 이렇게 사용자 기반을 확대할수록 AI 제품의 성능은 더욱 고도화된다.

요약하기

AI 혁신의 성공을 위해서는 AI 기능의 고도화, AI 기능의 적용 분야 확장, 다양한 AI 기능 개발 등을 통해 창출되는 가치를 확장해야 한다. 사용자 친화적 판매방식을 적용하는 것도 AI 혁신의 가치를 확장하기 위한 중요한 요건이다. 한편, AI 제품과 서비스를 이용하는 사용자가 많아지면 더 많은 데이터 축적을 통해 학습을 더 많이 할 수 있으므로 제품의 성능이 향상된다. 이는 더 많은 사람을 끌어들이는 요인이 된다. 이러한 선순환적 학습루프가 만들어지도록 혁신모델을 설계해야 한다.

5장

AI 역량을 어떻게 확보할 것인가

AI Business Model

STEP 14

AI 필수역량을 파악하라

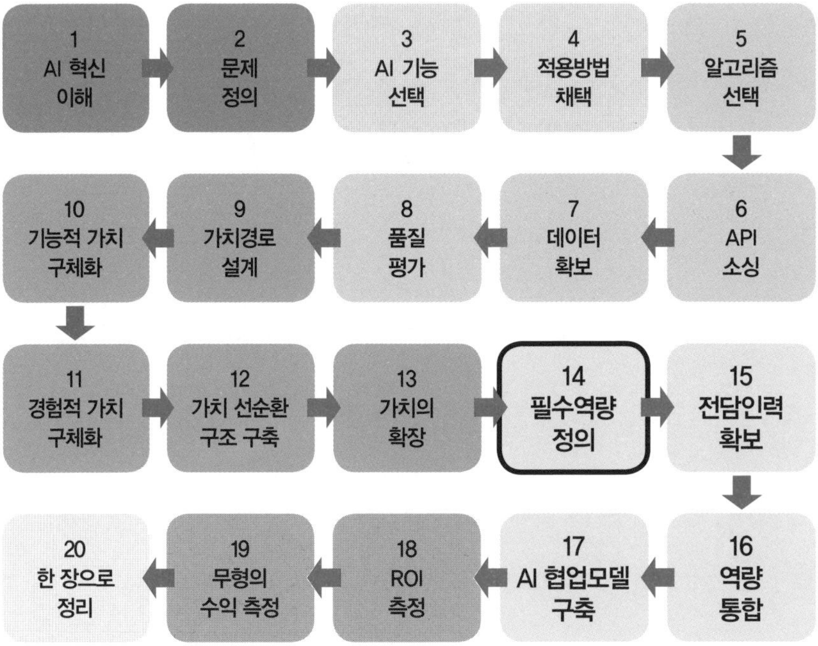

과제 ——— AI 혁신의 실행을 위해 필요한 필수역량이 무엇인지 이해한다. 각 역량을 가진 인재를 확보·보충하기 위한 계획을 세운다.

"중요한 사업을 시작할 때 가장 먼저 해야 할 일은 그 일을 잘할 수 있는 최고의 전문가를 찾는 것이다."

잭 웰치 Jack Welch

AI 혁신에 필요한 핵심역량은 무엇인가

지금까지 AI 혁신으로 기술적 · 기능적 · 경험적 가치를 창출하기 위한 방법에 대해 이야기했다. 이제 이를 어떻게 구현할지를 살펴볼 차례다. AI 혁신을 추진하기 위해서는 이를 구현할 역량이 마련돼야 한다. 어떤 역량이 필요할까? AI 혁신과제를 추진하기 위해 팀을 만든다면 멤버는 어떻게 구성해야 할까? AI 혁신에 필요한 역량은 크게 세 가지다.

- AI 혁신을 이끌 '총괄 관리역량'
- AI 기술을 구현해낼 '개발역량'
- AI에서 가치를 구현해낼 '창조적 응용 및 사업화 역량'

AI 혁신을 총괄적으로 관리하려면

AI 역량을 구축하는 데 가장 큰 과제는 리더십 확보다. 선진기업은 AI 경쟁력을 확보하고 조직 전체의 변화를 이끌어낼 수 있는 유능한 리더에게 투자하고 있다. 액센츄어에 따르면 선도기업은 인공지능 기반 기술개발을 총괄하는 CAIOChief Artificial Intelligence Officer를 보유하고 있으며, 글로벌 기업의 62%가 조직 내부에 CAIO를 둘 계획이라고 한다. CAIO라는 명칭이 중요한 것은 아니다. 기술개발을 총괄하는 기존 CIO나 CTO가 AI 혁신을 주도하는 경우도 많다. 중요한 건 AI 혁신을 이끄는 리더가 어떤 역량을 보유해야 하는가다.

스탠퍼드대학교의 앤드루 응 교수는 데이터는 있지만 AI 기술에 대한 심층적인 지식은 부족한 대다수 기업에게 AI 책임자를 고위임원으로 영입할 것을 권장한다. AI 책임자는 회사 전반의 인공지능 적용 전략을 짜고, 인공지능을 사용할 새로운 영역도 발굴하는 역할을 한다. 또 인공지능 전

AI 혁신을 위한 필수역량

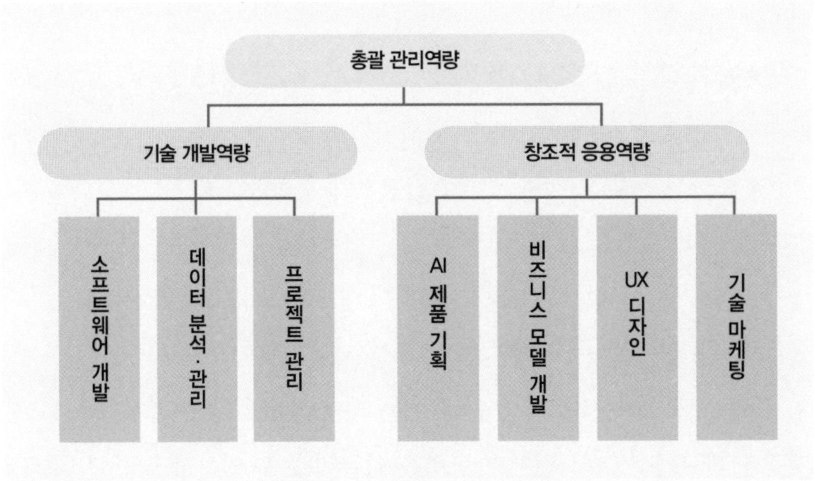

략을 수시로 모니터링하고 필요하면 교정해야 한다. 이러한 인공지능 전문가가 있으면 추가적인 AI 인재를 끌어오는 데에도 유리하다.

이에 따라 선도기업은 AI 혁신을 추진할 때 가장 먼저 인공지능 전문가를 리더로 확보하는 작업을 실시한다. 애플은 구글이나 아마존에 비해 인공지능 경쟁력이 떨어진다는 약점을 극복하기 위해 2018년부터 대대적인 AI 혁신 드라이브를 걸었는데, 이때 가장 우선적으로 한 일이 구글의 인공지능 검색 부문 책임자였던 존 지아난드레아John Giannandrea를 총괄리더로 영입한 것이다. 지아난드레아에게 머신러닝 등 인공지능의 기술개발을 책임지도록 했고, 시리 같은 AI 관련 서비스를 강화하도록 했다.

스타트업도 마찬가지다. 스포츠 경기 분석 및 승패 예측 정보를 제공하는 스태츠 퍼폼Stats Perform이라는 스타트업은 AI 분석능력을 강화하기 위해 인공지능 전문가인 스티븐 젤러Stephen Xeller를 임원으로 영입했다. 스태츠 퍼폼은 데이터 플랫폼으로 비디오 분석, 스포츠 콘텐츠, 플레이어 트래킹 등을 머신러닝과 결합해 차별화된 콘텐츠를 제공하는 미디어 서비스다. 새로 영입된 젤러는 스태츠 퍼폼의 팀 성과 솔루션인 '스태츠 에지STATS Edge'의 성능을 강화시켜 수익성을 높이고 글로벌 영업력을 높이는 데 힘을 쏟았다.

CAIO의 역할

AI 혁신 리더의 역할은 기업 내에 사업 전반을 지원할 수 있는 AI 기능을 구축하고, AI 프로젝트 수행을 위한 프로세스를 정립하고, AI 프로젝트를 통한 수익 및 비용을 관리하며, AI 인재 채용 및 교육을 통해 역량을 확보하는 것이다. 구체적인 역할을 정리하면 다음과 같다.

- AI 기술을 통해 새로운 가치를 창출할 수 있는 기회를 통찰
- 기술개발 및 데이터 전략 구축
- AI의 가치 및 중요성을 조직 전체에 전파
- AI 인재 확보
- 비즈니스 파트너십을 구축하여 AI 역량 확장
- 혁신 프로젝트에 소요되는 비용 및 수익성 관리

CIO나 기술에 관심 있는 고위 경영진을 타깃으로 하는 〈CIO 저널〉은 인공지능 책임자가 AI 기술을 적용해서 비즈니스의 모든 측면을 개선하고 기존 제품과 서비스를 혁신하는 역할을 한다며, 다음과 같은 역량을 갖춘 리더가 적절하다고 제시했다.

- 창업기업 혹은 대기업에서 주요 전략을 추진하고 이끌어본 경험
- 데이터 과학, 클라우드 컴퓨팅, 머신러닝 등 주요 AI 기술에 대한 전문지식
- 다양한 도구 및 솔루션 등 IT 분야에 대한 광범위한 배경지식
- 데이터 중심의 의사결정 스킬
- 회사 내외부에서 인재를 확보하고 육성할 수 있는 능력
- 보안, 규정 준수 및 제약 조건에 대한 이해력

- 기술 경제학에 대한 지식

CAIO는 AI 혁신의 총괄리더로서 AI에 대한 전문지식을 기반으로 프로젝트를 이끌고 자원을 통합하며 수익성에도 신경 써야 한다. 또한 AI 경쟁력이 기업 전체의 경쟁력으로 이어지도록 조직 전체를 통합해 시너지를 창출하는 데에도 적극 관여해야 한다. 뿐만 아니라 AI 혁신이 단발적인 프로젝트로 끝나지 않고 기업의 중추적인 성장동력이 되도록 지속적으로 혁신을 추진해야 한다.

AI 혁신을 추구하기 위해 CAIO는 두 종류의 역량을 가진 전문가와 함께 일해야 한다. 첫 번째는 AI 기술개발 역량을 가진 전문가다. 소프트웨어 개발자와 데이터 전문가가 여기에 해당한다. 두 번째는 AI의 창조적 응용역량을 가진 비즈니스 전문가다. AI 기술을 제품 및 서비스에 반영하고, 비즈니스를 고도화하는 역할로서 AI 제품기획자, UX 디자이너, 시장 전문가 등이 여기에 속한다.

AI 기술을 개발하는 역량을 키우려면

프로젝트 관리

프로젝트 매니저는 각 프로젝트에 필요한 기술 및 자원의 구성요소와 실무 흐름에 대한 아키텍처를 설계하고, 회사의 요구사항에 맞춰 프로젝트를 이끌어가는 역할을 한다. AI 시스템을 운영하고 관리하는 역할도 한다. 작은 조직에서는 CAIO 혹은 CTO가 프로젝트 매니저 역할을 대신하기도 하지만 조직의 규모가 크다면 개별 프로젝트마다 프로젝트 매니저가 붙는다.

프로젝트 매니저에게는 프로젝트에 필요한 하드웨어나 인적자원을 포함한 인프라를 갖출 수 있는 능력이 필요하다. 더불어 회사의 전반적인 전략과 방향을 숙지하여 방향을 맞추는 것도 중요한 자질이다. 프로젝트 매니저는 소프트웨어 개발자에게 요구되는 지식의 대부분을 알고 있어야 한다. 즉 머신러닝 및 기타 AI 알고리즘의 개념과 작동원리에 대한 심층적 지식과 함께 데이터 분석 모델링, 데이터 학습 등 기술개발과 관련한 전반적인 지식을 갖춰야 한다. 그에 더해 시장성 있는 제품화를 유도하기 위해 시장의 요구사항을 반영할 수 있는 마켓 센싱market sensing 능력과 유연성이 필요하다.

소프트웨어 개발

AI 소프트웨어 개발자는 AI 혁신을 위해 실질적으로 기술을 개발하는 역할을 한다. 개발 범위는 알고리즘 개발이 될 수도 있고, 응용프로그램 개발이 될 수도 있으며, 애플리케이션 개발까지 포함된다. 따라서 알고리즘 등 전산과학에 대한 전문적인 지식을 갖춰야 한다. 파이썬Python 등을 통한 프로그래밍 스킬, 텐서플로TensorFlow나 케라스Keras 같은 라이브러리에 대한 풍부한 지식도 필요하다. 머신러닝이나 각종 알고리즘의 원리를 알고 개발 스킬도 지녀야 한다. 뿐만 아니라 AI 시스템은 데이터와 떨어질 수 없기 때문에 R 같은 데이터 분석 툴을 사용할 줄 알아야 하며, 통계 및 수학적 지식도 필요하다.

최근 머신러닝의 잠재성과 활용도가 높아지면서 기업 사이에서 인기를 끌고 있는 머신러닝 엔지니어는 머신러닝에 집중된 심층적 지식을 갖추고 다양한 문제를 자유자재로 풀어내는 개발자를 이른다. 이러한 인력은 기업의 수요에 비해 숫자가 많지 않기 때문에 업계에서는 희소 직군으로 분류된다.

데이터 분석 및 관리

말 그대로 데이터를 분석하고 해석하여 결과를 도출하고 관리하는 일에 전문화된 직군이다. 데이터 전문가는 데이터 분석에 초점을 맞추는 '데이터 분석가', 데이터 모델링을 통해 다양한 문제해결 방법론을 개발하는 '데이터 과학자', 데이터를 수집하거나 수집된 데이터를 통합 관리하고 데이터 보완체계를 만드는 역할을 하는 '데이터 관리자'로 세분화할 수 있다.

데이터 분석가나 데이터 과학자도 머신러닝 같은 AI 알고리즘을 사용하지만 애플리케이션이나 소프트웨어 구현보다는 데이터 분석과 이를 통한 인사이트를 얻는 일에 좀 더 전문화돼 있다. 많은 경우, 직군 구분 측면에서 소프트웨어 개발자의 역할과는 별개로 본다. 물론 소프트웨어 개발자가 데이터 분석을 함께 하는 경우도 있다.

데이터 분석가는 기술 전문가지만 비즈니스 의사결정과 밀접한 관련이 있다. 의사결정이 필요한 상황에서 데이터가 주는 인사이트에 기반해서 더 나은 대안을 도출하는 역할을 하기 때문에 데이터 분석능력뿐 아니라 비즈니스의 다양한 상황을 이해해야 하며 데이터가 제시하는 결과를 쉽게 전달하기 위해 시각화하고 커뮤니케이션하는 능력도 요구된다. 특히 AI 제품의 사용자경험 학습루프를 설계할 때도 데이터 분석가가 참여하는 것이 바람직하다. 데이터 과학자는 최신 데이터 분석기법을 이용해서 현실의 어려운 문제를 해결해야 하기 때문에 데이터 모델링에 능통해야 한다.

AI를 창조적으로 응용하고 사업화하려면

AI 제품기획

AI 제품기획은 AI의 기능이 반영된 혁신적인 제품 및 서비스를 기획하는 역할이다. AI 기술 지식을 기반으로 새로운 기능적 가치를 구현하는 제품을 기획한다. 시장흐름과 고객의 니즈를 분석하여 타깃 고객에게 새로운 경험적 가치를 제공할 수 있는 제품을 기획한다. 또한 보유하고 있는 AI 기능 및 제품 성능이 꾸준히 개선되도록 지속적인 제품 혁신을 수행한다.

AI 제품기획자는 산업에 대한 지식, AI 기술 지식, 그리고 사용자경험에 대한 지식을 모두 갖춰야 한다. 기본적으로는 제품기획자로서 산업 트렌드를 잘 알고, 고객의 니즈를 잘 파악해야 한다. 해당 산업에서 어떤 제품이 소비자 수용성이 높은지 그 특징을 잘 포착해서 이를 제품에 반영하는 역할이 중요하다. 디스플레이에 대한 기술적 지식이 없는 사람이 TV 제조를 하는 게 적절치 않듯이, AI 제품을 개발하기 위해서는 그 안에 들어가는 기술요소에 대한 지식을 갖춰야 한다. 제품에 어떠한 AI 기능이 활용되는지와 이를 구현하기 위한 알고리즘 종류와 데이터 학습 방법에 대한 지식을 갖춰야 제품 아이디어를 발전시킬 수 있다. 사용자가 제품을 경험하는 과정에서 생성되는 데이터가 학습의 연료 데이터로 이어지도록 이끌어 사용자경험을 개선하는 선순환 흐름을 유도하는 것도 중요한 역할이다.

AI 제품 및 서비스를 통해 창출되는 사용자경험을 다루는 UX 디자인의 역할도 중요하다. 규모가 큰 조직에서는 UX 디자이너가 별도로 존재하나, 그렇지 않다면 제품기획자가 UX 디자인을 겸한다. 시장조사 및 사용자 인터뷰 등을 통해 사용자에 대한 높은 이해도를 갖춰야 한다. 제품 및 서비스를 통해 창출되는 경험적 가치를 설계하고 실제 사용자의 삶에서 이 가치가 극대화될 수 있도록 제품을 기획해야 한다.

제품이 소프트웨어 형태의 애플리케이션이라면 소프트웨어 개발자가

AI 제품기획에 필요한 지식 영역

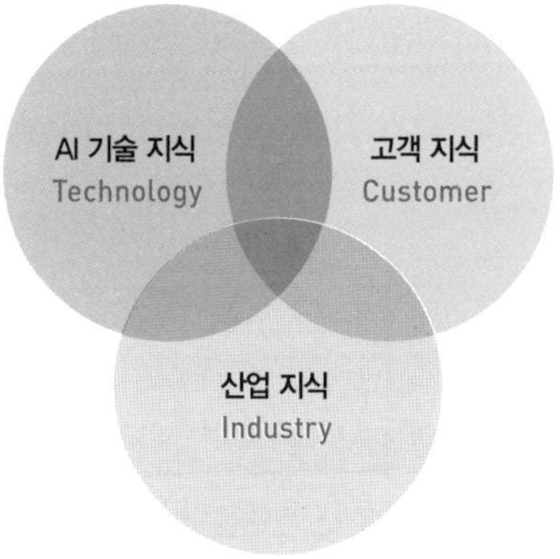

제품기획까지 하는 경우가 많다. 그러나 제품기획은 고객 및 시장에 대한 심층적 지식을 갖춰야 하는데, 기술과 시장 지식을 동시에 갖춘 개발자는 흔치 않기 때문에 제품기획 전문인력을 별도로 두는 게 적합하다.

AI 제품기획자에게 가장 중요한 능력은 창조적 융합능력이다. 하나의 문제를 해결하는 방법은 매우 다양하다. 알고 있는 기술 중에서 문제를 해결할 수 있는 기술을 창조적으로 조합해서 효과적인 제품을 만들어내는 게 제품기획자의 역할이다. 예를 들어, 고혈압 환자에게는 틈틈이 혈압을 측정하는 게 중요하다. 하지만 혈압측정 장비를 들여놓는 것도 만만찮고, 혈압을 재기 위해 매일매일 장비를 작동하는 것도 번거로운 일이다. AI 제품기획자는 인공지능 기술을 이용해 이를 창조적으로 해결할 아이디어를 제시할 수 있어야 한다.

뉴라로직스Nuralogix에서는 스마트폰의 셀프 동영상 기능으로 혈압을 측정하는 애플리케이션을 출시했다. 스마트폰에 있는 광학센서를 이용해 경피광학이미징 기술을 활용할 수 있는데 이는 혈액 속 헤모글로빈을 붉은색 광으로 인식한다. 이 이미징 데이터를 기반으로 머신러닝을 통해 혈류 변화와 혈압을 측정할 수 있다. 이 애플리케이션으로 측정한 혈압은 정확도가 95~96%나 된다.

AI 제품기획자는 고혈압 환자가 혈압을 편리하게 측정할 수 있는 혁신적 방식의 애플리케이션을 기획한다. 애플리케이션이 실제 유용하게 활용되려면 스마트폰에서 어플을 실행하는 것에서부터 촬영하는 방식, 그리고 촬영 후 분석한 내용을 보여주는 인터페이스 디자인, 나아가 혈압 측정

뉴라로직스의 스마트폰 셀카를 통한 혈압 측정

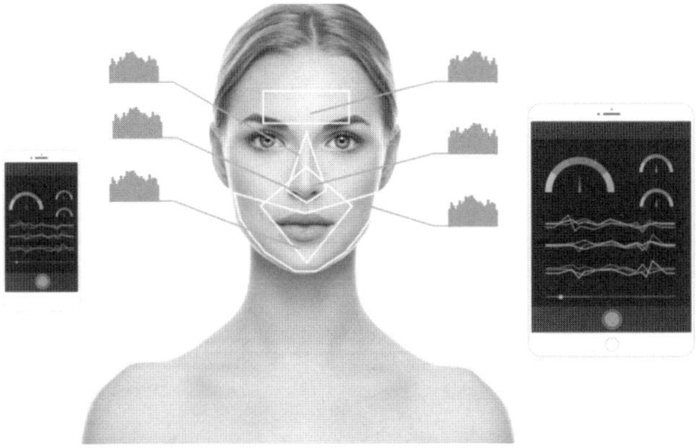

출처: www.nuralogix.ai

에 대한 기록과 이를 통한 향후 혈압 예측기능 등 사용자의 경험적 가치를 높일 수 있는 요인을 창의적으로 개발해내야 한다.

이렇게 AI 제품기획자는 머신러닝을 통한 기술적인 AI의 인식기능뿐 아니라 스마트 기기에 대한 하드웨어적 지식을 갖춰야 한다. 또한 고혈압 환자의 고충이나 이들의 경험에 대한 지식을 갖추고 있어야 한다. 경험적 가치를 향상시키기 위해 기술적 · 기능적 재료를 어떻게 조합해야 할지, 창조적 융합능력을 갖춰야 한다. 이와 함께 소프트웨어 개발자 및 데이터 전문가와의 원활한 협업을 위한 의사소통을 할 수 있어야 한다. 그러기 위해서는 알고리즘과 데이터를 포함하는 AI 기술 지식이 필수다.

비즈니스 모델 개발

AI 제품과 서비스가 창출하는 가치를 어떻게 사용자에게 효과적으로 전달할지에 대한 계획을 세우고, 이를 통해 기업이 수익을 실행할 수 있는 비즈니스 모델을 설계한다. 같은 제품이라도 비즈니스 모델에 따라 사용자가 인지하는 가치가 달라진다. 전통적인 판매방식(제품 선택 후 구매)을 채택할 수도 있고 넷플릭스처럼 구독 방식을 선택할 수도 있다. AI 제품 및 서비스의 특성을 고려하여 가장 적절한 비즈니스 모델을 선택해야 한다. 또한 AI 혁신의 비용 및 수익을 고려하여 ROIreturn on investment 등 수익성을 높이기 위한 전략도 세워야 한다. 혁신이 장기적 발전을 이어가도록 하려면 장단기 수익을 모두 고려해야 한다. AI 비즈니스 모델 개발 전문가는 업계 동향을 꿰뚫고 있어야 하며, 비즈니스의 본질을 잘 이해해야 한다. 기술을 통해 창출되는 가치에 대한 식견도 갖춰야 한다.

기술 마케팅

과거에는 마케터가 제품 안에 구현된 기술적 요소를 몰라도 본업 수행에 크게 지장이 없었다. 하지만 AI 혁신 제품 및 서비스는 다르다. 제품의 탁월성을 설명하려면 이 기능이 어떻게 구현됐는지를 알아야 한다. 단순히 AI가 적용된 제품이라고 설명하는 것으로는 부족하다. 아이러니하게도 AI 제품에 있어 이를 가장 잘 설명할 수 있는 사람은 기술을 개발한 엔지니어다. 많은 스타트업에서 엔지니어가 마케팅 업무를 함께 수행하기도 한다. 그러나 인적자원의 효율적 분배를 생각했을 때 엔지니어는 자신의 전문적인 일에 힘써야 하기 때문에, 조직 전체로 보자면 AI 기술 지식을 갖춘 마케터가 고객과 커뮤니케이션하는 게 효과적이다.

AI 제품 및 서비스를 개선하는 데 중요한 요인인 데이터는 고객의 경험 속에서 생성된다. 그리고 고객과의 최접점에 있는 사람이 바로 마케터다. 마케터는 고객의 경험이 AI 제품 및 서비스의 개선에 반영될 수 있도록 학습루프를 설계 · 관리하는 중요한 포지션인 것이다. 이를 위해서는 고객의 어떤 부분이 데이터화되어 학습에 이용되는지, 또한 데이터 학습에 중요한 고객 행동 데이터는 무엇인지를 꿰뚫고 있어야 한다.

뿐만 아니다. 이제는 소비자가 제품을 접하는 채널이 과거와 많이 달라지고 있다. 그동안 사람들은 브랜드를 보고 제품을 구매했다. 내용물의 질을 정확히 몰라도 유명한 브랜드라면 믿고 구매했다. 하지만 이제는 정교한 AI 알고리즘이 나의 선호를 인식하고 시장에 나와 있는 제품의 모든 속성을 파악해서 나에게 가장 잘 맞는 제품을 추천한다. 사용자와 알고리즘이 함께 의사결정을 내리는 방식으로 바뀌고 있다. 브랜드가 끼어들 틈이 좁아지고 있다. 고객과 AI가 협력해 결정하는 상황에서 마케터가 제품을 효과적으로 어필하려면 AI의 메커니즘을 잘 알아야 하는 것이다.

또한 AI는 머신러닝 기반 수요예측 등 마케팅 업무의 고도화에도 기여하고 있다. 많은 경우 데이터 분석가가 마케팅 부서에서 일하기도 한다. 데이터 분석에 기반한 최신 마케팅 기법이 많이 등장함에 따라 이러한 지식을 마케팅 실무에 응용하는 것이다. 따라서 마케터가 AI를 이해하고 있어야 기술적 지식을 바탕으로 고객과의 상호작용 및 인사이트를 도출해내는 일을 원활하게 할 수 있다. 이러한 인재는 AI에 대해 준전문가 수준의 지식을 갖춰야 하고, 고객 및 새로운 마케팅 기법에 대해 잘 알아야 한다. 그리고 사용자경험이 데이터 학습에 반영될 수 있도록 기술 파트와 원활한 커뮤니케이션을 할 수 있어야 한다.

지식이 없으면 혁신을 진행할 수 없다. AI 혁신을 추진하기 위해서는 먼저 사내에 어떤 역량을 확보해야 하는지 파악해야 한다는 사실을 명심하자.

요약하기

AI 혁신을 추진하기 위해서는 혁신 총괄 관리, 기술개발, AI 응용 및 사업화 등 핵심역량이 마련돼야 한다. 세부적으로는 프로젝트 관리, 소프트웨어 개발, 데이터 분석 및 관리, AI 제품기획, UX 디자인, 기술 마케팅 등을 들 수 있다. 한 명의 개발자가 여러 역할을 수행하는 경우도 있고, 각각의 직군을 개별 전문가로 확보하기도 한다. 우리 회사에서 AI 혁신을 진행하기 위해서는 먼저 필요한 필수역량을 파악해야 한다.

STEP 15

전담인력을 확보하라

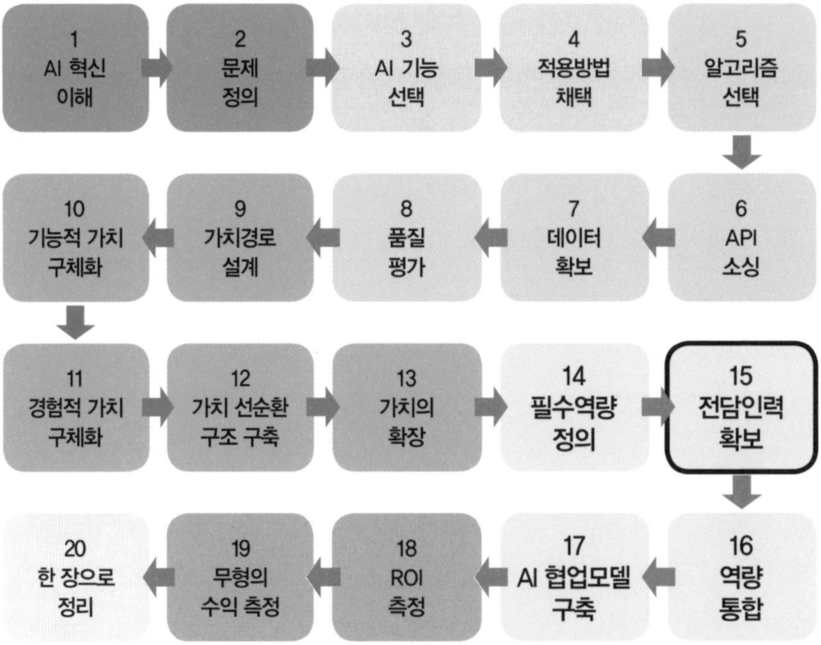

과제 ______ AI 혁신을 주도할 인재 확보 전략을 세운다.

> "준비된 인재와 준비되지 않은 인재의 차이는 100배 이상이다."
>
> **스티브 잡스**

인력 확보가 가장 중요하다

AI 혁신에 필요한 필수역량이 무엇인지 확인했다. 그런데 문제가 있다. AI 혁신을 시작하는 기업 중 필수역량을 모두 보유하고 있는 곳은 거의 없다. AI 전문인력이 희소하다 보니 인재 확보가 쉽지 않다. 단순히 기술인력을 들여오면 되는 게 아니라 자사의 비즈니스 혁신에 기여할 수 있는 인재 확보가 중요한데 이게 쉽지 않다.

AI 혁신은 기술뿐 아니라 고객 및 비즈니스에 대한 종합적인 역량을 필요로 한다. AI 혁신은 인공지능의 월등한 기술적 이점을 이용해서 사용자경험을 혁신하는 것이고, 사용자경험 속에서 생성되는 데이터를 기술개발에 다시 적용해야 한다. 다시 말해, 기술 개발자는 사용자의 경험을 염두에 둬야 하고, 제품 및 비즈니스 개발자는 AI 핵심기술이 어떻게 경험적 가치를 창출하는지를 이해해야 한다.

이러한 종합적 역량을 갖추지 못하면 어떤 결과가 나타날까? 기술적으로는 뛰어난 제품을 개발했지만 사용자의 편의성이 전혀 고려되지 않거나 사람들이 원하는 기능이 제대로 구현되지 않은 제품이 나올 수 있다. 혹은 사용자가 어떤 속성을 지닌 제품을 원하는지는 알지만 이를 기술적으로 어떻게 구현해야 하는지를 모를 수도 있다. 따라서 기술 지식을 충분히 갖추고 자사의 비즈니스를 이해하며 사용자에게 적합한 제품을 만들어내는 데 기여할 수 있는 인재를 확보해야 한다.

채용할 것인가, 양성할 것인가

AI 인재를 확보하는 방법은 두 가지다. 전문인력 채용과 내부인력 양성이다. 각각 장단점이 있다. 인력 확보를 위한 두 가지 카드를 효과적으로 사용하려면 다음 몇 가지 질문을 던져야 한다.

첫째, 어떤 역량이 양성할 수 있고 어떤 역량은 양성할 수 없는가? 사실 AI 혁신을 추진할 때는 양성해서 확보할 수 있는 역량과 그렇지 않은 역량이 있다. 소프트웨어 개발이나 데이터 분석 역량은 수학과 통계, 전산 논리, 프로그래밍 스킬, 시스템 사고 등이 지식 기반을 이룬다. 이는 단기간에 양성되는 종류가 아니다. 일찍부터 전산과학, 데이터과학, 컴퓨터공학 등을 전공해 오랜 기간 축적 · 발전시켜야 하는 역량이다. 이런 분야는 양성하기보다 이미 지식을 갖춘 인력을 채용하는 게 바람직하다. 반면, 주요 알고리즘의 개념적 원리, 창조적 제품 응용 방법론, 데이터 활용 및 분석 방법, 혁신 프로젝트 관리, 비즈니스 모델 설계 등의 역량은 양성을 통해 확보하기가 비교적 수월하다.

둘째, 긴급한 일이 무엇인가? 역량 확보에는 앞서 언급한 것처럼 시간이 소요된다. 외부 전문가를 채용한다면 이미 지식이 갖춰진 인재를 채용하는 것이기 때문에 단기간에 숙련된 인재를 확보할 수 있다는 장점이 있다. 제품이나 서비스의 기능을 자체적으로 구현하기 위해 개발자가 그 즉시 필요하다면 채용을 통해 확보하는 게 적절하다. 물론 개발자가 자사 비즈니스나 고객을 충분히 이해하지 못한 상태라면 사업 방향에 기술을 최적화하는 데 시간이 소요될 수 있다는 점은 감안해야 한다.

셋째, 인력에 대한 투자를 얼마나 할 것인가? 사실 적절한 AI 인재를 찾기란 쉽지 않고, 채용 비용도 꽤 소요된다. 머신러닝 엔지니어는 일반 프로그래머보다 연봉이 1.5~4배 정도 많다. AI 혁신을 추진하기 위해 인력이 구성돼야 하지만 현실적으로 이상적인 멤버를 구성하기가 쉽지는 않다.

넷째, 외부자원을 어느 범위까지 활용할 것인가? 앞서 언급했듯이 아마존이나 마이크로소프트, 구글 등은 자사가 개발한 상당수 고급 알고리즘을 개방하고 있다. 선진기업의 API나 엔터프라이즈 소프트웨어를 통해 AI 기능을 손쉽게 활용할 수 있다. 선진기업의 자원을 활용한다면 기술을 직접 개발하는 역량보다는 외부 API를 활용 및 관리하는 역량이 필요하다. 이럴 때는 개발자를 채용할 수도 있겠지만 내부인력에 교육을 제공해 필요한 역량을 증진하는 방법을 사용할 수 있다.

AI 선도기업은 어떻게 인재를 채용하는가?

선도기업은 어떻게 인력을 채용하고 있을까? AI 선도기업은 전문인력 확보에 상당한 적극성을 보이고 있으나, 현실적으로 가장 필요한 인재 위주로 채용하고 있다. 딜로이트의 조사에 따르면 AI 선도기업에서 가장 활발히 채용하는 인력은 소프트웨어 개발자이며, AI 기술을 비즈니스에 완전히 통합하기 위해 기술 지식을 지닌 비즈니스 인재의 채용을 늘리고 있다. AI 혁신을 시작한 지 얼마 안 되는 기업일수록 AI 알고리즘과 시스템을 개발하는 기술 인재 위주로 채용을 한다.

AI 혁신에 소극적인 기업은 AI 전문가를 활용해서 모든 AI 프로젝트를 처음부터 구축해야 한다고 생각하지만 선도기업은 효율성을 높이기 위해 오히려 아마존이나 구글 클라우드가 제공하는 AI 지원 엔터프라이즈 소프트웨어를 활용하는 것으로 나타났다.

AI 인력채용 시 필요한 것들

앞서 AI 혁신에 필요한 역량을 제시했다. 각 역량을 지닌 인재에 대한 직군은 표 〈AI 직군에 대한 설명〉같이 설명할 수 있다. 아마존, 마이크로소프트, 실리콘밸리 소재 스타트업 등에서 AI 인재채용 공고를 낼 때 제시하는 직군 설명을 참조해 정리한 내용인데, 독자들에게도 좋은 참고자료가 되기를 바란다.

AI 직군에 대한 설명

직군	일의 내용
총괄리더	• 기술과 비즈니스에 대한 깊은 이해를 기반으로 프로젝트를 전체 총괄하고 내외부 자원을 통합하며, 의사결정 및 인적자원 통솔
프로젝트 매니저	• AI 시스템의 아키텍처를 설계하고 프로젝트 진행을 수월하게 할 수 있도록 전체 조율
소프트웨어 개발자	• 프로그래밍 스킬을 갖고 있으면서 주요 AI 알고리즘을 이해하고 있는 인재로 알고리즘, 소프트웨어 및 애플리케이션 개발
데이터 전문가	• AI 시스템에 필요한 데이터를 확보하고 학습에 관여하며 분석 및 관리 업무 수행
AI 제품기획자	• AI의 기술적 이점을 제품 및 서비스에 구현하며, 시장에서 수용될 수 있는 창조적 제품을 기획
UX 디자이너	• AI 제품 및 서비스를 통해 얻어지는 사용자경험을 디자인 • 인간 심리에 대한 지식을 기반으로 AI 기술이 만들어내는 경험을 설계
비즈니스 모델 전문가	• AI 제품 및 서비스를 고객에게 전달하는 방식 및 이를 통해 수익을 창출하는 비즈니스 모델을 설계
기술 마케팅 전문가	• AI 제품 및 서비스를 시장에 소개하고 고객과 커뮤니케이션을 하면서 시장 확산을 주도하는 역할

AI 인재, 어떻게 키워야 하는가?

조직 전체가 AI에 대한 경각심을 갖고 AI 혁신에 대한 이니셔티브를 가

AI 역량 양성과 효과

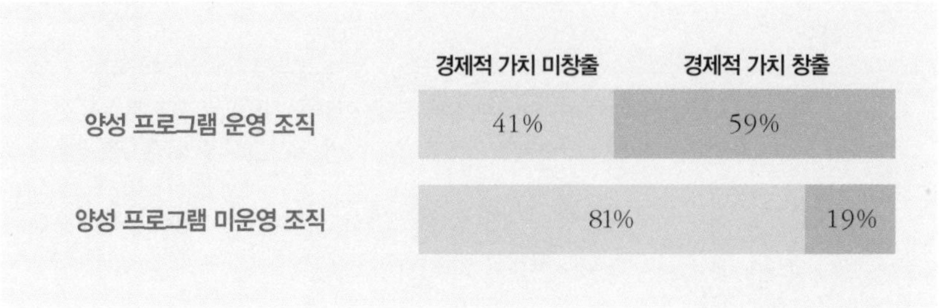

출처: MIT 슬론 매니지먼트 리뷰, Winning With AI, https://sloanreview.mit.edu/projects/winning-with-ai/

지려면 교육의 역할이 중요하다. 지속적인 AI 경쟁력을 확보하기 위해서라도 채용한 인력을 포함한 전체 인력의 교육 및 훈련이 꾸준히 이뤄져야 한다. 선진기업은 지속적인 AI 경쟁력을 확보하기 위해 조직 내부에 독자적인 양성 프로그램을 마련해두고 있다. 〈MIT 슬론 매니지먼트 리뷰MIT Sloan Management Review〉의 조사에 따르면, 조직 내부에서 AI 인력양성 프로그램을 활발히 운영하는 기업의 59%는 AI를 통해 경제적 가치를 지속적으로 창출하는 것으로 나타났으며, 내부에 양성 프로그램이 없는 조직 중 81%가 AI로 가치를 창출하지 못하는 것으로 나타났다.

딜로이트에 따르면 AI 선도기업은 일반기업에 비해 AI의 기술 수준이 네 배에 달하며, 이는 기술 인력과 사업부 인력이 AI 교육에 막대한 투자를 하는 데서 기인한다. 후발기업은 기술 인력에 새로운 AI 제품을 개발하기 위한 교육을 진행하는 비율이 44%였지만 선도기업은 71%로 높았다. 전직원에 대한 AI 인식 및 지식 교육을 하는 비율도 후발기업은 47%였지만

선도기업과 후발기업의 AI 교육 현황

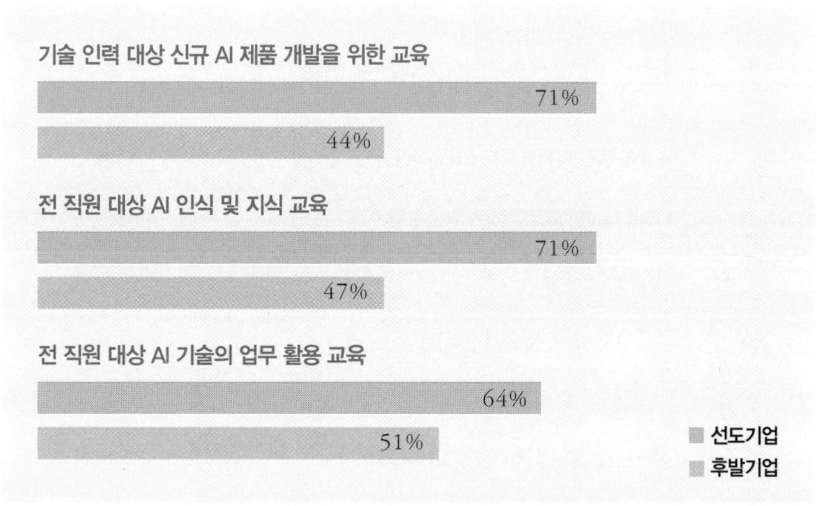

출처: 딜로이트, Capitalizing on the promise of AI, 2019

선도기업은 71%인 것으로 나타나 차이가 있다.

기업이 AI 경쟁력을 확보하기 위해서는 사업방향과 조직의 상황에 맞춰 독자적인 AI 교육 프로그램을 마련할 필요가 있다. AI 혁신은 인공지능 기술을 이용해 사용자경험의 혁신을 이뤄내는 것이다. 이를 위해 자사의 역량 중에 무엇을 보강해야 하는지, 어떤 교육채널을 이용할 것인지, 그리고 어떤 전문가에게 교육을 받을지를 신중히 정해야 한다. 기업이 사내에 마련해볼 만한 교육과정은 다음의 표 〈AI 교육 과정 및 대상〉과 같다. AI 혁신을 위해 어떤 역량을 키워낼지 구체적으로 정해야 혁신을 앞당길 수 있다.

AI 교육 과정 및 대상

교육 과정 주제	대상
AI 시대에 필요한 리더의 역량	리더
AI를 통한 디지털 트랜스포메이션	리더
AI를 이용한 제품/서비스 혁신 전략	전체 인력
현업에 적용해볼 수 있는 AI 핵심기술	전체 인력
AI를 통한 가치창출 디자인	전체 인력
데이터 활용 및 분석 방법론	전체 인력
머신러닝 및 딥러닝 등 주요 알고리즘 개발	기술개발 인력
고급 데이터 분석 방법론	기술개발 인력
AI 프로젝트의 관리 스킬	기술개발 인력
AI 시스템 구축 및 유지 방법	기술개발 인력

인공지능을 통한 혁신을 추진하기 위해서는 명확한 목표와 작업 계획을 수립해야 하며, 구체적인 인력 확보 및 양성계획의 수립이 그 시작이다. 인공지능 기술과 미래 핵심 비즈니스 간의 관계를 제대로 이해하는 인재를 조직 내에 확보하지 못하면 AI 혁신이 쉽지 않을 것임을 기억하기 바란다.

요약하기

AI 혁신을 위해서는 풍부한 AI 기술 지식을 갖추고 자사의 비즈니스 혁신에 기여할 수 있는 인재를 확보하는 것이 중요하다. 인재는 양성과 채용이라는 두 가지 카드로 확보할 수 있다. 적정성, 긴급성, 비용, 내부화 등을 고려해 두 카드를 적절히 써야 한다. 조직 전체가 AI 혁신에 대한 이니셔티브를 갖고, 지속적인 AI 경쟁력을 확보하려면 전사적인 교육 및 훈련이 이뤄져야 한다.

STEP 16

역량을 통합하라

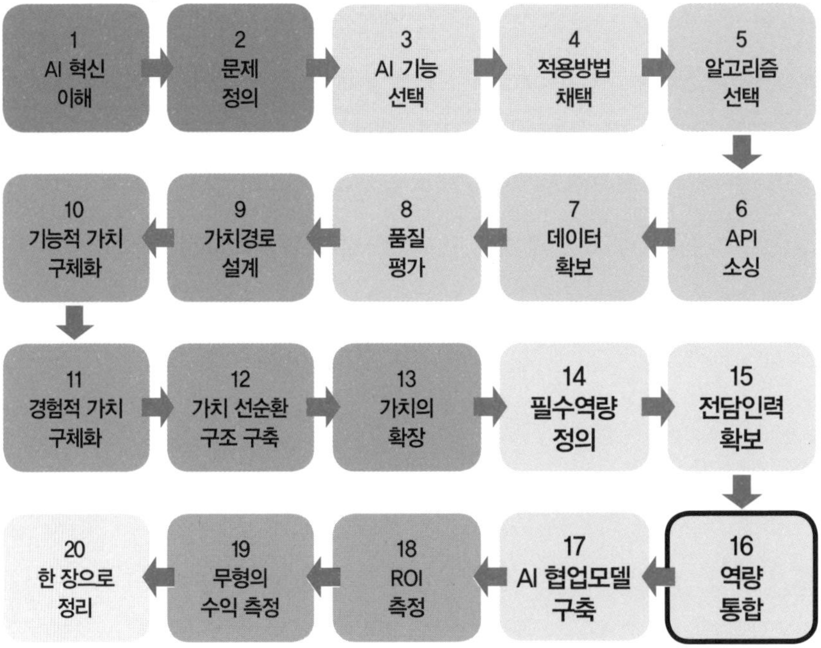

과제 ______ AI 혁신의 효과를 극대화하기 위해 AI 혁신전략을 조직 전체적 전략 및 내부역량과 통합하라.

"통합 없는 혁신에서는
성장의 에너지가 나오지 않는다."

제임스 캐시James I. Cash, 하버드대학교 경영대학원 교수

포괄적 도입을 실현하라

AI 혁신은 인공지능 기술을 도입하여 새로운 가치를 창출하는 과정이다. 혁신의 성과 확대를 위한 중요한 전제가 있다. 바로 역량의 통합이다. 맥킨지앤컴퍼니에 따르면 디지털 혁신의 70%는 뚜렷한 성과를 내지 못하고 실패한다. 실패의 주요 원인은 디지털 자원이 조직 전체에 통합되지 못했기 때문이다. 단편적 기술 도입에 그친 회사는 AI가 잠재적으로 창출할 수 있는 가치의 절반밖에 획득하지 못한다.

AI는 단편적으로 도입하는 기술이 아니다. 조직 전체에 AI 기술이 통합되도록 하는 게 중요하다. 여기서 통합의 의미는 AI 기술이 회사 내에 적용돼어 조직 전반적으로 AI를 소비(이용)하고 생산(개발)하는 포괄적인 체계가 잡히는 것을 말한다. 따라서 AI 혁신의 효과를 극대화하기 위해서는 이러한 포괄적 도입을 실현해야 한다.

회사 전체 전략과 통합하라

AI의 포괄적 도입을 실현하려면 AI 혁신이 회사 전체의 전략과 맞물려 진행돼야 한다. 보스턴컨설팅그룹에서 전 세계 2,500명 이상의 임원을 대상으로 한 설문조사에 따르면 AI 혁신에 성공한 조직 대부분은 AI 혁신을 전반적인 비즈니스 전략과 통합하는 것으로 나타났다. 비즈니스 전략과의 통합은 '비즈니스를 위한 AI AI for business'와 'AI를 위한 비즈니스 Business for AI'로 구분된다.

'비즈니스를 위한 AI'는 비즈니스의 목적을 달성하기 위해 AI를 이용한다는 의미다. AI 기술로 창출하고자 하는 성과의 목적이 기업 본연의 비즈니스 전략에 통합되도록 하는 것이다. AI 혁신전략을 개발하는 것만으로는 충분하지 않다. AI 혁신전략을 회사의 전체 전략에 필수적으로 연결해야 한다. 회사 전체 전략에서 AI가 지원할 수 있는 부분이 무엇인지 명확히 식별돼야 한다. 이 경우, AI 혁신에 성공하면 회사 전체의 성과를 달성하는 데 기여하게 된다.

'AI를 위한 비즈니스'는 반대로 AI 혁신이 잘 이뤄질 수 있도록 비즈니스 전반을 맞추는 것이다. AI 기술로 혁신을 추진할 때 모든 과정이 원활히 이뤄질 수 있도록 인력, 데이터, 프로세스 전반을 조정한다. AI와 관련된 생산과 소비가 유기적이고 수월하게 이어지도록 업무 프로세스를 호환시킨다. AI에서 가치를 도출하는 기업은 AI 전략과 전체 기업 전략을 양방향에서 통합한다.

세계 1위의 바이오 제약기업인 로슈그룹 Roche Group은 의약품의 생산성과 수익성을 높이기 위해 맞춤 의약품 제조 전략을 추진하고자 했다. 매년 30개 이상의 의약품을 출시하는 게 새로운 목표다. 이 목표를 이루기 위해 AI 기술을 도입하기로 결정했다. 맞춤 의약품을 제조하기 위해서는 의약품 제조기간이 단축돼야 하고 개인화가 돼야 한다. 기존의 의약품 제조방식으로는 불가능하다. 하지만 AI는 회사의 전략에 부합하는 기능을 제공한다. AI 기술을 활용하면 수십억 개의 데이터를 기반으로 빠르고 효율적인 동시에 사용자에 맞춤화된 검증 및 제조가 가능하다. 이를 통해 비용 또한 획기적으로 절감할 수 있기 때문에 로슈그룹의 회사 전략에 커다란 기여를 할 수 있다. '비즈니스를 위한 AI' 전략이다. 로슈그룹은 AI혁신이 수월하게 진행되고 AI를 통해 얻는 효과에 제약이 생기지 않도록 전체적인 운영 및 제조 프로세스를 조정했다.

전 부서 협력체계를 만들어라

AI를 포괄적으로 도입한다는 것은 AI 혁신 추진이라는 하나의 목표를 향해 전 부서 차원의 협력체제를 갖춘다는 뜻이기도 하다. 머신러닝 등 알고리즘이 사업 목표에 맞춰 작동할 수 있도록 기능을 설계해야 한다. 이는 엔지니어 혼자 할 수 있는 일이 아니라 조직 전체가 참여해야 가능하다. 인공지능 기반으로 수요에 최적화된 생산관리 시스템을 도입할 때 데이터 과학자와 생산관리, 마케팅, 재무, 운영 등 각 영역의 담당자가 상호 협력을 할 수 있어야 한다. 사내 여러 분야 전문가가 머리를 맞대고 어떤 기능을 어떻게 구현할지 함께 고민해야 한다.

예를 들어, AI 시스템으로 수요를 예측하고 적정 생산량을 추산해야 할 때 데이터 과학자는 정량적 접근법을 제시할 수 있다. 그동안의 시장 상황 및 재고에 대한 데이터를 토대로 중요한 패턴을 추출하는 식이다. 그러나 데이터만으로는 충분치 않다. 데이터가 말해주지 않는 중요한 기능과 사용자 활동을 영업파트에서 찾아내야 한다. 이는 현장 경험을 가진 사람만이 할 수 있는 일이다. 이들이 인공지능의 주요 기능을 도출해내면, 데이터 과학자는 이 기능을 토대로 알고리즘을 훈련시킨다. 그리고 각 기능에 우선순위를 매기고, 숨어 있는 주요 기능을 찾아내는 알고리즘을 실행한다. 이러한 과정을 통해 잠재가치가 더 큰 기능을 가려낸다. 그리고 이 결과를 각 부문 전문가들과 다시 공유한다. 잘 작동한 것은 무엇인지, 그렇지 않은 것은 무엇인지를 함께 살펴보고, 판매의 용이성, 이 판매를 추진할 때의 상대적 ROI 등을 따져보며 시스템을 보완해나가야 한다.

AI 혁신이 잘 이뤄지려면 이렇게 조직 내 각 부문 전문가와 인공지능 담당자가 융화되어 유기적으로 협력할 수 있어야 한다. 일회성 회의 수준이 아니라 비즈니스 가치를 끌어내고 최적의 알고리즘 방향을 정하기 위해 계속해서 의견을 교환해야 하고, 이를 통해 지속적으로 프로세스를 개선해야 한다.

이러한 통합이 이뤄지려면 인력 및 포지션의 변화가 필요할 수 있다. 〈MIT 슬론 매니지먼트 리뷰〉에 따르면 선도적으로 AI 혁신을 추진한 기업 열 개 중 여섯 개 회사가 직무 역할과 기술을 크게 변경했다. AI 기능이 학습을 통해 점차 향상되는 동안에 조직 내부의 역량과 운영 노하우도 발전되도록 해야 한다.

포괄적인 데이터 거버넌스를 갖춰라

AI 혁신의 성공에 있어 핵심요소 중 하나가 데이터다. 데이터 활용이 원활해야 AI 혁신을 성공적으로 이룰 수 있다. 데이터 거버넌스가 비즈니스 전략 및 AI 혁신전략과 연결되도록 하는 것도 중요하다. 규모가 큰 회사에서는 보통 여러 비즈니스 라인에 걸쳐 데이터를 보유하고 있다. 여기에는 몇 가지 장점이 있다. 새로운 인사이트를 얻어낼 수 있는 다양하고 풍부한 렌즈를 갖고 있는 셈이고, 실제 다양한 데이터셋을 보유했을 때 더욱 다양한 AI 혁신모델을 구현할 수 있다는 점에서 긍정적이라고 볼 수 있다. 하지만 여러 부서에 단편화돼 있는 데이터가 하나로 통합돼야만 이러한 인사이트를 얻을 수 있다.

안타깝게도 기업 내 조직은 흔히 데이터 사용과 관련해서 장벽을 가지고 있다. IT 관련 부서나 고객관리 부서의 특정 인물만 데이터에 접근할 수 있고, 데이터를 이용하는 지원 파트에서는 접근이 불가능한 경우가 태반이다. 부서 간 장벽을 의미하는 사일로silo는 데이터 활용에 그대로 적용된다. 데이터 사일로는 적지 않은 잠재비용hidden cost을 발생시킨다. 데이터 작업 담당자가 데이터에 접속할 때마다 관련 부서에 접근 요청을 해야 하거나, 회사 내부에 분명히 존재하는 데이터를 이용하지 못할 경우 시간

데이터 사일로

적 손실이 생긴다. 요청해야 할 부서가 많을수록, 조직의 규모가 클수록 필요한 데이터를 찾기 위해 더 많은 시간 비용을 지불해야 한다. 뿐만 아니라 가용 데이터가 투명하게 확보되지 않으면 AI 혁신모델이 불완전해진다. AI로 비즈니스 가치를 창출하려면 특정 품질 및 수량에 관한 요구사항을 충족하는 데이터에 접근할 수 있어야 한다. 접근할 수 있는 데이터가 특정 영역에 격리돼 있거나 여러 부서의 데이터가 분산돼 통합을 못 이루면 인공지능 학습은 제대로 이뤄질 수 없다.

정보 보호도 물론 중요하다. 그러나 보호가 능사는 아니다. AI 혁신을 위해 데이터 활용과 정보 보호의 최적점을 찾아야 한다. 어려운 일이지만, AI로 가치를 최대한 끌어내는 동시에 정보 또한 안전하게 지킬 수 있는 데이터 거버넌스 체계를 갖춰야 한다.

〈MIT 슬론 매니지먼트 리뷰〉에 따르면 AI 혁신에 성공한 선도기업일

수록 이러한 거버넌스 체계가 잘 갖춰져 있다. 후발기업은 거버넌스 측면에서 취약점을 보였다. AI 혁신의 핵심요소인 데이터 통합을 잘 이룬 조직이 더 높은 혁신의 성과를 창출하는 것은 당연한 일이다.

문제는 리더십이다

AI를 포괄적으로 도입하고 역량의 통합을 이뤄내는 데 있어서 무엇보다 중요한 것은 리더의 역할이다. AI는 급진적 기술이기 때문에, 이 생소한 기술이 조직 전체에 자동적으로 스며들기를 기대한다면 어불성설이다. 익숙한 방식과 프로세스를 변경하면서 새로운 방식을 도입해야 하는 이 상황에서는 변화를 추진할 수 있는 동력이 필요하다. AI 혁신에 리더십이 필요한 이유가 바로 여기에 있다.

새로운 기술과 비즈니스 모델에 대한 과제 발굴, 협업 방식 수립, 사업 타당성 점검을 포함해 종합적인 관리 지원을 리더가 직접 추진해야 효과적이다. 리더가 AI 혁신의 후견인 역할을 해주지 못한다면 조직 내 통합은 요원해진다.

액센추어에 따르면 AI 혁신은 성공시키기가 어려운데, 그 이유 중 하나는 조직 통합이 어렵기 때문이다. 따라서 조직의 리더가 적절한 전략을 수립하는 것은 물론이고, 이 전략이 조직문화와 조화를 이룰 수 있도록 조정해야 한다. 이를 위해 수평적 조직문화를 마련하고 조직의 유연성을 높여야 한다. 상하 간 수평적 소통이 원활하게 이뤄질 수 있도록 리더가 먼저 소통에 앞장서야 한다.

AI 혁신은 기술에서 시작하지만 결국 사람에 의해 좌우된다는 명제는 조직관리 측면에서도 마찬가지다.

요약하기

AI 혁신의 효과를 극대화하기 위해서는 AI와 관련한 역량이 조직 전체적으로 통합돼야 한다. 그러기 위해 AI 기술을 통해 창출하는 성과의 목적이 기업 본연의 비즈니스 전략에 잘 통합돼야 하며, AI 기술을 이용해 혁신을 추진할 때 모든 과정이 원활하게 이뤄질 수 있도록 비즈니스 전반에 조정이 이뤄져야 한다. 또한 전 부서 차원의 협력체계와 원활한 데이터 활용을 위한 데이터 거버넌스 체계를 갖춰야 한다.

STEP 17

AI 협업체계를 구축하라

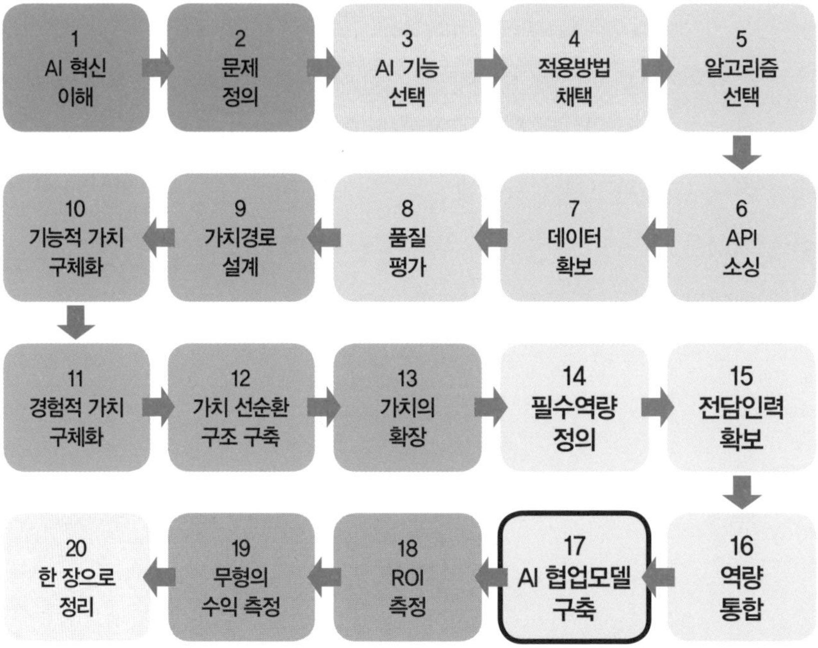

과제 ——— AI의 효과를 극대화하기 위해 인간과 AI의 효과적인 협업모델을 만든다.

> "AI 제품은 인간 전문가로부터 배우며
> 성장해나간다는 점에서 학생과 같다."
>
> **마커스 노가Markus Noga, SAP 머신러닝 부문 총괄**

AI-인간 협업의 중요성

AI 혁신과 관련해서 오해하지 말아야 할 것이 있다. AI 시스템을 확보했다고 해서 곧바로 AI 경쟁력이 생긴다고 생각해선 안 된다. AI 인재가 모여 혁신적인 시스템을 들여놓은 후 스위치를 켜면 그 즉시 마법 같은 일이 생기는 게 아니다. AI의 효과를 극대화하기 위해서는 AI와 AI 인재가 최적의 협업체계를 구축해야 한다.

〈하버드 비즈니스 리뷰HBR〉가 1,075개 기업을 대상으로 조사한 연구에 따르면, 회사 내에 인간과 AI의 협업체계를 많이 갖출수록 높은 성과가 나오는 것으로 드러났다. AI와의 협업체계가 체계적으로 수립되면 혁신의 속도, 비용절감, 수익창출 측면에서 유리하다.

〈HBR〉은 기존 인력을 대체하는 단순 인건비 절감 목적으로 AI를 도입하면 단기 효율성은 향상되지만 장기적으로는 생산성 향상에 한계가 크다는 점을 강조했다. AI의 속도, 효율성, 통찰력 등 기술적 이점이 사람의 리더십, 팀워크, 창의성 및 관계 기술과 잘 결합될 때 시너지가 창출되고 비즈니스 경쟁력을 높일 수 있다.

AI – 인간 협업체계와 성과의 관계

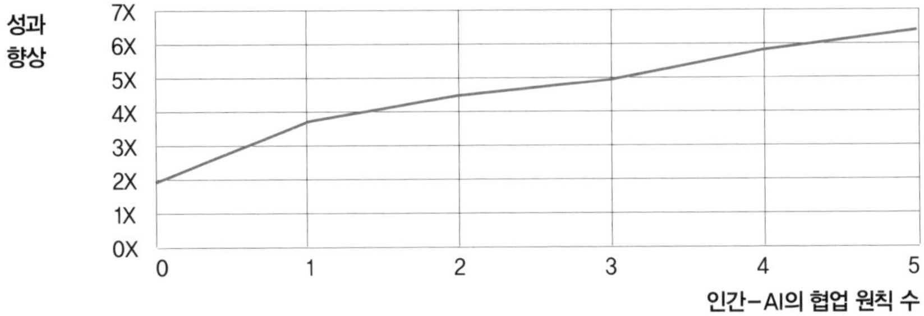

출처: Harvard Business Review Collaborative Intelligence: Humans and AI Are Joining Forces, 2018

액센츄어 연구원 제임스 윌슨James Wilson과 폴 도티Paul Daugherty는 AI와 인간의 협업모델을 두 종류로 나눴다. 지원 주체가 누구냐에 따라 'AI가 인간을 돕는 모델'과 '인간이 AI의 활동을 지원하는 모델'로 구분된다.

AI – 인간의 협업 방식

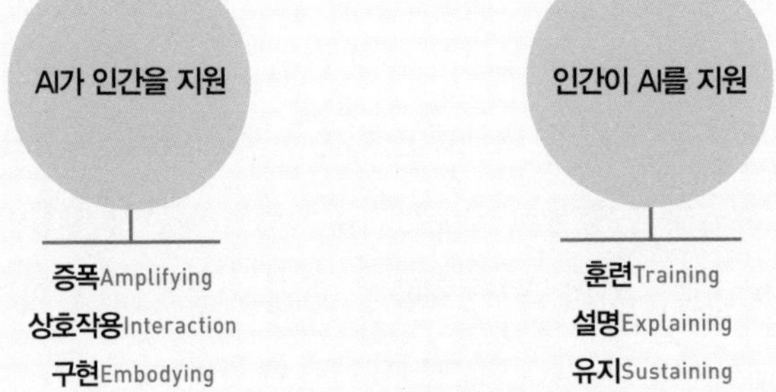

출처: Harvard Business Review Collaborative Intelligence: Humans and AI Are Joining Forces, 2018

AI가 인간을 지원하는 협업모델

증폭

첫 번째 방식은 AI가 인간을 돕는 형태의 협업 방식이다. AI는 사람의 역량을 증폭시키는 방향으로 지원할 수 있다. 인간에게 적절한 정보와 지식을 제공해서 인간의 분석 및 의사결정 능력을 향상시킬 수 있다. 고급 모터사이클 업체인 할리데이비슨Harley-Davidson은 AI 기반 마케팅 플랫폼 앨버트Albert를 뉴욕 사업부에 도입했는데 각 고객의 기본 정보나 활동 등의 속성을 기반으로 구매 가능성을 예측해 가용고객을 가려내는 데 도움을 얻었다. 이를 토대로 세일즈 리드sales lead, 즉 구매 가능성이 높은 고객을 무려 2,930%나 확장시켰다. 할리데이비슨의 영업 인력은 AI 시스템을 통해 얻은 이 정보로 영업 성과를 대폭 높일 수 있었다.

또한 콤파이트Kompyte는 경쟁사를 분석해서 자사의 마케팅 전략 수

경쟁사 분석 서비스 콤파이트

출처: Kompyte.com

립에 중요한 정보를 제공하는 서비스를 내놨다. 제품 마케팅, 웹 활동, 검색 및 콘텐츠 마케팅 등 경쟁사의 활동을 다양한 각도로 모니터링해서 주요 정보를 제공한다. 이 제품을 이용하는 기업의 마케팅 및 제품기획 담당은 이를 기반으로 제품 차별화 전략을 보다 효과적으로 수립할 수 있다.

상호작용

고객 혹은 직원과 상호작용을 해서 수준 높은 작업을 수행할 수 있도록 지원하는 것도 AI가 인간을 지원하는 협업 방식이다. IBM 왓슨을 도입한 세무법인 H&R블록은 상호작용을 통해 세무사들의 업무성과를 높인다. 세무 관련 법안이나 규정은 계속해서 바뀌고 그 양도 방대하기 때문에 세무사들도 모든 내용을 파악하기가 어렵다.

왓슨은 머신러닝 알고리즘을 사용하여 미국연방 세금코드와 수천 가지 세법 변경사항을 분석하며, 세무사가 확인하고 싶어 하는 수많은 질의에 대한 정확한 정보를 빠르게 제공한다. 또한 세무사가 놓칠 수 있는 정보도 쉽게 찾아낸다. 고객 역시 세무와 관련된 수많은 질문을 이 세무 시스템으로 쉽게 해결할 수 있다.

물론 AI 시스템이 모든 문제를 해결하는 것은 아니다. 시스템이 해결할 수 없는 문제는 세무사에게 넘기고 해당 문제를 해결하는 과정을 통해 문제해결 방법을 배운다. 이러한 상호작용을 통해 질 높은 서비스를 만들어간다.

구현

다음은 인간의 기술을 구현하여 인간의 능력 범위를 확장하는 방법이다. 예를 들어, 매장 내 재고를 관리하는 보사노바 로보틱스Bossa Nova Robotics의 매장관리 로봇은 마트를 일일이 돌아다니며 재고 상황을 파악하는 인간의 역할을 그대로 수행한다.

이 로봇은 사람이 매장을 돌아다니면서 물품을 확인하는 기능과 프로세스를 구현하는데, 3D 영상으로 주변을 스캔해서 물품의 현황을 기록하고 가격, 제품 배치의 오류를 체크한다. 라벨에 찍힌 가격이 정확한지 확인하고 잘못되거나 누락된 라벨을 수정하는 작업도 한다. 이 로봇은 정확한 스캔 능력과 이동 능력을 바탕으로 시간 소모적인 재고관리 업무를 수행한다.

인간이 AI를 지원하는 협업모델

그다음은 인간이 AI를 지원하는 방식이다. 도입 후 AI가 꾸준한 효과를 내기 위해서는 인간의 다양한 지원이 필요하다. 이러한 협업 역시 AI 혁신의 성과를 높이기 때문에 중요한 협업모델이다.

훈련

AI는 끊임없는 학습과 훈련을 필요로 한다. 데이터를 통해 작업 수행방법을 가르쳐야 알고리즘이 작동한다. 예를 들어, 페이스북은 MRI 스캔을 열

배나 빠르게 수행할 수 있는 인공지능 기술 '패스트 MRIfast MRI'를 개발했다. 환자 사진을 토대로 종양을 발견해내는 시스템이다.

이 시스템이 작은 종양을 빠뜨릴 위험을 줄이는 게 중요한데, 정확도를 높이려면 인간에 의한 훈련이 필요하다. 사람이 1만 명 임상환자의 MRI 영상 300만 건을 포함한 방대한 데이터를 주입해서 학습을 시켰고, 그로써 15분 내에 정확한 스캔을 해내는 시스템이 구현됐다.

설명

AI의 단점 중 하나는 결과가 어떻게 나왔는지 설명하기 어렵다는 점이다. 그래서 딥러닝의 처리 과정은 블랙박스 상태다. 딥러닝이 수많은 데이터로 학습을 하고 정확하고 빠른 예측을 해내고는 있지만, 어떠한 원리로 예측

페이스북의 패스트 MRI를 도입한 NYU 의대

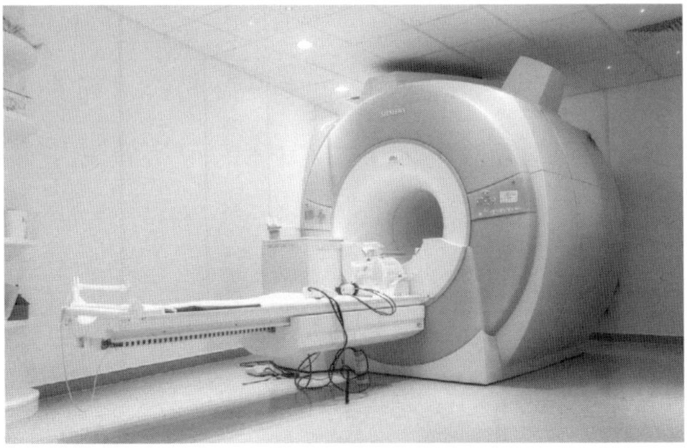

출처: 뉴욕대학교

을 하는지는 과학자나 엔지니어도 알지 못한다.

AI를 현업에 유용하게 활용하려면 작동원리를 해설해줄 전문가가 필요하다. 특히 법이나 의료 등 전문지식이 요구되는 영역에서는 이 역할이 더욱 중요하다. 가령 자율주행 자동차가 사람을 쳐서 사고를 냈다면 법적 절차를 밟는 과정에서 이 차량이 왜 사람을 피하지 못했는지를 설명해야 한다. 당연히 시스템의 구동방식에 대한 설명이 필요하다.

한편, AI를 통한 신용대출이 이뤄졌다면 대출 지원이 어떻게 결정됐는지 설명해야 할 수도 있다. 실제 유럽에서는 소비자가 알고리즘 기반의 금융서비스를 받는 경우 '개인정보보호 규정General Data Protection Regulations, GDPR'에 의해 그 과정에 대한 설명을 받을 권리가 있다고 강조한다. 이 요건을 충족시키려면 알고리즘 결정 과정을 설명할 수 있는 전문가가 사내에 있어야 한다는 뜻이다.

유지

AI의 유용성을 지속시키려면 AI가 적절하고 안전하게 사용되도록 유지·관리하는 역할이 필요하다. 언론에 많이 회자된 사례를 들어보겠다.

아마존에서 머신러닝 기반으로 500대 컴퓨터를 동원해 구직자의 지원서를 5만여 개 키워드로 분석했고 이를 채용 과정에 활용했는데, 학습한 지 1년여가 지나자 이 시스템이 경력 10년 이상의 남성 지원자만 후보로 고르기 시작했다. 그동안 IT 기업 지원자 중에 남성이 압도적으로 많았기 때문에, 이런 데이터를 바탕으로 한 AI가 남성 편향적으로 서류를 분석한 것이다. 이러한 편향성이 사업의 질을 떨어뜨리지 않도록 관리할 필요가 있다.

이와 함께 데이터 컴플라이언스data compliance 담당자는 AI 시스템에 사용되는 데이터가 소비자보호 규정을 준수하고 있는지 개인정보를 침해하지 않았는지 면밀하게 확인해야 한다. AI 시스템이 인간의 안전을 보장하도록 관리해야 할 필요도 있다. 자율주행차가 사람을 치지 않고 안전하게 운행되도록 성능과 의사결정 과정을 관리해야 하고, 산업용 로봇이 주변 사람을 인식해 사람이 위험에 처하지 않도록 주의를 기울이게 해야 한다.

알고리즘, 데이터 등의 기술과 이를 사용하는 인력이 유기체처럼 상호작용하면서 끊임없는 학습으로 점점 발전해나가도록 AI 혁신을 추진하는 게 좋다. 따라서 AI 역량을 고려할 때, 인공지능 전문인력 확보에 신경을 쓰는 것도 물론 중요하지만 인력과 AI 기술이 어떻게 시너지를 낼지에 대한 협업모델을 설계하는 것이 더 중요할 수 있다.

독자적인 AI 협업모델을 마련하라

AI가 조직 내에서 힘을 발휘하려면 조직의 특성과 문화에 맞는 최적의 AI 협업모델을 만드는 것이 중요하다. 조직마다 다양한 협업모델을 설정할 수 있다. 의사결정 상황을 예로 들자면, AI가 판단에 필요한 기초자료를 준비하고 인간이 최종 결정을 내리는 방식이 있을 수 있지만, 이와 반대로 내부 인력이 큰 그림을 그려 선택할 수 있는 옵션을 마련하고 AI 시스템이 최적

계산을 통해 객관적인 결정을 할 수도 있다. 신기술 투자에 대한 분석 업무를 한다면, 경영자는 주어진 조건과 투자 고려사항을 살펴 인공지능 알고리즘이 분석할 방향을 제시할 수 있다. 머신은 경영자가 제시한 큰 방향에 맞추어 산업분석, 기업 재무분석, 향후 시장흐름 추이 등을 빠르게 분석해내고, 필요하면 기본 보고서를 학습해 새로운 보고서를 만들어내기까지 할 수 있다. 이러한 협업이 원활하게 이뤄지려면 협업을 어떤 방식으로 할지 구체적으로 설계해야 한다. 이러한 협업모델이 원활히 실현될 수 있도록 유연한 조직구조와 조직문화를 마련하는 것도 필요하다.

AI 기능을 단순히 IT 시스템의 일종으로만 치부하는 것은 위험하다. AI는 어쨌거나 내부인력이 해오던 일 혹은 해야 할 일과 밀접한 관련이 있을 수밖에 없다. AI는 인적자원을 돕는 또 하나의 시스템 자원이기 때문에, 이 자원의 역할과 범위를 어떻게 정의하느냐는 인적자원에 대한 관리와 맞물려 이뤄진다. 따라서 큰 범주에서 AI의 협업모델은 인적자원 관리에 포함된다고 해도 과언이 아니다.

요약하기

AI 혁신의 성과를 극대화하기 위해서는 AI 기술과 인재가 서로의 강점을 효과적으로 발휘할 수 있는 협업체계가 구축돼야 한다. AI와 인간이 협업하는 방법은 'AI가 인간을 돕는 협업모델(증폭, 상호작용, 구현 등)'과 '인간이 AI의 활동을 지원하는 협업모델(훈련, 설명, 유지 등)'로 구분된다. AI 기술과 인력이 유기체처럼 상호작용하면서 끊임없는 학습을 통해 점점 발전해나가도록 설계해야 한다.

6장

수익을 어떻게 창출할 것인가

AI Business Model

STEP 18

혁신의 ROI를 측정하라

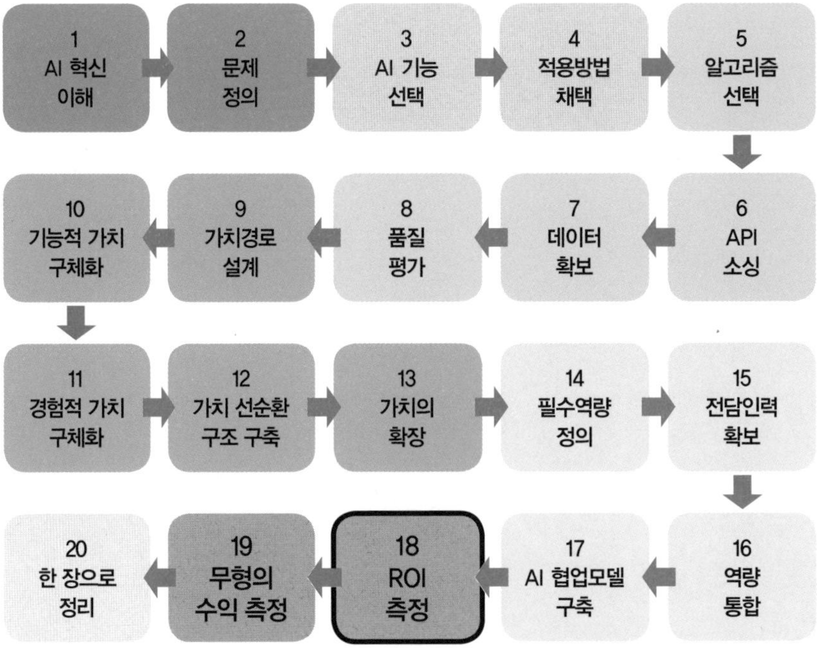

과제 ______ AI 혁신에 투입되는 비용과 이로 인해 창출되는 수익을 측정하여, ROI를 계산하고 혁신의 경제적 가치를 파악한다.

"엔지니어가 갖춰야 할 중요한 자질은 기술을 숫자로 설명할 수 있는 능력이다."

피터 드러커

왜 ROI인가?

자, 지금까지 AI 기술로 창출할 수 있는 기술적 가치, 기능적 가치, 경험적 가치를 살펴봤다. 이를 통해 사용자경험을 획기적으로 바꾸는 것이 AI 혁신이다. 그런데 따져봐야 할 가치가 하나 더 있다. 바로 경제적 가치 economic value다. 이를 함축적으로 보여주는 것이 바로 ROI다. ROI는 AI 혁신에 들어간 투자 대비 수익을 얼마나 거뒀는지에 대한 수익률을 의미한다. AI 혁신을 수월하게 추진하기 위해서는 ROI를 잘 따져봐야 한다. 여기에는 몇 가지 이유가 있다.

혁신의 경제적 가치를 확인

가장 기본적인 이유다. 추진하고 있는 AI 혁신의 수익성을 확인to see하기 위해서다. 혁신이 성공하려면 혁신에 참여하는 모든 구성원이 추진하는 결과에 확신을 가져야 한다. 전망이 아무리 좋다 해도 수익이 얼마나 되는지도 모르고 혁신에 투자하는 것은 무모하다. 기업은 수익을 창출해야 하는 조직이기 때문에 혁신의 수익성을 극대화하는 것은 중요한 임무다. 사용자에게 특별한 경험적 가치를 제공하는 것이 AI 혁신의 목적이 돼야 한다는 이야기는 여러 차례 강조했다. 하지만 경험적 가치는 경제적 가치 없이는 계속되기 어렵다. 프로젝트의 수익성을 높이기 위해 무엇을 개선을 해야 하는지 방향성을 갖기 위해서도 ROI는 중요하다.

이해관계자에게 혁신의 가치를 증명

기술혁신 프로젝트를 진행할 때는 틈틈이 그 필요성을 입증to show해야 한다. 혁신의 규모를 확장할 때, 투자를 이끌어낼 때 등 이 프로젝트가 왜 필요한지를 설명해야 한다. AI 혁신은 새로운 기술을 적용해서 새로운 궤도를 만들어내는 급진적 혁신이다 보니 불확실성이 크다. 혁신의 가치를 가장 객관적이고 압축적으로 보여줄 수 있는 게 바로 ROI다.

ROI는 한편으로는 프로젝트의 이미지를 형성한다. 얼마나 추진 가치가 있고, 회사에 대한 기여도가 높은지를 숫자 하나로 설명한다. 물론 환경적 요인에 의한 리스크, 혁신제품에 대한 주관적 가치 등 ROI가 설명하지 못하는 요인도 많다. 하지만 프로젝트를 추진하거나 그에 투자할 만한 가치가 있는지를 가장 강력하게 설명해줄 수 있는 지표임에는 분명하다. 특히 AI 혁신은 기존의 제품 및 서비스와 다른 새로운 종류를 개발하는 프로젝트이기 때문에 회사 전체 방향과 동떨어져 보이기 쉽다. 이럴 때도 프로젝트의 가치를 어필해야 하는데 회사의 목표에 기여하며 전체 전략에 부합함을 설명할 수 있는 중요한 연결고리가 바로 ROI다.

가장 현실적인 이유다. 혁신 프로젝트가 착수되고 지속적으로 이어지기 위해서는 조직 내외부의 재정적 지원이 지속돼야 한다to sustain. 하지만 프로젝트의 수익성에 대한 수치를 제시하지 못하면 재정적 지원을 받기가 어렵다. 아이디어의 예상수익이 뚜렷하지 않으면 사람들은 투자를 꺼리는 법이다. 많은 조직에서 프로젝트 수익성을 간과한다. ROI가 명확하게 제시되지 않으면, CEO 및 CFO 등 중요한 의사결정자에게 프로젝트를 어필하는 데 실패할 수 있다.

최고경영진의 지지를 끌어내기 위해서만이 아니다. 더 중요한 것은 중간관리자다. 경영자가 프로젝트를 승인했다 해도 일반적으로 중간관리자는 프로젝트의 잠재가치를 못 알아볼 수 있다. 프로젝트에 대한 명분을 확인하지 못한다. 이 프로젝트가 회사 및 부서의 목표와 어떻게 연결되는지를 보여줘야 프로젝트에 임하는 중간관리자의 태도가 달라진다. ROI가 이 공백을 채우는 중요한 역할을 한다.

외부 파트너와 제휴를 맺고 투자 피칭을 할 때도 ROI는 필수요소다. AI 프로젝트의 경제적 가치를 명확하게 보여주지 않으면 파트너십이나 투자를 유치하기 어렵다. 누구도 결과가 불확실한 프로젝트에 관여하느라 시간을 낭비하고 싶어 하지 않는다. 반면 정확하고 높은 수익성은 파트너를 끌어오는 역할을 한다.

비용과 수익 역시 혁신 전략이다

ROI는 투자에 대비해 수익이 얼마나 많은지를 추정한다. 사용자에게 특별한 경험적 가치를 제공한다는 AI 혁신의 목표를 이루기 위해 비용을 얼마나 투입해야 하는지, 그로써 얻을 수 있는 수익이 얼마나 되는지를 파악해야 한다. ROI의 체계적 관리는 AI 혁신의 성패에 영향을 준다.

AI 혁신의 선도기업은 혁신 프로젝트의 ROI를 체계적으로 관리한다. 액센츄어에 따르면 AI 선도기업의 94%가 ROI를 체계적으로 추적 관리하는 데 반해 후발기업은 47%에 그치는 것으로 나타났다. 예를 들어 머신러닝 기반의 재고관리 시스템을 도입할 때 ROI를 잘 관리하면 판매율, 적정재고율, 수익성을 수시로 확인 및 예측할 수 있다. 모든 담당자가 업무와 그로 인한 재무적 결과를 확인할 수 있어 시스템의 효용이 높아진다.

선도기업 및 후발기업의 체계적 ROI 관리 현황

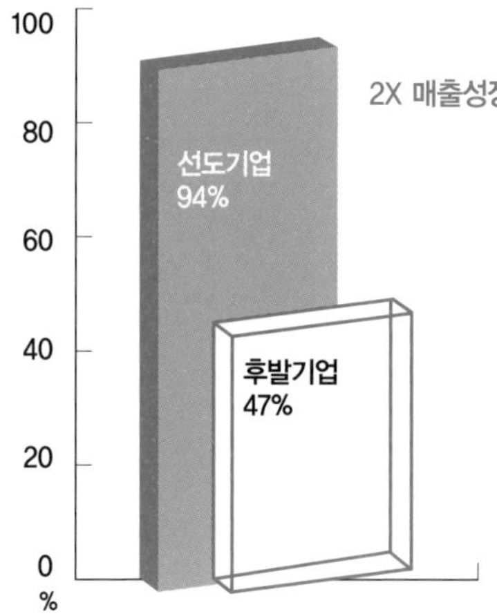

출처: 액센츄어, How to scale innovation and achieve full value with Future Systems, 2019

혁신 비용과 수익을 상세히 파악하라

ROI를 체계적으로 관리하려면 먼저 AI 혁신에 지출되는 비용을 명확하게 파악해야 한다. 기술개발을 위한 R&D에 들어가는 지출만 해도 기술지원, 문제해결, 제품 재구성 및 품질 테스트 등 다양한 항목이 포함된다. AI 혁신은 단순한 R&D보다 훨씬 광범위하다. 기술개발과 관련한 항목뿐 아니라 고객과의 관계 구축, 직원 교육, 파트너 회사와 제휴 등 다양한 분야에서 지출이 이뤄져야 한다. 따라서 AI 혁신에 소요되는 모든 비용 요인을 따져봐야 한다. 이러한 비용은 측정 가능measurable해야 한다. 다음은 AI를 도입할 때 고려해야 할 기본적인 비용이다.

- 알고리즘 등 기술개발 비용
- 하드웨어 구입 및 관리비
- 데이터 분석툴 등 S/W 구입 및 관리비
- 외부 API 이용 수수료
- 데이터 확보 및 관리 비용
- 모델 테스트 및 관리 비용
- 기술 및 제품 개발에 투입되는 인건비
- 마케팅 및 홍보비
- 기타 혁신에 투입되는 모든 비용

이와 함께 AI 혁신으로 수익성을 높일 수 있는 요인을 철저히 파악해야 한다. 수익의 원천은 제품이나 서비스 판매가 될 수 있다. 회원제라면 연회비 또는 월회비가 수익의 원천이다. 사용자가 많은 플랫폼 형태의 서비스라면 광고수익도 중요한 원천이다. 그 밖에 지적재산권 사용료 수익, 투자 및 임대 수익 등을 고려해볼 수 있다. 수익성을 높이는 또 다른 방법으로는 무엇이 있을까?

수익성의 기본은 가격이다. AI를 통해 신기능이 추가되고 품질이 좋아지면 가격을 높일 명분이 생긴다. 가격은 수익성을 좌우하는 가장 기본적인 요소이기 때문에 높은 가격을 통한 수익성 향상을 고려해볼 수 있다. 기존 제품 및 서비스와 유사한 가격으로 혁신제품을 제공한다면 더 많은 고객을 유치할 수 있다. 판매량 증가 또한 수익성을 높이는 요인이다. 대규모 고객 유치에 성공한다면 광고수익 등 부가적인 간접이윤 획득도 고려해볼 수 있다. AI의 개인 맞춤화를 통해 개별 사용자의 구매율이 높아지면 이 역시 수익성을 높이는 요인이 된다. 이처럼 AI 혁신으로 창출 가능한 수익을 추정해야 한다. 이러한 요인 역시 측정 가능해야 한다. AI를 이용해 수익을 제고할 수 있는 요인을 몇 가지 예시로 정리하면 다음과 같다.

- AI 기반의 프리미엄 가격으로 고마진 추구
- 고도의 성능으로 시장성 높여 판매량 제고
- AI를 통한 개인 맞춤화로 충성고객 확대
- AI 추천서비스 등으로 인당 구매율 제고
- AI 자동화로 효율성 · 생산성 높여 투자수익성 제고

- 거대고객 기반으로 간접이윤 창출(ex. 광고수익)

AI 혁신은 참고할 만한 유사 사례가 없다는 특징이 있다. 따라서 혁신과 관련한 비용 및 수익의 내역을 정리할 때에는 델파이 기법Delphi Method을 권장한다. 델파이 기법이란 1974년 미국에서 개발된 일종의 분석기법으로 전문가 집단의 의견을 조합해 결론을 도출해내는 방법이다. AI 기술 전문가뿐 아니라 산업 및 비즈니스 전문가의 의견을 토대로 중요한 비용 및 수익 내역을 파악하는 게 좋다.

수익성을 계산하라

ROI는 비용과 수익을 분석cost-benefit analysis하는 것이다. 파악하고자 하는 기간 동안 누적된 순효과(수익에 해당)를 누적된 비용으로 나눠 계산한 비율이다. 스타트업이나 혁신 프로젝트는 보통 누적 기간을 5년 이내로 잡는다. 기본 공식은 다음과 같다.

$$ROI(\%) = \frac{(\text{누적 순효과})}{(\text{누적 비용})} \times 100$$

만일 10억 원의 비용을 투자했는데 5년 동안 누적 35억 원의 순수익을 창출했다면 ROI는 350%다. 그런데 여기서 문제가 있다. AI 혁신은 변동성이 큰 프로젝트인데 이렇게 계산한 ROI에 5년 동안의 변동에 대한 리스크가 전혀 고려되지 않았다. 따라서 이러한 점을 고려하여 좀 더 현실적으로 계산하기 위해 리스크조정 ROIrisk-adjusted ROI를 계산할 수 있다. 이는 ROI의 기본 공식에 NPVNet Present Value 방식을 적용한 것이다. 즉 다음과 같은 공식으로 변형된다.

$$\text{리스크조정 ROI(\%)} = \frac{\text{(NPV를 적용한 누적 순효과)}}{\text{(NPV를 적용한 비용)}} \times 100$$

NPV는 미래에 발생할 수익에 적정 할인율(%)을 적용해 현재가치로 환산하는 것이다. 연도별로 수익의 현재가치에서 비용의 현재가치를 뺀 값을 모두 더한 것이 NPV다. 여기서 비용이 초과될 리스크 혹은 순이익의 변동 가능성에 따라 할인율을 적용해 리스크를 수익성에 반영한다. 만일 변동성이 크거나 리스크가 높다면 더 높은 할인율을 적용한다. 그러면 ROI는 낮아지지만 예상치 못한 비용 초과가 발생해도 그 부분을 보상하기에 충분한 성과를 낼 프로젝트를 선정할 수 있다.

그럼 한번 계산을 직접 해보자. 머신러닝 기반 수요예측 시스템을 도입했다고 하면 다음과 같이 수익률을 추정할 수 있다. 기초자료와 표를 함께 제시했다.

수익을 나타내는 총효과는 5년 동안 20억 원이며, 비용을 차감한 순효과의 누적분은 10억 5,000만 원이다. 누적 비용은 5년 동안 9억 5,000

머신러닝 기반 수요예측 시스템 도입에 대한 ROI 분석(단위: 100만 원)

ROI 분석	초기	1년 차	2년 차	3년 차	4년 차	5년 차	합계
총효과		200	300	400	500	600	2,000
누적효과		200	500	900	1,400	2,000	
순효과(현금흐름)	-500	-50	250	350	450	550	**1,050**
누적효과(5년)	-500	-550	-300	50	500	**1,050**	
NPV를 적용한 순효과	-500	-46	214	278	331	374	651
총비용	500	250	50	50	50	50	**950**
누적비용	500	750	800	850	900	**950**	
NPV를 적용한 비용	500	231	43	40	37	34	885
NPV	651						
ROI	111%						
리스크 조정 ROI	74%						
할인율	8%						

만 원이다. ROI는 누적 순효과를 누적 비용으로 나누는 것이므로 111%로 계산된다.

이는 AI 시스템을 통해 5년 동안 투자 비용의 111%에 해당하는 현금흐름을 창출했다는 의미다. 하지만 여기에 미래에 발생할 리스크는 전혀 반영되지 않았다. 이를 감안해 좀 더 현실성 있는 수익률을 계산하기 위해 리스크조정 ROI를 추정해보자.

NPV는 5년 동안 발생하는 수익 및 비용에 할인율(%)을 적용해 현재 가치로 환산하는 것이다. 리스크를 반영할 할인율을 8%로 잡을 경우, 이를 적용한 순효과의 NPV는 6억 5,100만 원이며, 비용의 현재가치 누적분은 8억 8,500만 원이다. 이를 토대로 리스크조정 ROI를 계산하면 74%가 나온다. 리스크를 반영하여 수익률을 보수적으로 계산했기 때문에 기존 ROI에 비해 그 수치가 낮다. 할인율은 업종에 따라, 그리고 경영환경에 따라 다르게 정할 수 있으나 산출 근거는 명확하게 제시하는 게 바람직하다.

이렇게 AI 혁신의 수익성을 수치로 나타내면 추진하는 혁신의 경제적 가치를 구성원 모두가 확인해 얼마나 의미 있는 프로젝트인지 인지할 수 있고, 새로운 혁신의 중요성을 어필하는 데에도 도움이 되며, 내외부에서 각종 투자금을 유치하는 데도 유용하다. 각자 가지고 있는 참신한 아이디어를 숫자로 계산해낼 수 있기를 바란다.

요약하기

AI 혁신을 수월하게 추진하기 위해서는 AI 혁신에 들어간 투자 대비 수익을 얼마나 거뒀는지에 대한 수익률을 의미하는 ROI를 잘 따져봐야 한다. 추진하는 혁신의 경제적 가치를 확인하기 위해서, 의사결정자나 투자자에게 이 혁신이 왜 가치 있는지를 입증하기 위해서, 그리고 이해관계자들에게 지속적인 지원을 받으면서 혁신을 지속하기 위해 ROI는 중요한 역할을 한다. AI 혁신에 투입되는 비용이 어느 정도인지 파악하고 이를 통해 얻을 수 있는 수익이 얼마나 되는지 상세히 파악하고, 이를 기반으로 ROI를 측정한다.

STEP 19

보이지 않는 수익을 파악하라

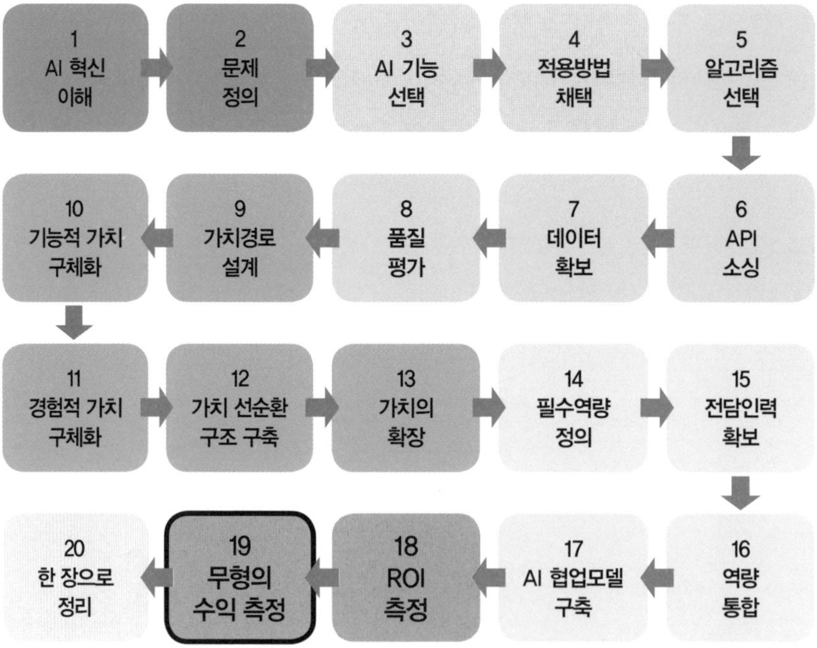

과제 ______ AI 혁신의 가치를 온전히 이해하기 위해 계량화되지 않는 이점까지 파악한다.

"많은 경우, 보이지 않는 무형의 이익이
눈에 보이는 모든 이익을 초월한다."

앨런 패트릭 Alan Patrick, **애자일 엘리펀트**Agile Elephant **대표**

급진적 혁신의 수익을 계산하는 법

기존의 기술 및 제품과 비슷한 기술 궤도 내에서 발전하는 점진적 혁신은 선형성, 연속성을 갖기 때문에 예측이 쉽다. 반면 새로운 기술 궤도에서 전혀 다른 종류의 기술과 제품을 창조하는 급진적 혁신은 비연속적이고 불확실성이 커서 예측이 어렵다. 급진적 혁신에 해당하는 AI 혁신의 가치는 쉽게 예측하기 어렵다는 의미다. AI 혁신의 가치를 평가하는 데 영향을 주는 요인을 정확히 가려내기도 어렵고, AI 혁신으로 인해 회사 내 다른 요인이 영향을 받는 동학적dynamic 변화도 예측하기 어렵다. AI 혁신의 가치는 단순하게 계산하기가 어렵다는 이야기다.

전체적 관점에서 수익을 고려하라

따라서 AI 혁신으로 얻을 수 있는 수익성은 전체적 관점으로 살펴봐야 한다. AI 혁신 자체의 수익뿐 아니라 이 혁신이 기존 비즈니스에 미치는 영향을 함께 고려해야 한다. AI 혁신에 성공한다면 기존 제품이나 서비스를 통해 지금껏 얻어온 수익을 희생하는 자기잠식carnivalization이 일어날 수 있다. AI 제품이 새로운 수익을 창출하지만 회사 전체적으로는 손실이 된다. 동종 기술 카테고리에서 AI 혁신을 추진하고자 한다면 자기잠식은 중요하게 고려해야 할 요인이다.

AI 혁신의 수익전략은 혁신 자체의 ROI뿐 아니라 자기잠식 요인을 포함한 전체적 수익성을 따져보며 수립해야 한다. 이렇게 AI 혁신이 가져오는 전체적인 영향을 고려해야 조금 더 합리적인 전략을 도출할 수 있다. 이를테면, 제품 수명주기 분석을 기반으로 기존 제품 및 서비스의 수익에 미치는 영향을 추정해보고 적절한 출시 타이밍과 혁신의 규모를 정하는 방식이다.

장기적 수익을 평가하라

장기적 관점에서 수익성을 판단할 필요도 있다. 시장에 영향을 많이 주는

혁신의 J 커브

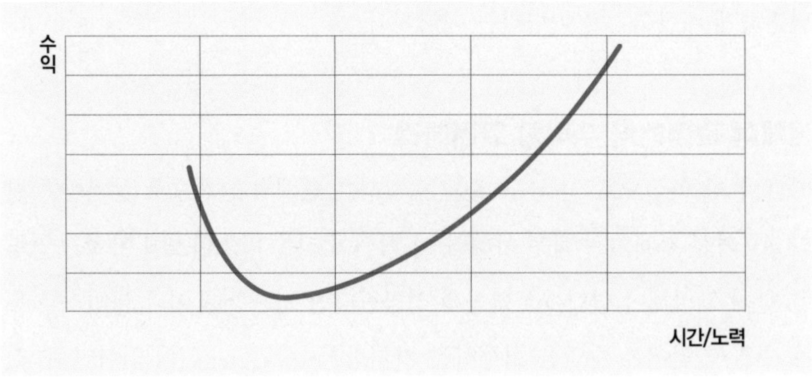

혁신기술도 초기에는 성능이 열악하며, 고객 유치가 어렵고 매출이 발생하지 않는다. 단기적으로는 투자에 비해 수익이 발생하지 않기 때문에 기업 전체적으로 손실을 불러올 수도 있다. 하지만 혁신에 성공하면 장기적으로 기존보다 더 큰 수익을 거둘 수 있다. 많은 혁신이 초기 손실을 극복한 이후 수익이 급상승하는 J커브의 형태를 띤다.

이 커브는 수익을 따질 때 장기적 관점이 필요하다는 것을 시사한다. 단기 수익은 불확실하지만 혁신은 장기 생존을 위한 대응책이 될 수 있다. 특히 산업의 변동성과 불확실성이 클 때 미래 수익에 대한 보험 역할을 한다. 선도기업은 발 빠르게 AI를 도입해서 단기적인 손실을 감수하더라도 장기적으로 시장의 불확실성에서 오는 거대한 손실 위험을 완화한다. AI 혁신을 추진할 때는 이렇게 종합적 관점을 가져야 한다. 특히 수익성을 추정할 때는 단기적인 면뿐 아니라 장기적인 면까지 고려해야 한다.

무형의 이익과 비용을 파악하라

ROI를 측정하려면 비용 및 수익 항목이 계량화돼야 한다. 하지만 혁신에는 가치를 계량화하기 어려운 무형의 이익과 비용이 존재한다는 사실을 기억해야 한다.

예를 들어, 병원에서 암 검진 정확도를 높이기 위해 AI 검진 시스템을 도입한 경우를 보자. AI 시스템은 의사와 다르게 여러 환자를 동시에 검진할 수 있기 때문에 검진 프로세스 속도가 대폭 빨라진다. 전체적인 의료 서비스의 시간이 단축되고 의사는 좀 더 중요한 의료 서비스에 매진하게 되어 전체적인 고객 충성도가 높아지고, 이러한 변화가 입소문을 일으켜 더 많은 환자를 끌어오는 선순환으로 이어질 수 있다. 이러한 이점은 측정하기 어려운 종류다.

또 다른 예로, AI 챗봇 시스템을 도입한 이후 조직 내부의 커뮤니케이션이 향상되고, 확인이 필요한 업무 내용이 AI 챗봇을 통해 쉽게 파악돼 업무의 질이 향상될 수 있다. 이러한 환경 개선으로 능률이 올라 직원들의 컨디션과 업무 몰입도가 개선될 수 있다. 이러한 개선점이 생기면 업무 생산성이 높아진다는 사실을 우리는 잘 알고 있다.

비용도 마찬가지다. 앞서 언급했듯이 새로운 혁신을 추진함으로써 기존의 가치를 희생해야 하는 잠식효과도 보이지 않는 비용이다. 또한 새로운 혁신을 시도할 때는 기존의 시스템을 유지하고자 하는 세력과 갈등이 발생하기 마련이다. 뿐만 아니라 불확실한 투자로 인해 조직원의 불안감이 가중돼 오히려 역동성이 떨어지는 경우도 얼마든지 생길 수 있다. 이 역시 손익계산서에는 나타나지 않는 무형의 비용에 해당된다.

이러한 무형의 이익과 비용은 쉽게 간과되는 경향이 있다. 때로는 보이지 않는 요인으로 인해 기업이 새로운 국면을 맞이하기도 하기에, AI 혁신이 만들어내는 무형의 이익과 비용을 함께 고려해야 한다. AI 혁신의 영향을 전체적, 장기적, 종합적으로 고려해야 AI 혁신이 창출하는 경제적 가치를 충분히 이해할 수 있다.

비용절감 vs. 수익확대, 무엇을 선택할 것인가

혁신의 수익성을 높이기 위해 사용할 수 있는 레버lever는 두 가지다. 바로 비용과 수익. AI 혁신도 마찬가지로 이 레버를 이용해 두 방향으로 움직일 수 있다. 하나는 AI 기술을 이용해서 비용을 낮추는 혁신, 다른 하나는 AI 기술을 이용해서 수익을 높이는 혁신이다. 어느 혁신이 회사의 장기적 이익에 도움이 될까?

〈MIT 슬론 매니지먼트 리뷰〉에 따르면 AI 도입에 적극적인 선도기업일수록 비용절감보다는 수익창출에 초점을 맞춰 AI 혁신을 진행하는 것으로 나타났다. 반면 후발주자일수록 비용절감을 위한 소극적 혁신을 하는

AI 혁신의 중점 방향에 따른 성과 차이

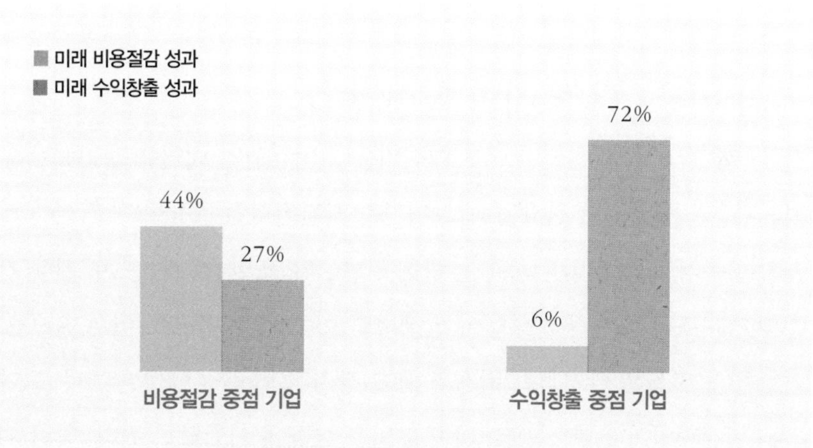

출처: MIT 슬론 매니지먼트 리뷰,
Winning With AI, https://sloanreview.mit.edu/projects/winning-with-ai/

경향이 있다. 시간이 흐른 후 이익의 결과는 뚜렷이 나타났다. 비용절감에 중점을 두고 AI를 도입한 기업은 그 이후 44%의 비용절감 효과를 거뒀고 수익창출 효과는 27%밖에 거두지 못했다. 반면 과거 수익창출에 중점을 두고 AI 도입을 한 기업은 이후에 비용절감 효과는 6%로 미미했지만 수익창출 효과는 무려 72%로 높게 나타났다. 즉 비용절감에 중점을 두는 AI 혁신은 그 취지대로 어느 정도의 비용을 줄이는 데는 성공하지만 수익성에서는 커다란 효과를 내지 못한다. AI로 수익을 거둔 경험이 있는 기업은 그 잠재성을 인식, 수익창출에 더 큰 기대감을 갖는다.

요컨대 비용과 수익의 조절로 경제적 가치가 창출되지만 AI 혁신은 장기적으로 비용절감보다는 수익창출에 초점을 맞추는 게 유리하다. 이 점을 수익화 전략에 고려해야 한다.

혁신 비용-편익 내역 알아보기

지금까지 살펴본 내용을 토대로 혁신비용과 혁신편익 내역을 정리해보자. 혁신비용은 혁신을 추진하는 데 들어가는 직간접적인 비용이다. 혁신에 지출되는 측정 가능한 비용 항목을 이곳에 넣는다. 또한 AI 혁신으로 인해 기존 비즈니스의 자기잠식 요인이 발생하면 이 또한 비용으로 인식, 이곳에 기입한다. 비용은 단기적인 비용과 함께 장기적 비용도 함께 넣는다. 그다음은 혁신편익이다. 혁신으로 얻는 수익을 이곳에 기입하면 된다. 혁신 제품 및 서비스를 통해 직접적으로 창출되는 수익과 함께 광고 같은 간접수

AI 혁신 비용 – 편익 내역

혁신비용	혁신편익
• 혁신을 추진하기 위해 투입되는 비용 • 기존 비즈니스 잠식 비용 • 단기 비용 • 장기 비용 • 기타	• 혁신을 통해 창출되는 수익 • 간접 수익 • 단기 수익 • 장기 수익 • 측정 가능한 수익 • 무형 이익 • 기타

익도 함께 기입한다. 측정 가능한 수익의 원천뿐 아니라 측정이 어려운 무형의 이익도 함께 넣는다.

요약하기

AI 혁신의 경제적 가치를 조금 더 확실히 이해하기 위해서는 전체적, 장기적, 종합적으로 고려할 필요가 있다. 즉 AI 혁신 자체의 수익뿐 아니라 AI 혁신으로 인한 기존 비즈니스의 잠식비용을 포함해 전체적 수익성을 따져 볼 필요가 있다. 또한 혁신이 가져오는 단기적 수익뿐 아니라 장기적 수익을 동시에 고려해야 한다. 측정 가능한 비용 및 수익 항목과 더불어 그 가치를 계량화하기 어려운 무형의 수익과 비용도 고려해야 한다.

7장

한 장으로 만드는 AI 비즈니스 모델 캔버스

AI Business Model

STEP 20

모든 아이디어를 한 장에 정리하라

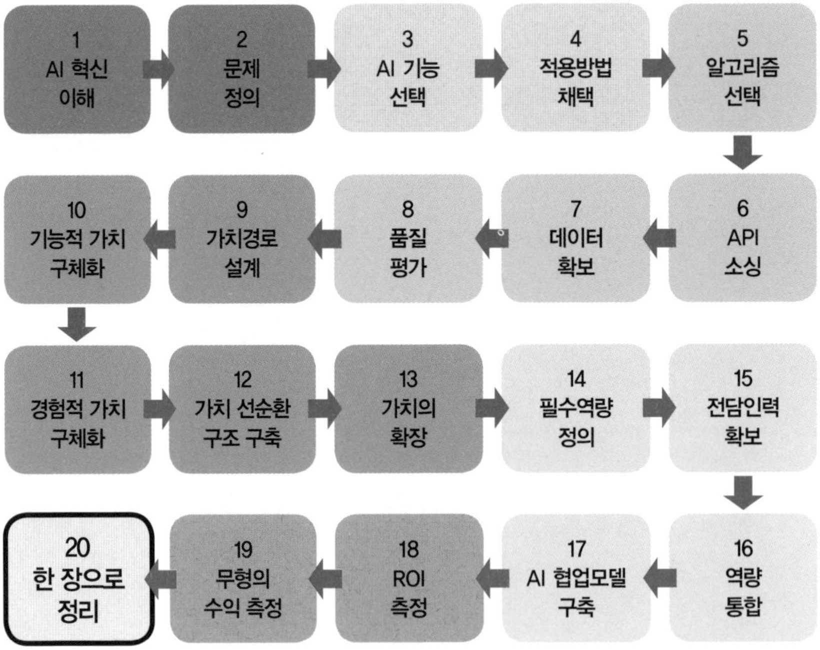

과제 ______ AI 혁신에 대한 아이디어를 최종적으로 AI 비즈니스 모델 캔버스AI Business Model canvas에 정리한다.

"세상을 바꾼 많은 아이디어가
냅킨 한 장의 메모에서 시작됐다."

예스 피그누어 Yves Pigneur, **스위스 로잔대학교 교수**

한 장으로 정리하기란?

AI 혁신은 인공지능 기술을 이용해 고도화된 기능을 구현하고, 새로운 가치를 창출하여, 사용자경험을 혁신하는 과정이다. 이를 위해 AI의 특성을 고려해 다양한 방법으로 아이디어를 발전시켜왔다. 이제 이것을 한 장에 정리해야 한다(AI 비즈니스 모델 캔버스). 한 장 정리에는 몇 가지 장점이 있다.

- FAST - 혁신 아이디어를 빠르게 정립하기 위해
- CONCISE - 성공적인 혁신을 위한 핵심요소를 검토하기 위해
- EFFECTIVE - 내외부 이해관계자와 효과적으로 아이디어를 공유하기 위해

AI 혁신을 위해 고려해야 할 사항은 매우 많은데, 핵심요소로 구성된 서식이 있으면 아이디어를 신속하게 정리하는 데 도움이 된다. 혁신을 진행할 때 중요한 고려사항을 빠뜨리지 않기 위해서라도 핵심요소가 담긴

AI 비즈니스 모델 캔버스

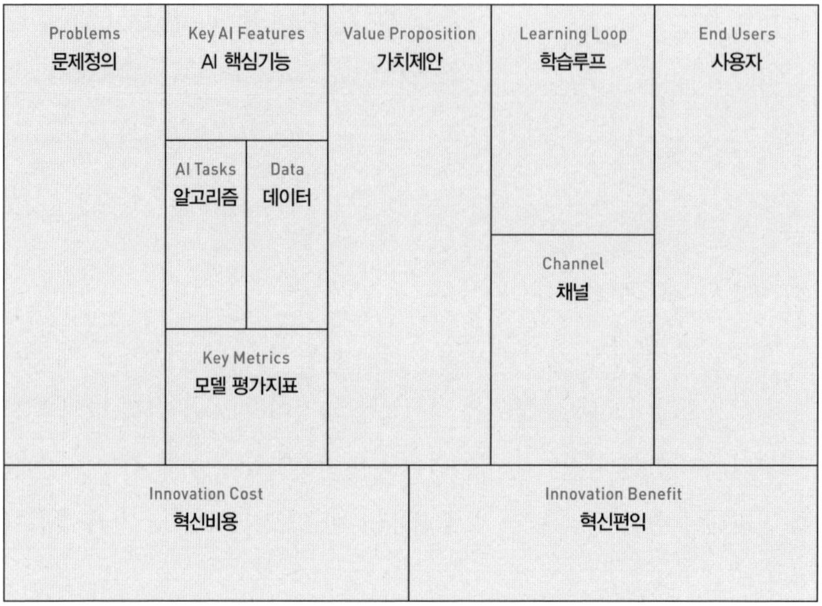

'AI 비즈니스 모델 캔버스'는 혁신적인 제품 개발 프로젝트를 신속하고 효율적으로 진행할 수 있도록 AI 혁신의 속성을 반영해 개발됐다. 이 캔버스는 루이스 도라드Louis Dorard, 2019의 머신러닝 캔버스Machine Learning Canvas와 애시 마우리아Ash Maurya, 2012의 린 캔버스Lean canvas의 장점을 접목했다.

캔버스가 유용하다. 캔버스는 공유도 수월하게 해준다. 구성원이 동일한 혁신을 진행한다 해도 아이템에 대해 갖고 있는 그림은 제각각일 수 있다. 이때 공통된 한 장의 캔버스가 공유되면 모두가 핵심요소에 대해 공통된 개념을 지닐 수 있다. 투자자나 의사결정자에게 설명할 때도 잘 짜인 한 장의 캔버스는 유용한 자료가 된다.

AI 비즈니스 모델 캔버스 작성법

AI 비즈니스 모델 캔버스는 11개의 모듈로 구성돼 있다. 문제정의, AI 핵심기능, 알고리즘, 데이터, 평가지표를 포함하는 '가치창출', 사용자에게 전달할 가치를 구체화하는 '가치제안', 사용자, 채널, 학습루프를 포함하는 '가치전달', 혁신비용 및 혁신편익을 포함하는 '가치획득'으로 구성된다.

핵심 카테고리 및 작성 순서

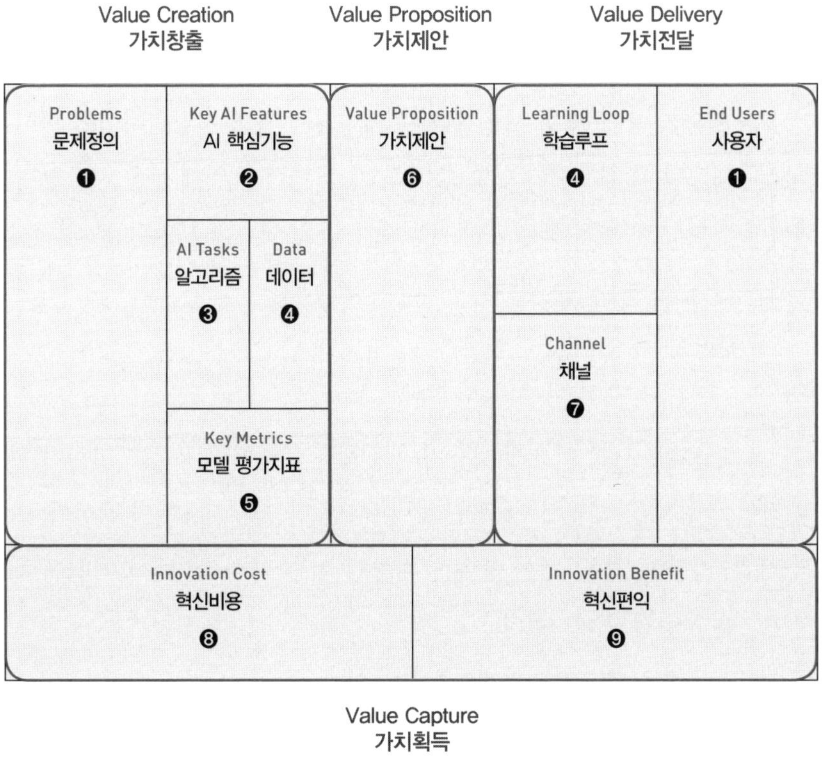

사용자 문제가 있는 당사자인 사용자를 정의한다. AI 제품 및 서비스로 가치를 얻게 될 최종 사용자다. 사용자는 명확히 구분돼야 한다. 사용자에 따라 문제정의가 달라지기 때문이다. 특히 구매자buyer와 사용자user가 구분돼야 한다. 사용자는 AI를 기반으로 개발된 제품을 이용하는 사람이지만 구매자는 이를 위해 돈을 지불하는 사람이다. 대체로 구매자와 사용자가 동일하지만 플랫폼 서비스처럼 둘의 존재가 서로 다른 경우도 있다.

▶ **관련 내용: STEP 2**

문제정의 사용자가 지닌 문제를 정의한다. 해결이 필요한 사용자의 불만사항, 불편함 등 문제를 서술한다. 문제정의는 기회 지향적이어야 한다. 문제가 해결될 때 사용자가 만족해야 하고, 이 만족을 위해 돈을 지불할 수 있어야 한다. 그렇기에 해결되면 사용자가 얻을 이점이 분명한 문제를 서술해야 한다. 문제정의는 최대한 구체적으로 한다.

▶ **관련 내용: STEP 2**

AI 핵심기능 AI를 이용해 사용자의 문제를 해결할 제품을 구현하기 위한 작업이다. 제품 개발에 인공지능의 어떠한 기능을 이용할지 정한다. 인식, 예측, 자동화, 소통, 생성 등 인공지능의 기능 카테고리에서 어떤 구체적 기능을 구현할지 제시한다.

▶ **관련 내용: STEP 3, STEP 4**

알고리즘 AI 핵심기능을 실제 구현하기 위해 활용할 주요 알고리즘 목록을 이곳에 기입한다. AI 제품의 기능이 어떻게 작동하는지tasks에 대한 내용이 담기는 것이다. 만일 외부 기업이 제공하는 API를 이용한다면 해당 내용을 이곳에 넣는다.

▶ **관련 내용:** STEP 5, STEP 6

데이터 알고리즘을 학습하고 AI 기능을 구현하기 위해 필요한 데이터를 기입한다. 이 데이터를 어디서 확보할지 소싱에 대한 내용도 함께 기술한다. 데이터 및 데이터 소스가 여러 개라면 목록을 정리해 넣는다. 데이터와 알고리즘은 밀접한 관련이 있다. 데이터에 따라서 알고리즘이 달리 선정될 수도 있으니 이 영역은 알고리즘 영역과 동시에 고려할 필요가 있다.

▶ **관련 내용:** STEP 7

학습루프 AI 기능은 데이터 학습으로 구현되지만 이 데이터는 사용자의 활동 내역으로 만들어진다. 즉 제품을 통한 사용자의 경험 내역은 다시 제품의 기능을 학습시키는 데이터가 된다. 이처럼 사용자경험과 학습 데이터의 선순환을 어떻게 만들지를 제시하는 영역이다. 사용자의 어떠한 활동을 측정할지, 측정 방법과 측정 수단은 어떻게 선택할지 등을 정리한다. 데이터 영역과 밀접한 관련이 있기 때문에 함께 고려한다.

▶ **관련 내용:** STEP 12

평가지표 AI 혁신모델의 성능을 관리하기 위해 평가해야 할 측정지표를 정의 내린다. 데이터 및 알고리즘으로 구현된 혁신제품의 성능이 충분한지에 대한 기준이다. 평가지표는 정확도, 재현율, 리콜, 서비스 사용시간 등이 될 수 있다. AI 제품의 기술적 성능을 관리하기 위해 필요한 지표다.

▶ **관련 내용:** STEP 8

가치제안 AI 혁신으로 사용자에게 제공되는 기능적 · 경험적 가치를 적는다. 여기에는 처리속도, 정확성, 효율성, 개인 맞춤화 등 AI 기술을 통해 구현되는 기능적 가치와 함께, 사용자의 일상 속에서 어떠한 경험적 가치가 창출될 수 있는지를 기입한다. 이 가치는 AI 혁신 제품 및 서비스의 차별적 속성인 동시에 사용자에게 왜 이 제품이 필요한지 그 이유를 제공한다는 점을 참고한다.

▶ **관련 내용:** STEP 9, STEP 10, STEP 11

채널 채널은 AI 혁신을 통해 창출되는 가치를 사용자에게 전달하는 가치전달 채널, AI 제품 및 서비스를 알리는 홍보 채널, AI 제품의 가치를 지속적으로 느끼게 하는 관리 채널, 이를 통해 수익을 거두는 판매 채널을 포함한다.

▶ **관련 내용:** STEP 11

혁신비용 혁신에 지출되는 비용을 이곳에 나열한다. 기술을 개발하기 위한 기술지원, 문제해결, 제품 재구성 및 품질 테스트 등 R&D 비용과 함께 마케팅, 직원 교육, 파트너 회사와의 제휴 등 AI 혁신에 소요되는 모든 비용 요인을 정리한다. 또한 AI 혁신으로 기존 제품 및 서비스의 수익이 희생되는 잠식비용도 이곳에 아우른다.

▶ **관련 내용:** STEP 18, STEP 19

혁신편익 AI 혁신으로 얻게 되는 경제적 이익을 정리한다. 제품 및 서비스의 판매수익, 대규모 고객 유치를 통한 광고수익 등 AI 혁신으로 창출될 수 있는 수익을 기입한다. 이와 함께 계량화되지 않는 이익도 고려한다. AI 시스템에 의한 프로세스 속도 향상, AI 효율화를 통한 업무능률 향상 등 AI 혁신을 통해 창출되는 무형의 이익을 함께 제시한다.

▶ **관련 내용:** STEP 18, STEP 19

캔버스 활용 지침

AI 비즈니스 모델 캔버스를 처음 작성할 때는 시간을 많이 소요하지 말기 바란다. 핵심 항목에 대한 초안을 빨리 그린 후 캔버스를 점진적으로 다듬어나가는 방식이 효과적이다. 초안 작성 시간은 한 시간 이내가 좋다. 캔버스 초안에 담긴 내용은 AI 혁신을 추진하기 위한 일종의 가설이다. 초안이 다 작성됐다면 책상에서 일어나 밖으로 나가서 가설을 테스트해본다. 캔버스에 담긴 혁신 아이디어가 현실에서 어떻게 적용될 수 있을지를 확인하면서 조금 더 정교하게 다듬어나가기 바란다.

부록 1.
우리 회사의 AI 혁신지수 진단하기

AI 혁신을 추진하기 위해서는 일단 자신의 회사가 현재 어느 수준인지 알아야 한다. 이를 위해 AI 혁신지수AI Innovation Index를 측정할 수 있는 문항을 준비했다. AI 혁신지수는 두 가지 종류의 역량을 토대로 구성된다. 기술역량Technological expertise과 추진역량Innovation capability이다. 기술역량은 조직이 갖고 있는 AI 기술에 대한 전문성 또는 지적 자원 보유 수준으로 볼 수 있다. 추진역량은 조직이 AI를 중심으로 혁신을 원활하게 추진해나갈 수 있는 능력과 여건을 말한다. 기술역량이 갖춰져 있다 해도 혁신을 실행할 조직 여건이 마련되지 않는다면 혁신은 진행되기 어렵다. 기술역량과 추진역량의 세부항목에 대해 5점(강한 동의)부터 1점(강한 비동의)까지 점수를 매긴 후 각 점수를 합산한다.

기술역량

5점: 매우 그렇다 / 4점: 그렇다 / 3점: 보통이다 / 2점: 그렇지 않다 / 1점: 전혀 그렇지 않다

항목	점수
'경영진'이 AI 기술에 대한 이해를 충분히 하고 있다	5 4 3 2 1
전 부서에 걸쳐 조직 구성원의 AI에 대한 친숙도가 높다	5 4 3 2 1
AI 기술개발이 가능한 엔지니어를 충분히 보유하고 있다	5 4 3 2 1
AI 기술을 현업에서 폭넓게 적용하고 있다	5 4 3 2 1
자체적으로 개발한 AI 솔루션이 있다	5 4 3 2 1
AI에 활용할 수 있는 정도의 방대한 데이터가 확보돼 있다	5 4 3 2 1
데이터 관리 및 분석 체계가 잘 마련됐다	5 4 3 2 1
업계 평균에 비해 AI 관련 기술개발에 투자를 많이 한다	5 4 3 2 1
AI 관련 특허 수가 업계 내에서 많은 편이다	5 4 3 2 1
기술적 도움을 받을 전문가 및 제휴 네트워크가 갖춰져 있다	5 4 3 2 1
총점	

추진역량

5점: 매우 그렇다 / 4점: 그렇다 / 3점: 보통이다 / 2점: 그렇지 않다 / 1점: 전혀 그렇지 않다

항목	점수
AI 도입 및 혁신에 대한 경영진의 의지가 강하다	5 4 3 2 1
AI 혁신에 대한 뚜렷한 비전을 갖고 있다	5 4 3 2 1
AI 도입 및 혁신을 추진할 구체적 전략을 갖추고 있다	5 4 3 2 1
새로운 혁신을 추진할 때 구성원이 잘 수용한다	5 4 3 2 1
혁신을 원활히 추진할 유연한 조직체계를 갖췄다	5 4 3 2 1
새로운 혁신에 필요한 조직문화적 변화를 장려하고 있다	5 4 3 2 1
AI 교육 프로그램이 사내에 충분히 가동되고 있다	5 4 3 2 1
AI-인력의 협업모델이 구체적으로 정립돼 있다	5 4 3 2 1
AI 기반의 새로운 비즈니스 모델을 도입했다	5 4 3 2 1
AI가 적용된 제품 및 서비스를 통해 수익을 창출했다	5 4 3 2 1
총점	

기술역량과 추진역량의 점수를 합산하면 이를 토대로 AI 혁신에 관한 회사의 포지션을 파악할 수 있다. 25점을 기준으로 해서, 10~25점까지는 낮은 수준, 26~50점은 높은 수준으로 평가한다. 기술역량과 추진역량의 수준을 토대로 AI 혁신에 대한 유형을 파악한다. AI 혁신의 유형은 다음과 같이 네 가지로 구분할 수 있다.

AI혁신 지수에 따른 유형

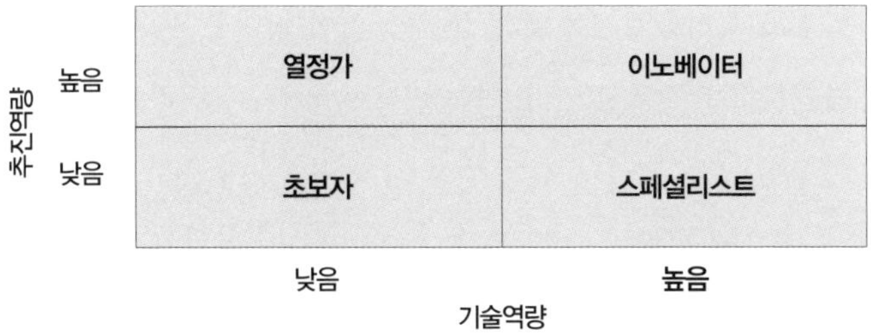

초보자Beginner group

먼저, 기술역량과 추진역량이 모두 낮은 경우는 초보자에 해당한다. 조직 내에 기술적 이해도도 충분치 않고 혁신을 추진할 조직 여건도 마련되지 않은 상태다. 이제 막 AI 혁신에 대한 관심을 갖기 시작한 경우가 많다. AI 교육부터 시작해서 AI 도입 및 혁신에 대한 그림을 그려볼 필요가 있다.

스페셜리스트Specialized group

기술역량은 높으나 추진역량이 낮은 경우다. AI 기술에 대한 이해도가 높고 기술 자원을 보유하고 있지만, 조직이 혁신을 실행하고 가치를 창출하는 단계에는 이르지 못한다. 회사 내에 중요한 기술 재료는 갖추고 있지만 조직이 이를 활용하지 못하는 경우다. 조직혁신이 불가피하다. AI 비전 및 중장기 발전전략을 수립하고 조직체계 및 조직문화를 개선하여 혁신에 유리한 여건을 마련해야 한다. AI 혁신에 대한 교육 프로그램을 수립 및 실행해 조직의 전반적인 추진역량을 제고할 필요가 있다.

열정가 Passionate group

추진역량은 높으나 기술역량이 낮은 경우다. 혁신에 대한 의지가 강하고 유연·개방적인 조직문화를 갖추고 있다. 혁신을 시도하기가 용이하고, 혁신을 통한 가치창출 잠재성이 크다. 그러나 AI에 대한 기술적 역량이 충분치 않기 때문에 기술적 구현 및 응용에 한계가 있고, AI에서 가치를 창출하기가 어렵다. AI에 대한 경영진의 투자 의사결정이 선행돼야 한다. 기술지식을 지닌 전문가를 채용하고 내부인력 육성을 통해 기술적 역량을 확충해야 한다. 외부 네트워크를 구축한다면 좀 더 수월하게 기술역량을 키울 수 있다.

이노베이터 Innovator group

기술역량과 추진역량이 모두 높은 이노베이터의 경우는 AI 혁신에 대한 전반적인 준비가 돼 있는 경우다. AI로 혁신을 성공적으로 진행하고 가치를 창출할 가능성이 높다. 이미 AI 혁신을 활발히 추진하고 있을 것이다. 기술적 전문성과 혁신에 필요한 여건이 충분히 마련돼 있기 때문에 비즈니스 모델을 정교하게 발전시키고, 마케팅 등으로 수익을 극대화하는 노력이 필요할 수 있다.

부록 2.
반드시 알아야 할
AI 핵심 개념사전

인공지능

인공지능의 사전적 정의는 인간의 지각능력, 추론능력, 학습능력, 이해능력 등을 컴퓨터 프로그램으로 실현한 기술이다. 과거의 컴퓨팅은 인간이 if, then, else 등 프로그래밍 언어를 입력해서 연산 방법을 정해주면 컴퓨터가 그대로 실행해서 정확한 답을 찾아내는 방식이었다. 그러나 인공지능은 인간에 의해 프로그래밍되는 게 아니라 컴퓨터가 스스로 필요한 정보를 인지해 습득하고 연산과 의사결정을 한다.

초기 인공지능 기술은 사전 프로그래밍에 의해 추측 및 추론을 하는 전문가시스템expert system 플랫폼 형태로 개발됐다. 이후 지속적으로 기술 발전이 이뤄졌으며, 사람의 인지능력을 모방해 인식, 예측, 자동화, 소통, 생성 등의 기능을 구현하며 음성번역, 로봇공학, 인공시각, 문제해결, 학습과 지식 획득, 인지과학 등 다양한 분야에서 활용되고 있다.

머신러닝

인공지능은 다양한 하위 기술로 구성되는데, 가장 주목을 받는 것은 머신러닝이다. 머신러닝은 기계machine와 학습learning의 합성어다. 즉 기계가 방대한 데이터를 학습한 뒤 이를 기반으로 패턴을 찾아내, 변화를 예측하거나 추론하는 것이다.

컴퓨터과학자 아서 사무엘Arthur Samuel은 머신러닝을 가리켜 '사람이 일일이 프로그래밍하지 않아도 학습과 처리가 가능한 기능'이라고 정의했다. 의사결정을 도와주는 대부분의 인공지능 서비스는 머신러닝 기반이다.

머신러닝은 인공지능의 속성을 가장 잘 반영한다. 컴퓨터가 연산을 하는 규칙을 사람이 설정하지 않고, 다량의 데이터를 주입하면 머신러닝 시스템이 이를 기반으로 학습하고 컴퓨터가 스스로 데이터의 패턴을 터득한다. 이후 특정 인풋을 입력하면 스스로 터득한 패턴을 기반으로 아웃풋을 도출해낸다.

예를 들어 모조품 가방을 구별해주는 애플리케이션의 경우 진품과 모조품의 사진을 보여주면서 어떻게 생긴 게 진품이고 어떤 게 모조품인지를 가르쳐준다. 명품 사진을 반복적으로 보면서 이 시스템은 명품이 지닌 특징을 학습한다. 그리고 나름대로 명품과 모조품의 속성을 구분해낸다. 이러한 학습이 이뤄지고 난 후 새로운 명품가방의 표면을 보여주면 진품 여부를 추론한다. 그동안 학습한 명품가방의 속성을 토대로 나름의 가설을 세우고, 진품의 패턴과 같은지 확률적으로 계산을 한다. 이 수치가 특정 수준 이상이면 진품이라는 결론을 내린다.

참고로 엔트러피라는 애플리케이션은 300만 개의 이미지를 학습해 진품 여부를 5초 만에 가려낸다. 이렇게 관찰하고 학습하고 평가하고 결정하는 사고의 기술이 바로 머신러닝의 원리라고 보면 된다.

머신러닝 알고리즘 체계도

다음 그림은 머신러닝의 알고리즘 체계도다. 머신러닝은 크게 지도학습과 비지도학습, 그리고 강화학습으로 나뉜다.

머신러닝 알고리즘 체계도

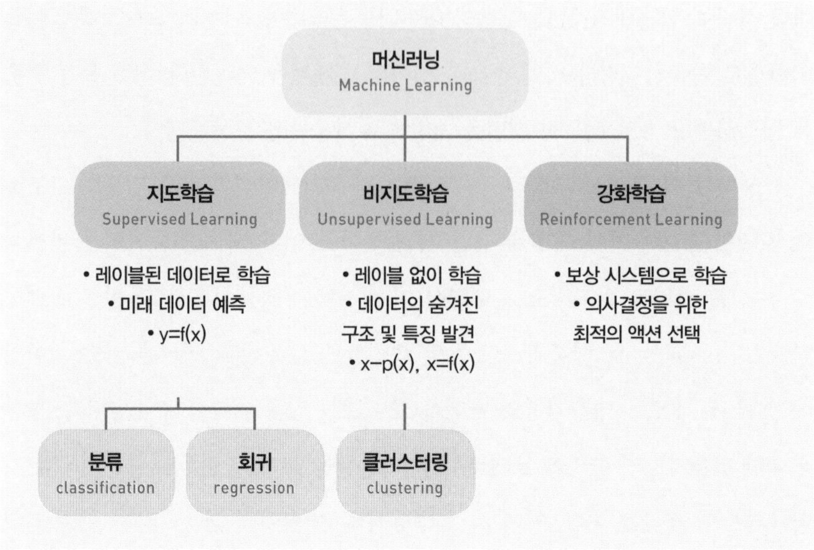

지도학습

지도학습은 간단히 말하면 지도하는 선생이 있는 것이다. 컴퓨터가 학습할 데이터를 선별하는 것부터 데이터의 속성을 정해서 학습할 내용을 알려주는 역할을 사람이 한다. 쉽게 말하면, 사람이 문제와 정답이 다 나와 있는 수많은 데이터를 주입해서 시스템이 문제 푸는 방법을 터득하게 만드는 것이다. 문제를 많이 풀어본 사람이 시험을 더 잘 보듯이, 지도학습 시스템은 문제와 정답이 매칭된 수많은 사례를 학습함으로써 문제와 정답 사이의 패턴을 파악하고 새로운 문제가 주어지면 이 패턴을 바탕으로 답을 찾아내는 방식이다.

이를 시스템적으로 설명하면, 사전에 사람에 의해 분류된 학습용 데이터

labeled training data가 입력변수가 되고 그에 대한 결과가 출력변수가 된다. 머신러닝 알고리즘은 수많은 학습으로 입력변수와 출력변수의 관계를 나타내는 함수를 찾는다. 이를 토대로 입력과 출력, 즉 문제와 정답 사이의 패턴을 이해하며, 새로운 문제가 입력되면 이 패턴에 기반해 결과를 예측한다.

지도학습은 사람이 주입하는 사례를 학습해 이미지인식이나 예측 등 다양한 일을 수행한다. 동물 이미지 인식의 경우, 사람이 동물별로 특징을 입력해서labeling 동물을 구분할 수 있도록 시스템에 학습시키고, 이후 새로운 동물 이미지를 입력하면 학습을 통해 이해한 패턴에 비춰 답을 추론한다. 과거의 제품 판매 이력 데이터를 학습해서 미래의 수요를 예측하기도 한다.

지도학습에서 수행하는 테크닉은 분류, 회귀분석, 예측, 특이사항 감지 등이다. 분류는 말 그대로 섞여 있는 것을 종류별로 나누는 것을 말한다. 회귀는 주어진 데이터에서 변수 간의 관계를 기반으로 숫자 값 또는 연속 값을 예측하는 데 사용된다. 과거의 데이터를 토대로 미래를 예측하는 것이다. 특이사항도 감지한다. 금융거래에서 비정상적인 카드 지출 패턴을 식별하는 데 활용되기도 한다.

비지도학습

비지도학습은 일명 자율학습이다. 선생이 하던 지도작업이 생략된다. 문제와 정답을 알려주지 않고 데이터를 그대로 주면, 시스템이 알아서 문제를 분석한 후 답을 내도록 하는 방식이다. 수집된 데이터 간의 유사성을 기계가 스스로 찾아 입력 데이터를 파악해내고 시스템이 스스로 학습하여 결론을 도출한다.

비지도학습의 시스템은 분류되지 않은 데이터를 제공받지만 클러스터링

구조clustering structure, 저차원 다양체low-dimensional manifold, 희소 트리 및 그래프a sparse tree and graph와 같은 데이터의 기저를 이루는 고유 패턴을 발견해서 일을 처리한다.

예를 들어 옷을 구분하는 경우를 생각해볼 때, 지도학습은 각각의 옷에 대한 속성을 사람이 미리 설정해놓기 때문에 설정된 속성에 따라 시스템이 옷을 구분해낸다. 그런데 사전에 레이블된 속성만으로 구분하기 어려울 때가 있을 수 있다. 빨래 바구니에 옷이 여러 벌 겹쳐 있는 경우다. 옷의 형태를 구분하기조차 어렵다. 이런 상황에서 지도학습의 알고리즘은 옷을 구분해내기 어렵다. 하지만 비지도학습의 경우에는 사물이 겹쳐져 있는 복잡한 사진도 이해한다. 옷의 속성이 입력되지 않은 이미지를 그대로 제시하면 이 이미지를 자기 나름대로 분류해서 구분해내는 것이다. 즉 지도학습에서는 옷의 색깔, 모양, 표면의 재질 등 개별적인 특징을 제공해야 하지만 비지도학습은 여러 장의 사진 데이터를 제공하면 이를 검토해 여러 특징을 스스로 이해함으로써 사진 내용을 독자적으로 예측하

빨래 바구니의 옷

고 구분한다.

이러한 비지도학습에서 주로 사용되는 테크닉은 클러스터링과 차원축소다. 클러스터링은 특정 기준에 따라 유사한 데이터를 그룹화하는 작업이다. 이는 동일한 그룹cluster의 개체가 다른 그룹의 개체보다 서로 비슷하도록 개체 집합을 그룹화하는 작업이다. 이는 전체 데이터를 하위 그룹으로 세분화해서 분류하고 구분하는 데 활용된다.

차원축소dimension reduction는 변수가 너무 많을 때 변수 수를 줄이고 중요하고 의미 있는 변수를 가려내는 데 쓰이는 테크닉이다. 많은 경우, 로데이터에는 변수가 지나치게 많다. 차원이 증가하면 그것을 표현하기 위한 데이터 양이 기하급수적으로 증가한다. 일부는 중복되기도 하고 일부는 학습과 관련이 없다. 그 결과 정확성이 오히려 떨어진다. 따라서 유의한 변수 위주로 추출하여 차원수dimensionality를 줄여 분석을 좀 더 효율적이고 정확하게 하도록 한다.

강화학습

강화학습은 알고리즘이 스스로 다양한 시도를 하면서 최적의 결과를 낼 수 있는 방법을 찾아내는 방식이다. 지도학습은 인간이 제시해준 문제와 정답을 보고 배우는 방식이다. 문제와 정답이 있는 수많은 연습문제를 풀어본 다음에 실전에 돌입하는 것이다. 비지도학습은 문제와 정답이 없는 데이터가 주어지며 컴퓨터 스스로 문제를 찾아내고 정답을 도출하는 방식이다. 지도학습과 비지도학습 둘 다 학습 데이터가 주어지는 데 반해, 강화학습은 아예 데이터가 주어지지 않는다. 핵심적인 규칙만 익힐 뿐 사전학습 없이 바로 실전에 들어간다. 백지상태에서의 학습이다.

예를 들어 아이에게 자전거 타는 법을 알려준다고 해보자. 지도학습 방식은 어느 경우에 넘어지고 어느 경우에 비틀거리고 어떻게 움직이면 잘 가는지 정답을 다 알려주고 익히게 하는 방식이다. 비지도방식은 자전거를 타는 수많은 사례를 보여주면서 넘어지는 경우와 안 넘어지는 경우를 알아서 구분해 학습하게 하는 것이다. 하지만 강화학습은 사전학습 없이 기본적 요령만 가르쳐주고 바로 자전거를 타게 한다. 수차례 자전거를 타고 넘어지고 하면서 안 넘어지고 잘 나아가는 방법을 몸으로 익힌다. 이렇게 실전을 통해 스스로 학습하게 하는데 학습의 양이 천문학적으로 많다 보니 실력이 빠르게 향상된다.

강화학습의 작동원리는 보상 시스템이다. 높은 성과로 연결되는 행위에 보상을 해서 좋은 성과를 유도한다. 행동심리학에서는 보상이 행동을 유도한다고 본다. 어린아이에게 정해진 시간 안에 숙제를 하면 상을 주는 행위를 반복하면 아이는 그 시간에 스스로 숙제를 하게 된다. 나중에는 알아서 숙제를 하고 성적도 올라갈 가능성이 커진다. 반복을 통해 습관을 들이는 것이다. 강화학습 시스템에는 상태전이확률, 상태와 행동의 가치계산, 시간차학습 등의 테크닉으로 보상을 통해 고성과를 유도하는 기술적인 원리가 내재돼 있는데, 핵심만 간단히 이야기하자면 에러를 줄이고 보상을 극대화하는 방향으로 컴퓨팅 처리를 한다고 보면 된다.

우리나라 바둑기사 이세돌을 이긴 게 알파고였다. 이때 알파고의 버전은 지도학습과 강화학습이 결합된 시스템이었다. 알파고는 인간이 제공한 16만 건의 대국 기록을 보고 바둑을 학습했다. 지도학습이다. 그 이후 가상 대국 방식의 강화학습을 통해 실력을 더욱 향상시켰다. 반면 그 이후에 나온 알파고 제로는 지도 학습 없이 강화학습으로만 학습된 시스템이다. 대국 기록 같은 학습 데이터가 제공되지 않고 바둑의 핵심적인 룰만 익힌 다음 처음부터 가상 대국에 임하게 했다.

자전거를 처음 타는 아이가 잘 넘어지듯이 초기 알파고 제로의 실력은 바둑의 최하급수인 18급 수준이었다. 하지만 가상 대국을 많이 진행할수록 승률이 높아졌다. 36시간이 지나자 이세돌을 이긴 알파고 리AlphaGo Lee와 같은 수준이 됐고, 3일 후에는 알파고 리를 100대 0으로 완파했다. 40일 동안 가상 대국을 2,900만 회 정도를 치르고 나니 모든 알파고를 능가하게 됐다. 강화학습을 통해 개발된 인공지능 시스템이 얼마나 빠르게 성장하는지를 보여주는 대목이다.

강화학습의 장점은 데이터 없이 학습이 이뤄진다는 것이다. 대부분 인공지능 시스템은 데이터에 의존하기 때문에 방대한 데이터가 갖춰지지 않으면 충분한 성능을 내지 못한다는 단점이 있다. 하지만 강화학습은 데이터가 없어도 단기간에 높은 성능의 시스템으로 성장시킬 수 있기 때문에 잠재성이 크다.

강화학습의 또 다른 장점은 오류 가능성이 줄어든다는 점이다. 알파고 이전 버전은 프로 바둑기사들이 과거에 둔 대국의 데이터를 기반으로 학습을 했다. 인간은 실수를 한다. 그 말은 알파고가 학습한 수많은 대국 데이터 중에 실수가 포함돼 있을 수 있다는 것이다. 이런 실수가 포함된 경기를 보고 배운 AI가 실전을 치르면 학습 과정에서 배운 실수 데이터가 반영된다. 하지만 강화학습에는 인간의 실수가 포함된 데이터가 주어지지 않고, 보상을 통한 최고의 성과유도 방식을 사용하기 때문에 최적의 수로만 이뤄진 학습을 하게 돼 승률을 높이는 속도가 더 빠르다. 알파고를 개발한 데미스 하사비스Demis Hassabis는 강화학습 방식의 알파고 제로는 인간의 제한된 능력에 결속되지 않기 때문에 성장 가능성이 더 높다고 언급했다.

물론 한계점도 있다. 강화학습은 데이터는 주어지지 않지만 기본적인 규칙을 익힌다고 했다. 그 말은 강화학습이 규칙으로 운영되는 바둑 같은 정형화된 상황에서 적절하다는 뜻이다. 하지만 현실 세계에는 수많은 변수가 존재하고 예측하기 어려운 상황이 발생한다. 이런 상황에서는 규칙을 제시하는 것 자체가 어렵기 때문에 강화학습 적용이 무리일 수 있다.

그럼에도 강화학습은 여러 분야에서 활용되고 있다. 대표적인 로보틱스 기업인 보스턴 다이내믹스Boston Dynamics에서는 아틀라스Atlas라는 로봇에 강화학습을 적용했다. 산이나 언덕 같은 복잡한 지형에서 가르쳐주지도 않았는데 스스로 자세를 유지하고, 넘어지면 일어나 다시 주행한다. 움직이는 장애물이 있으면 두 팔로 장애물을 들어서 옮긴 후 주행을 하기도 한다. 징검다리형 구조물을 뛰어서 건너기도 하고 높은 구조물에 올라서서 백덤블링까지 한다. 반복 강화학습을 통해 스스로 터득한 것이다.

금융권에서도 강화학습은 중요한 알고리즘이다. JP모건J.P. Morgan Chase & Co.에서는 트레이딩 작업에 강화학습을 적용했다. 주식을 사고파는 의사결정을 강화학습을 통해 고도화했다. 수익률을 극대화하기 위해 최적의 지분 매각 시점을 판단하고 손실을 최소화하고 최적의 이익을 취할 수 있는 가격과 타이밍을 찾아낸다.

자율주행에도 강화학습이 이용된다. 운전할 때 발생하는 상황은 너무나 다양해서 사람이 일일이 컴퓨터에 지도할 수가 없다. 강화학습을 실시하면 수많은 경우를 스스로 경험하면서 터득한다. 사람도 초보운전 시절에는 새로운 상황에 미숙하지만, 주행 경험을 쌓아가며 운전에 익숙해진다. 자율주행도 마찬가지로 시뮬레이션, 그리고 실제 주행을 통한 강화학습을 하면서 어떤 상황에서든 적절한 행동을 할 수 있도록 발전해나간다.

딥러닝

머신러닝을 구현하는 기술 중 하나다. 정리해보자면, 인공지능이 가장 광의의 개념이고 그 하위에 머신러닝이 포함돼 있으며, 그 하위에 딥러닝이 있다. 딥러닝은 인공신경망을 기반으로 하는 머신러닝의 일종이다. 인공신경망은 말 그대로 인간의 신경을 흉내 낸 기법이다. 사람의 뇌에서 일어나는 일을 살펴보자면, 눈이나 귀 등 감각기관에서 받아들인 정보가 뉴런을 통해 뇌로 전달되고, 뇌는 이 정보를 토대로 판단하며 무엇을 할지 명령을 내린다. 뇌에는 여러 개의 뉴런이 연결돼 있는데 올바른 뉴런을 찾아가기 위해 복잡한 연산 등을 수행한다. 이러한 두뇌의 정보처리 과정을 모방한 것이 바로 인공신경망이다.

딥러닝에서 '딥deep'은 사람의 뇌세포를 모방한 인공신경망이 여러 개의 층으로 구성됐다는 의미다. 이 인공신경망의 프로세스를 본 떠 기계가 스스로 데이터를 분석하고 답을 낸다. 기존의 머신러닝 방법이 주로 전문가가 데이터 속에 존재하는 특징을 추출한 후 머신러닝을 통해 분류나 판단을 하는 식이었다면, 딥러닝에서는 데이터만 넣어주면 깊은 망을 통해 스스로 데이터의 특징을 찾아낸 후 분류나 판단까지 수행한다. 딥러닝은 비지도학습인 경우가 많다. 분류되지 않은 데이터가 주어지면 시스템이 스스로 데이터 간의 유사성을 찾아 입력 데이터를 파악해낸다.

구글은 알파고에 사용된 알고리즘을 자사 데이터센터의 전기 사용 조정 시스템에 적용했다. 그동안 똑똑한 구글 인재들이 이미 전기 사용량을 더 줄이기 어려울 정도로 최적화해놓은 곳이다. 하지만 딥마인드 알고리즘을 적용했더니 놀라운 일이 벌어졌다. 온도와 전력 데이터를 실시간으로 반영해 팬, 냉각 시스템, 창문 등 약 120개의 변수를 조정하여 데이터센터의 전력 소모를 15%나 더 줄인 것이다. 이로써 데이터센터는 냉각비용의 40%를 절감했다.

번역에도 딥러닝 알고리즘이 사용된다. 구글의 알파고는 5,000개 단어를 5초 이내에 번역한다. 그 정확도가 2년 전보다 월등히 향상됐다는 건 써본 사람은 다 아는 사실이다. 네이버의 파파고도 딥러닝 기반의 번역 서비스다. 어떻게 작동할까? "오늘 우리 뭐 먹을까?"라는 문장을 통째로 번역 서비스 창에 입력한다. 트레이닝 데이터로 학습이 된 딥러닝 번역 알고리즘은 이 문장을 통째로 코드화한다. 이후 이 코드를 푸는 과정에서 영어 문장을 생성한다. "What kind of menu do you want for lunch today?" 생성한 문장을 정답과 비교하면서 정답과 오답의 차이를 측정한다. 그 결과를 다시 처음으로 보내면 알고리즘은 번역의 질을 개선하기 위해 다른 결과를 생성한다. 그렇게 정답과의 차이를 줄여나가는 방식을 사용한다. 문법을 일일이 가르쳐줄 필요가 없다. 알고리즘이 스스로 학습해 점점 더 정확한 문장을 만들어간다.

자율주행에서도 딥러닝은 중요한 역할을 한다. 사람이 운전을 하는 동안 자동차가 주행법을 스스로 깨친다. 딥러닝 기반 인공지능을 탑재한 자동차를 사람이 운전하면 자동차가 서서히 운전하는 방법을 깨치고, 종국에는 자율주행이 가능한 자동차로 발전한다. 콤마닷에이아이Comma.ai는 2016년 3월 자율주행 학습이 가능한 인공지능을 만들어 자동차에 탑재했는데, 이 차는 약 열 시간 동안의 학습으로 기본적인 자율주행에 성공했다. 기존에는 고가의 특화센서를 자동차에 장착하고 완성차 업계의 종사자 중심으로 자율주행 기술을 개발했다. 전문가들은 다양한 센서 정보와 주행 규칙을 모델링해서 자율주행 기능을 구현했다. 지금까지 자율주행 기술은 거대 정보통신기술ICT 기업과 소수 완성차 업계의 전유물이었다. 레이저를 목표물에 비춰 사물과의 거리를 측정하고 물성을 감지하는 센서 비용도 고가다. 콤마닷에이아이가 사용한 딥러닝 기반 자율주행 기술은 사람과 마찬가지로 주행을 반복할수록 운전에 익숙해지면서 자율주행 기술을 완성해나가는 식이다.

최근 2년 동안 실리콘밸리를 중심으로 딥러닝을 활용한 자율주행 기술을 구현하는 기업이 빠르게 증가하고 있다. 전문가들은 "자율주행 기술의 핵심은 이미 딥러닝으로 이동하기 시작했으며, 고가의 특화센서를 저가의 범용센서가 빠르게 대체해나가고 있다"고 강조한다. 자율주행 기술의 패러다임이 딥러닝으로 전환된 가운데, 향후 미래차 시장 경쟁의 핵심요인은 인공지능 분야의 역량, 특히 주행에 필요한 데이터 확보가 될 전망이다. 딥러닝 기술의 완성도는 결국 다양한 상황에 대한 데이터 확보에 좌우될 것이다. 최근 테슬라Tesla, Inc. 같은 기업이 수억 킬로미터에 달하는 주행 데이터를 수집하는 이유다. 과거 자율주행 기술의 핵심이 자본이었다면, 이제부터는 데이터와 시간의 싸움으로 봐도 무방하다. 자율주행 시장 초기부터 미리 데이터를 확보한 기업과 그러지 않은 기업의 격차는 매우 클 것으로 예상되며, 어쩌면 이 격차는 과거 자본에 의한 격차보다 더 높은 진입장벽이 될 수도 있다.

자연어처리

세계적 호텔체인인 매리어트 인터내셔널Marriott International은 아마존 알렉사를 도입한 '알렉사 포 호스피탈리티Alexa for Hospitality' 프로그램을 내놨다. 호텔리어에게 가거나 연락할 필요 없이 룸에서 알렉사를 불러 조명, 블라인드, 온도조절기, 그리고 TV 같은 기기를 제어할 수 있고, 피트니스센터가 위치한 곳, 수영장이 언제 열려 있는지 등을 물어볼 수 있다. 와인 주문, 스파 예약을 말로 할 수 있는 것은 물론이다.

2018년, 스탠퍼드대학교에서 인공지능 시스템의 독해력 테스트를 열었다. 500개 이상의 위키피디아 아티클을 읽은 후 내용을 파악해 10만 개 이상의 질문에 답하는 테스트다. 여기서 알리바바와 마이크로소프트가 82.44점을 맞아 공동 1등을 했다. 일반적인 인간의 독해력 평균인 82.3을 뛰어넘는 수준이다. 이 기술이 알리바바의 고객상담 업무에 챗봇 형태로 적용되고 있는데 문의 내용의 90%를 이해하며 대응하고 있다.

XOR.ai는 인공지능 기반의 채용 자동화 서비스를 내놨다. 챗봇이 자동으로 지원자들의 1차 서류를 평가하고 2차 면접까지 진행한다. 서류에 적혀 있는 자기소개서와 이력을 읽고 지원자와 대화 면접을 통해서 회사의 방향과 잘 맞는지 판단한다.

이상의 사례에 공통적으로 적용된 인공지능 기술이 자연어처리다. 자연어, 즉 사람의 언어를 이해하고 사용하는 기술이다. 챗봇이나 가상비서 같은 응용서비스에 활발히 사용되고 있다. 포레스터 리서치Forrester Research에 따르면 자연어처리는 인공지능의 세부기술 중에서 상용화가 가장 빠른 기술에 해당한다. 이 기술의 작동원리를 살펴보자.

자연어처리 기술은 크게 자연어 이해와 자연어 생성으로 나뉜다. 되돌아보면 초등학교 국어 시간은 읽기, 말하기(듣기) 쓰기로 구성된다. 읽고 듣기는 언어를 이해하는 능력과 관련 있고, 말하고 쓰기는 언어를 표현하는 능력이다. 자연어처리 기술 역시 인간의 언어능력과 유사하다고 볼 수 있다. 먼저 자연어 이해를 살펴보자.

자연어 이해에서 중요한 개념은 토큰token이다. 토큰은 글자의 묶음으로 이해하면 된다. 주어진 문장을 단어별로 잘라내 의미를 파악해내는 것을 토큰화tokenization 작업이라고 한다. 토큰화는 문장을 이해하기 쉽도록 문장을 분해해서 묶는 것이다. 단어를 의미별로 구분하고 문장을 쪼개는 이 절차는 문장 이해 과정에서 매우 중요하다. 예를 들어 "나는소고기국먹는다"라는 문장이 주어졌다고 해보자. 이 문장을 어떻게 토큰화하느냐에 따라 의미가 전혀 달라진다.

나는⌒소고기국⌒먹는다 ➔ 나는 소고깃국을 먹는다

나는소⌒고기국⌒먹는다 ➔ (하늘을) 나는 소가 고깃국을 먹는다

나는소고기⌒국⌒먹는다 ➔ (하늘을) 나는 소고기가 국을 먹는다

나는소고기국⌒먹는다 ➔ (하늘을) 나는 소고깃국이 (뭔가를) 먹는다

이렇게 토큰화를 통해 어떻게 구분되느냐에 따라 뜻이 달라지는데 여기서

또 하나 중요한 역할을 하는 게 있다. 바로 품사의 구분이다. 문장 내에서 핵심적인 의미는 '명사'나 '동사'가 내포하고, '조사'나 '어미'는 단어를 연결한다. 토큰화로 구분된 단어가 명사인지 동사인지 아니면 형용사인지 구분하는 게 중요하다. 그래야 토큰화된 문장의 의미를 이해할 수 있기 때문이다. 이를 위해 단어마다 품사 태그를 붙이는데 이를 포스 태깅POS Tagging이라고 한다. 이 품사 태그를 통해 비로소 토큰화된 단어의 의미를 정확히 이해하게 된다.

자연어 이해는 주어진 말이나 텍스트를 그 의미대로 컴퓨터가 이해해서 실행하게 하는 기술이기 때문에 사람과 컴퓨터의 커뮤니케이션에서 중요한 역할을 한다. 이 과정에서 '자연어의 모호성ambiguity'을 극복하는 것이 매우 중요하다. 컴퓨터가 사람의 언어를 이해하기 어려운 가장 큰 이유는 특정 문장의 의미가 단 한 가지로 정해져 있지 않기 때문이다. 하나의 의미를 다양하게 표현하기도 하고, 하나의 표현이 다양한 의미를 갖기도 한다. 예를 들어서 사과를 사먹고 싶을 때 우리는 "사과 사주세요", "사과 사고 싶어요", "사과 먹자", "사과 사러 가자" 등 매우 다양하게 표현할 수 있다. 이 표현이 모두 사과 '구매'를 뜻한다는 것을 알아내도록 하는 과정이 필요하다. 다양한 표현을 이보다 추상화된 개념 혹은 이를 포괄하는 개념으로 인식하는 작업이 필요하다. 이렇게 모호함과 다양성을 띤 인간의 언어를 추상화된 표현으로 인식하여 실질적 의미를 알아내도록 하는 기술이 바로 자연어 이해다.

자연어 이해가 사람의 말과 글을 컴퓨터가 이해하도록 하는 것이라면, 자연어 생성은 컴퓨터가 사람에게 말과 텍스트를 표현하는 기술이다. 컴퓨터가 적절성 높은 답변을 계산해낸 다음 그 결과를 사람이 알아들을 수 있는 자연어로 자동

생성하는 것이다. 그러려면 질문과 답변 등 대규모의 대화 데이터를 학습해야 한다. "지금 몇시니?"라고 물어보면 "지금은 오후 3시"라는 표현을 할 수 있도록 대화의 조합 데이터를 학습해야 한다. 대화와 관련한 데이터 학습을 많이 할수록 생성되는 자연어의 질이 높아진다. 아마존 알렉사는 다른 가상비서에 비해 사용자가 많은 만큼 대화 데이터 학습이 많이 되고, 이로써 자연어 생성기술의 성능이 더욱 높아지기 쉽다.

최근에는 이러한 대화 데이터에 의존하지 않고, 비지도학습 방식으로 다양한 자연어 이해와 생성을 해내는 고도의 알고리즘이 계속해서 등장하고 있다. 이를 통해 인간의 다양한 구어체를 이해하고 자연스러운 구어체를 표현해내는 방향으로 발전하고 있다.

생성적 적대신경망

지금 보는 이 그림은 인공지능이 그린 작품이다. 프랑스 파리의 예술공학단체 오비어스가 AI 시스템을 이용해 만든 〈에드몽 드 벨라미〉다. 14~20세기 초상화 1만 5,000여 점을 학습해서 AI 시스템이 새로운 작품을 생성했다. 놀라운 점은 세계 3대 경매시장 중 하나인 크리스티에서 43만 달러에 낙찰됐다는 것이다. 우리 돈으로 5억 원에 상당한다. 흥미롭게도 그림 오른쪽 하단 낙관落款을 넣는 자리에 그림 제작에 쓰인 핵심 알고리즘 코드를 넣어 인공지능의 작품임을 표시했다.

AI 화가 오비어스가 창작한 〈에드몽 드 벨라미〉

출처: 크리스티

다음 작품은 프랑스의 아티스트인 마리오 클링게만Mario Klingemann이 인공지능의 도움으로 만든 〈행인의 기억Memories of Passerby〉이라는 작품이다. 또 다른 경매시장인 소더비에서 4만 파운드(약 6,000만 원)에 낙찰됐다. 17~19세기 미술가들이 그린 그림 관련 데이터를 이용해 만들었다.

두 작품에 사용된 공통된 AI 알고리즘이 있다. 바로, 요즘 많이 주목받고 있는 생성적 적대신경망이다. 진짜 같은 가짜를 생성하는 알고리즘으로 설명할 수 있다.

이 알고리즘은 구글 브레인Google Brain에서 머신러닝을 연구하던 이언 굿펠로Ian Goodfellow가 2014년 NIPS 학회에서 발표하면서 주목을 받기 시작했다. 비교적 최근에 등장한 알고리즘이다. 페이스북 AI 연구팀 리더인 얀 르쿤Yann Lecun 교수는 GAN을 최근 10년간 머신러닝 연구 중 가장 혁신적인 아이

마리오 클링게만의 〈행인의 기억〉

출처: 소더비

GAN의 학습 과정 원리

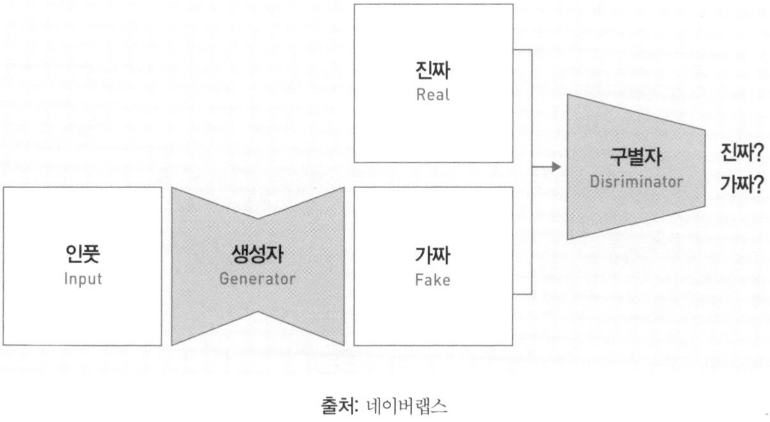

출처: 네이버랩스

디어로 꼽았다. 그 이유는 진짜 같은 가짜를 만들어낼 수 있기 때문이다.

이 알고리즘은 인간이 의도적으로 데이터를 주입해 학습하는 지도학습에서 벗어나 시스템이 스스로 답을 찾는 비지도학습 방식이다. 원리는 서로 대립되는 두 모델이 상호경쟁을 통해서 성능을 개선시키는 식이다. 예를 들어, 한 시스템은 위조지폐를 만드는 기능이 있고 다른 시스템은 위조를 감지하는 기능이 있을 경우, 두 모델이 경쟁을 통해 성능을 발전시키는 것이다. 두 모델은 생성자generator와 구별자discriminator로 불린다. 생성자는 실제 기준 데이터를 학습한 후 이와 유사한 가짜 데이터를 생성한다. 진짜 같은 가짜를 만들어내는 게 생성

제너레이티드 포토스가 생성한 인물사진

출처: https://generated.photos/

자의 역할이다. 구별자는 생성자가 내놓은 데이터가 진짜인지 가짜인지 구분하는 역할을 한다. 생성과 구별의 상호경쟁을 반복하다 보면 점점 더 진짜 같은 가짜를 만들어낼 수 있다.

GAN은 다양한 용도로 사용된다. 먼저 새로운 이미지 생성이다. 스타트업 제너레이티드 포토스는 10만 명의 인물사진을 생성해 무료로 제공하고 있다. 보통 인물사진을 허락 없이 쓰면 초상권 혹은 저작권에 위반되기 때문에 사용에 제약이 있다. 하지만 이 사진은 세상에 존재하지 않는 인물사진이기 때문에 이러한 제약 없이 마음껏 사용할 수 있다. 무엇보다도 가상의 인물인지 실존 인물인지 분간하기 어려울 정도로 실제 같은 사진이라서 주목을 받는다.

인물사진뿐 아니라 풍경 사진 혹은 풍경 그림도 만들어낼 수 있다. 스탠퍼드대학교 연구원인 로비 바랏Robbie Barrat은 그림 수천 점을 기준 데이터로 삼

인공지능을 이용해 디자인한 〈비즈니스 위크〉 표지

출처: 블룸버그

버클리대학교 AI연구팀이 스케치로 제작한 제품 시안

출처: The Berkeley Artificial Intelligence Research (BAIR)

아 머신러닝을 학습시킨 후 GAN을 적용해 풍경화를 그려냈다. 경쟁 방식의 GAN을 2주 정도 돌려 완성도 높은 풍경화를 여러 개 생성해냈고, 이를 〈비즈니스 위크Business Week〉 표지에 적용했다. 매주 새로운 디자인을 만들어내는 작업은 소위 창작의 고통이 따르고 만만찮은 비용이 발생하는데, 이러한 인공지능 생성 방식은 창작에 효율성을 가져다줄 것으로 기대를 모은다.

더 재미있는 것은 펜으로 간단한 스케치만 그리고 콘셉트만 설정하면 GAN을 통해 완성도 높은 그림을 만들어내거나 제품 디자인 시안을 생성할 수도 있다는 것이다. 디자인 작업의 효율성을 크게 높여줄 기술이다.

GAN은 합성으로 새로운 이미지를 만들어내는 일도 한다. AI 포트레이츠AI Portraits는 인물사진을 올리면 다양한 미술작품의 유형으로 자연스럽게 변환시켜주는 어플을 내놓았다. 주목받을 만한 사진을 SNS에 많이 공유하는 Z세대의 취향을 공략하는 어플이다. 빈센트 반 고흐 풍의 그림과 합성할 수도 있고, 팝아

저자의 원본 사진

AI 포트레이츠 생성 이미지

트 풍의 이미지로 만들어낼 수도 있다.

위 이미지는 필자의 사진을 AI 포트레이츠를 이용해 다양하게 생성해본 것이다.

단지 이미지에만 GAN이 적용되는 건 아니다. 구글에서 AI를 연구하다가 2019년 애플로 이적한 이언 굿펠로는 "GAN에 특정한 문장 스타일이나 화법을 학습시키면 사용자보다 훨씬 풍부하고 정교한 언어를 사용할 수 있다"고 했다. 실제로 GAN은 문학작품을 창작해내기도 한다. MIT 연구진은 시를 쓰는 인공

삼성 모스크바 AI연구팀이 사진으로 생성한 동영상

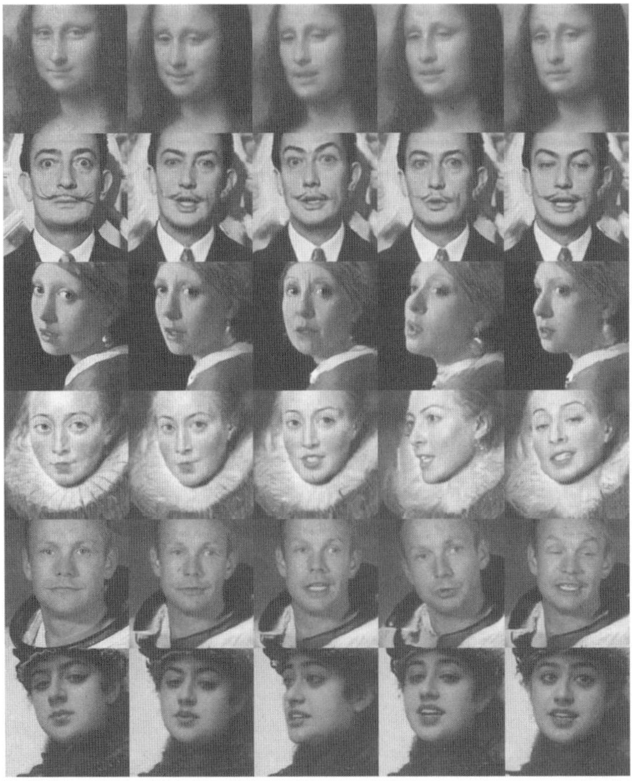

출처: Zakharov et al. Few-Shot Adversarial Learning of Realistic Neural Talking Head Models, 2019

지능을 개발했다. 이미지를 보여주면 그걸 보고 심상에 맞는 시를 짓는 것이다. 수천 개 이미지와 시를 조합해 학습시켜서 이미지를 보고 시를 창작해내는 식이다. 영문학 전문가 500명에게 어떤 시가 인간이 창작한 것인지 구분하는 테스트를 했는데 60%만이 AI가 만든 시를 골라냈다. AI가 시를 쓸 수 있다는 것은 다양한 작문을 할 수 있다는 이야기다.

동영상 제작도 가능하다. 사진을 올리면 이를 동영상으로 만들어주는 기술이 등장했다. 삼성전자의 모스크바 AI 연구센터에서 GAN 기술을 응용해 만들었다. 그동안은 사진을 여러 장 올려서 이를 잇는 방식으로 영상을 만들었다. 하지만 이 기술은 단 한 장만으로 다양한 표정과 움직임이 살아 있는 동영상을 생성해낸다는 점에서 놀라움을 준다. 단지 사진에만 적용되는 것도 아니다. '모나리자'나 '진주 귀걸이를 한 소녀' 같은 미술작품 속 인물도 살아 움직이게 만든다.

GAN은 이처럼 흥미롭고 놀라운 일을 하고 있다. 하지만 이 기술이 뛰어난 만큼 악용에 대한 우려가 있는 것도 사실이다. 언론에 많이 공개가 된 일이긴 한데, 2017년 8월 미국 워싱턴대학교 연구진은 버락 오바마Barack Obama 전 미

워싱턴대학교 연구진이 만든 버락 오바마 전 미국 대통령의 가짜 영상

출처: youtube, Teaser - Synthesizing Obama: Learning Lip Sync from Audio

국 대통령의 가짜 영상을 만들어 화제가 됐다. 오바마 전 대통령의 연설에서 음성을 따 이 음성에 맞춰 입 모양을 내도록 학습시킨 후 합성한 것이다. 실존하지 않는 장면을 영상으로 만들어냈다. 가상인지 실제인지 구분이 어려울 정도로 리얼했다는 점에서 놀라움과 걱정을 자아냈다.

마이크로소프트 등 AI 선도기업은 사람의 목소리와 말투, 화법까지 학습하여 실제 사람의 대화 음성을 만들어내는 기술까지 내놓고 있어 이것이 단지 우려에 그칠 일이 아님을 시사한다. 나도 모르는 사이에, 내가 어디선가 의도하지 않은 발언을 하는 영상이 만들어져서, SNS에 떠돌아다닐 수도 있다는 얘기다. 더 나아가 '딥페이크' 포르노 영상이 유통되면서 이슈가 점점 심각해지고 있다. 유명 연예인의 얼굴을 GAN로 포르노 영상에 합성한 영상이 나온 것이다. 과거와 달리 구분이 어려울 정도로 정교해서 더욱 커다란 사회적 문제로 대두되고 있다.

가트너는 조만간 사람들이 실제 정보보다 AI가 만든 허위 정보를 더 많이 접하게 될 것이라고 경고했다. 가짜 이미지, 가짜 뉴스, 가짜 동영상으로 인해 사회가 왜곡되는 일이 얼마든지 벌어질 수 있다. 기술의 탁월한 성능을 잘 활용하는 것도 중요하지만 이러한 부작용을 줄이기 위한 윤리적 · 제도적 틀을 만드는 게 어쩌면 더 시급한 일일 수 있다.

추천 알고리즘

결정 장애가 있는 사람이 많다. 결정하는 상황을 매우 어려워한다. 결정 장애의 시대에 내가 좋아할 만한 아이템을 정확하게 추천해주는 서비스가 각광받고 있다. 아마존에서 판매되는 제품의 40%는 추천을 통해 팔린다. 넷플릭스 사용자

협업 필터링과 내용 기반 필터링 개념도

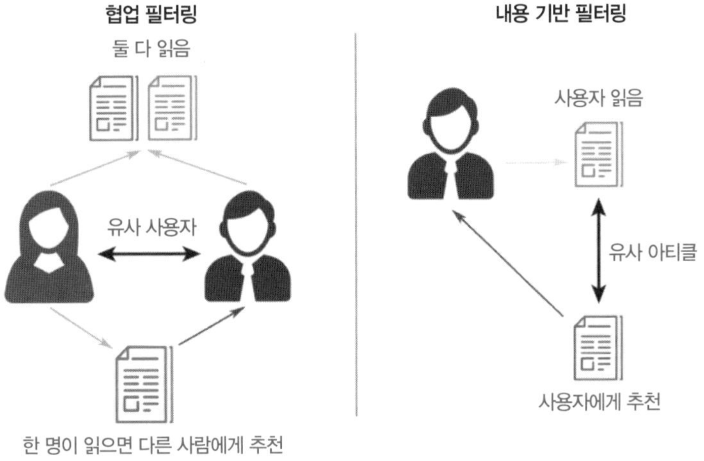

출처: NETHRU, TECHWORLD

의 75%는 추천으로 콘텐츠를 선택한다. 추천은 서비스를 고도화하여 사용자 효용을 높이는 중요한 기능이라고 볼 수 있다.

추천 알고리즘에는 어떤 게 있는지 살펴보자. 대부분의 추천서비스에서 활용하고 있는 것은 다음 세 가지다. 협업 필터링collaborative filtering, 내용 기반 필터링content-based filtering, 하이브리드 필터링hybrid filtering이다.

협업 필터링 알고리즘은 사용자와 유사한 다른 사용자의 구매패턴을 파악해서 이를 기반으로 해당 사용자가 구매할 가능성이 높은 아이템을 예측하여 추천하는 방식이다. 예를 들어, 30대 수도권 여성 직장인이 커피숍에서 치크케이크를 주문할 때 아메리카노를 같이 주문하는 경우가 많다면, 다른 30대 여성 직장인이 치즈케이크를 주문할 때도 아메리카노를 좋아할 가능성이 높기 때문에 이를 추천하는 식이다. 특정 카테고리의 사용자와 아이템을 매칭하여 유사 사용자에게 매칭된 아이템을 추천한다.

온라인 서점도 비슷하다. 40대 수도권 직장인이 재테크 서적을 사면서 부동산투자 관련 책을 함께 많이 산다면, 재테크 서적을 고른 40대 수도권 독자에게 부동산투자 서적을 함께 추천하는 것이다. 아마존의 초기 제품 추천이나 페이스북의 친구 추천에 이 방식이 사용됐다.

이 방식은 유사한 부류의 사람들이 어느 정도 유사한 행동을 한다고 가정한다. 협업 필터링은 사용자가 검색하거나 구매한 내역만 갖고도 알고리즘을 구현할 수 있기 때문에 간단하다는 장점이 있다. 결과도 매우 직관적이다. 하지만 사용자의 선택이 없는 신상품이나, 비인기 상품에는 적용하기가 어렵다. 더구나 사용자가 선택한 아이템의 내용은 모르고 단순히 선택한 품목의 종류만 보고 추천이 이뤄지기 때문에 정교한 개인화 추천에는 한계가 있다.

협업 필터링 중에서도 가장 많이 쓰이는 기술은 행렬분해matrix factorization이다. 사용자가 구매 혹은 관심을 갖는 아이템을 행렬 형식으로 표현해 좀 더 정교한 추천을 하는 기법이다. 최근에는 딥러닝 기술을 행렬분해 기법에 접목해 협업 필터링 기술의 단점을 극복하는 심층 행렬분해deep matrix factorization 기법도 활용되고 있다.

두 번째 필터링 기법은 내용 기반 필터링이다. 내용 기반 필터링 알고리즘은 말 그대로 내용에 대한 분석을 기반으로 추천한다. 아이템의 내용을 분석하고, 사용자의 선호도를 파악한 후 내용이 비슷한 다른 아이템을 추천하는 방식이다.

예를 들어, 〈워킹데드Walking Dead〉라는 드라마의 경우 내용을 분석해보면, 좀비, 스릴, 모험 등의 특징을 추출할 수 있다. 〈워킹데드〉를 본 사람에게 〈블랙썸머Black Summer〉라는 비슷한 종류의 좀비 드라마를 추천해주는 게 이 방식이다. 하지만 이러한 방법 역시 학습 데이터가 많아지면 메모리 사용량이 급격히 늘어나서 학습 속도가 느려지고 실시간으로 빠르게 추천을 해내기가 어렵다는 단점이 있다.

하이브리드 필터링은 협업 필터링과 내용 기반 필터링을 결합해서 구현하는 식이다. 예를 들어 메인 알고리즘 협업 필터링을 통해 추천 콘텐츠를 선별하고, 추천 결과가 부족하면 보완책으로 내용 기반 필터링을 하는 방식이 있다. 선도기업은 여러 기법을 결합해 더욱 고도화된 성능을 보이는 추천 시스템을 구현하거나 협업 필터링이나 내용 기반 필터링의 발전된 기법을 사용하기도 한다.

추천서비스를 가장 잘 구현한 기업이 넷플릭스다. 넷플릭스는 '모델 기반 협업 필터링'을 활용한다. 협업 필터링 기반이지만 사용자의 선호 패턴을 더욱 정교하게 파악해 추천하는 방식이다. 넷플릭스는 사용자가 넷플릭스를 어떻게 이용했는지를 알려주는 시청 기록, 콘텐츠 평가 결과 등의 데이터를 확보한다. 이와 함께 유사한 취향을 가진 회원들이 선호하는 콘텐츠 정보도 확보한다. 또한 장르, 카테고리, 배우, 출시년도 등 콘텐츠 자체에 대한 데이터도 만들어진다. 개인화된 추천 콘텐츠를 제공하기 위해 사용자 개인의 데이터도 몇 가지 확보한다. 예를 들면 하루 중 어느 시간대에 콘텐츠를 보는지, 넷플릭스를 이용하는 디바이스는 무엇인지, 시청을 얼마나 오래했는지 등이다. 이러한 데이터 하나하나를 입력 정보로 사용해서 협업 필터링 알고리즘을 구동한다.

이 방식의 특징은 '잠재모델'에 기반을 둔다는 것이다. 사용자가 특정 콘텐츠를 선호하는 이유를 시스템적으로 계산해내는 방법이다. 가령, 내가 〈슈츠 Suits〉라는 미국 법정 드라마를 즐겨 본다고 할 때, 여러 가지 주변 정보를 활용해서 내가 이 드라마를 좋아하는 이유를 유추한다. 드라마에 나오는 배우 때문에 좋아할 수도 있고, 드라마가 펼쳐지는 뉴욕의 도시 분위기 때문일 수도 있고, 법정 드라마 장르를 좋아하는 것일 수도 있고, 중간중간 흘러나오는 배경음악 때문일 수도 있다. 선호 이유를 알면 그다음에 시청할 가능성이 높은 드라마를 훨씬 수월하게 예측할 수 있을 것이다. 넷플릭스는 이를 이용해서 추천 시스템을 구현

유튜브 추천 알고리즘 모형

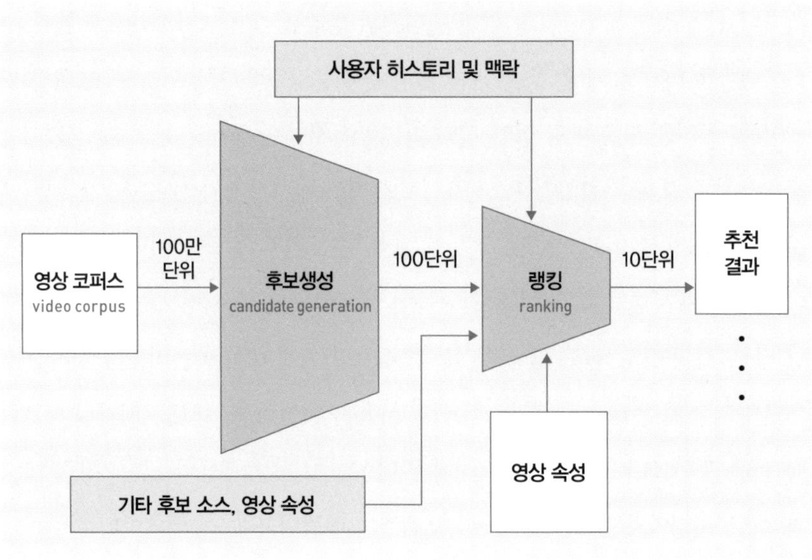

출처: Paul Covington, Jay Adams, Emre Sargin, Deep Neural Networks for YouTube Recommendations, 2016

한다.

유튜브는 어떻게 추천 시스템을 구현했을까? 딥러닝을 이용하며 두 단계의 방식으로 추천을 한다. 먼저 후보모델candidate generation이라고 불리는 단계부터 시작한다. 사용자에게 추천할 아이템의 후보군을 선정하는 단계다. 후보모델을 만들기 위해 사용자가 최근 본 영상, 지역, 영상 시청 시간 등의 데이터를 통해 그다음에 볼 확률이 높은 영상의 후보군을 100개 단위로 추려낸다. 후보군을 가려내는 데에는 신경망기법이 적용된다. 사용자 벡터와 아이템 벡터 두 종류의 데이터를 학습하여 매트릭스 팩토라이제이션Matrix Factorization, MF 방식으로 선별된다.

그다음은 랭킹모델이다. 사용자가 이 후보들을 얼마나 선호할지를 점수로 계산하여 순위를 매긴다. 사용자가 본 콘텐츠를 모두 학습하여 선호도를 예측하고 이를 수치로 나타낸 후 선호도가 높은 순으로 정렬하는 것이다. 이렇게 후보모델과 랭킹모델의 두 단계로 나눈 이유는 효율성과 적중도를 높이기 위해서다. 유튜브는 이미 월간 사용자 수가 전 세계적으로 20억 명이 넘고 업로드되는 동영상 분량만 해도 1분당 400시간꼴이다. 이렇게 방대한 사용자와 아이템이 있는 유튜브에서 모든 콘텐츠에 대한 선호도를 계산하려면 시간이 너무 오래 걸리기 때문에, 적중도 높은 후보를 빠르게 추린 다음 랭킹을 매겨서 선호도가 높은 상위 콘텐츠를 추천하는 것이다.

이 외에도 새로운 추천 알고리즘이 계속해서 나오고 있다. 추천의 정확성 제고와 방대한 데이터를 처리해내는 속도와 효율성을 높이는 방향으로 발전해 나가고 있다.

부록 3.
현장에서 많이 쓰이는 알고리즘

의사결정 트리

의사결정 트리는 예측이나 인식을 위해 사용되는 지도학습 계열의 알고리즘이

타이타닉호 탑승객의 생존 여부를 예측하는 의사결정 트리

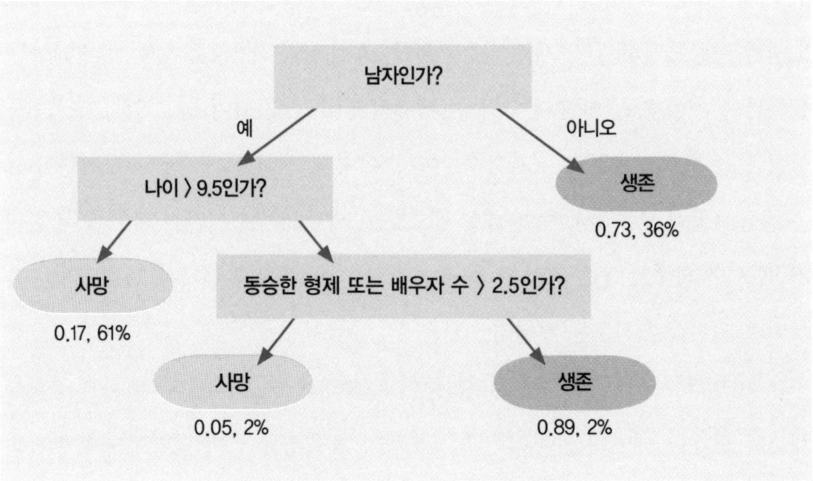

출처: 위키백과, 의사결정 트리 학습법

다. 어릴 적 많이 했던 스무고개와 비슷한 알고리즘이다. 스무고개는 '예, 아니오'로 대답할 수 있고, 이 대답을 들은 후 질문을 계속 던져서 점진적으로 정답을 추적해나가는 식이다. 의사결정 트리도 주어진 데이터를 토대로 '예, 아니오'에 대한 각각의 확률분포를 확인하면서 정답을 계속 추적해나간다. 이를 그림으로 그리면 나뭇가지가 분할돼 나가는 모양과 비슷해서 트리라는 명칭이 붙었다.

스무고개와 마찬가지로 의사결정 트리에서도 각 노드가 질문에 따라 계속 분할되고 더 이상 새로운 예측값이 추가되지 않을 때, 즉 정답이 어느 정도 나와서 질문이 더 필요 없을 때까지 이어진다. 이러한 방식은 하향식 결정트리 귀납법top-down induction of decision trees, TDIDT이라 불리며 의사결정 트리의 가장 일반적인 방법이다.

의사결정 트리는 결정 과정을 이해하거나 설명하기가 쉽다는 장점이 있다. 다른 머신러닝 기법은 데이터를 정규화하거나 임의의 변수를 생성하거나 값이 없는 변수를 제거해야 하는 번거로운 작업이 수반되지만 의사결정 트리는 데이

나이브 베이즈 분류 공식

$$\sum_{i=1}^{n} p(S_i|V) = \frac{\sum_{i=1}^{n} p(V|S_i) * \sum_{i=1}^{n} p(S_i)}{p(V)}$$

(사후확률 = 우도확률 × 사전확률 / 주변우도)

터를 가공할 필요가 거의 없다. 대규모의 데이터셋에서 빠르게 동작한다는 점도 의사결정 트리의 장점이다.

나이브 베이즈 분류

나이브 베이즈 분류 역시 지도학습 방식이다. 확률용어인 조건부 확률과 베이즈 정리라는 개념을 이용하여 만든 알고리즘으로, 어떤 특징을 가진 대상을 구분해낼 때 많이 활용된다. 이메일에서 스팸메일인지 아닌지를 분류하는 데 쓰이고, 사용자가 좋아하는 스포츠 뉴스를 따로 구분해줄 수도 있다. 문장이 긍정적인 내용인지 부정적인 내용인지를 구분하기도 한다. 얼굴 인식 시스템에도 쓰인다.

사전확률, 우도likelihood확률, 사후확률, 주변우도 등의 개념이 활용된다. 스팸메일을 예로 든다면, 스팸메일의 확률이 사전확률이고, 스팸메일에서 '광고'라는 단어가 들어 있는 메일의 확률이 우도확률이다. 광고라는 단어가 들어 있는 메일의 확률을 주변우도라고 부르고, 광고라는 단어가 들어 있는 메일 중에서 스팸메일의 확률이 사후확률이다. 한마디로 설명하면 사전확률과 우도확률의 곱을 주변우도로 나누면 사후확률이 계산돼 나온다. 광고라는 글자가 발견될 경우, 이게 스팸메일인지를 예측하는 사후확률을 계산해내는 게 이 알고리즘의 방법이다. 방대한 데이터를 빠르게 처리하는 데 수월하다는 점은 의사결정 트리와 같지만, 그 과정을 설명하기는 어렵다는 점에서 차이가 있다.

최소자승 회귀

예측 알고리즘으로 가장 일반적이고 많이 쓰이는 게 회귀분석이다. 그중 가장 기본이 선형회귀다.

선형회귀는 나이와 키의 관계 혹은 R&D 투자와 특허출원 수의 관계 등 변수의 관계를 토대로 예측하는 데 주로 쓰인다. 지도학습 방식의 알고리즘이다. 최소자승Ordinary Least Squares Regression, OLS은 선형회귀를 수행하는 방법이라고 보면 된다. 나이에 따른 키를 점으로 찍어보면 무수히 많은 점이 찍힐 것이다. 그런데 이 점들을 유심히 보다 보면 나이가 많아질수록 키가 점점 커지고, 어느 정도 시점부터는 키의 성장률이 점점 줄어드는 패턴이 보일 것이다. 이 패턴을 선으로 그릴 수 있는데, 선을 그렸을 때 각 점들과 거리의 제곱 합이 가장 작은 선이 패턴을 가장 잘 설명하는 선이 된다. 이 회귀 선을 파악하면 (물론 여러 가지 변수를 함께 고려해야 하지만) 나이에 따른 키를 예측하는 모델로 활용할 수 있다. 최소자승 회귀는 이처럼 연속성을 띠는 변수 간 관계를 파악하는 데 많이 활용된다.

로지스틱 회귀

회귀분석의 종류는 여러 가지가 있는데, 머신러닝에서 많이 쓰이는 또 다른 회귀분석이 로지스틱 회귀다. 종속변수, 즉 결과값이 두 종류인 이항변수binomial variable를 모델링하는 데 쓰이는 통계기법이다. 로지스틱 회귀 역시 예측이 필요한 일에 많이 쓰이지만 분류 스킬이 필요할 때도 많이 쓰인다. 의사결정 트리처럼 속도가 빠르고 대량의 데이터를 처리하기에 적합한 알고리즘이며 설명이 용이하다는 특징이 있다.

랜덤 포레스트

랜덤 포레스트는 정교한 분류 스킬을 구현하는 데 많이 쓰이는 지도학습 계열의 알고리즘으로, 앙상블 학습 방법의 일종이다. 앙상블 학습은 분류 기준이 설정돼 있는 알고리즘으로 데이터를 학습한 후 가중 투표weighted vote 방식을 통해 예측을 하는 방식이다. 다수의 결정트리로 구성된 모델을 기반으로 분류 또는 예측을 한다. 랜덤 포레스트는 의사결정 트리보다 대량의 데이터를 분석하는 데 활용되며, 속도는 느리지만 정확성은 더 우수하다. 데이터의 스케일을 조정할 필요가 없고, 운영이 안정적이라는 장점도 있다.

K-평균

K-평균k-Means은 데이터를 군집화하는 데 쓰이는 비지도학습 알고리즘이다. 군집화는 동일한 그룹(클러스터)의 개체가 다른 그룹의 개체보다 서로 비슷하도록 개체 집합을 그룹화하는 작업이다. 이 중 가장 흔히 쓰는 기본적인 알고리즘이 K-평균이다. 이 알고리즘은 매우 간단한데, 지정된 클러스터 개수(k)만큼 데이터를 그룹핑한다. 한 클러스터 내의 데이터는 유사한 성질을 갖는다. 다른 그룹에 있는 데이터와 구별이 되도록 나뉜다.

가우시안 혼합모델

가우시안 혼합모델Gaussian Mixture Model, GMM은 가우시안 분포가 여러 개 혼합된 군집화 알고리즘이다. 비지도학습 계열의 알고리즘인 가우시안 혼합모델은 쉽게 정규분포로 이해하는 게 좋다. 현실에서는 하나의 정규분포 또는 가우시

가우시안 혼합모델

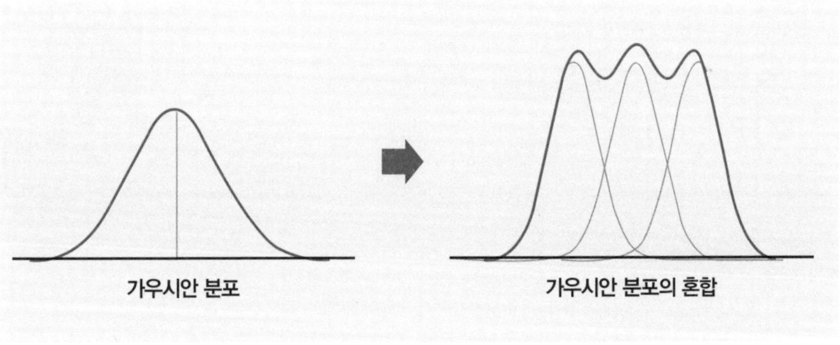

출처: https://untitledtblog.tistory.com/133

안 분포로 설명하기 어려운 경우가 많다. 가우시안 분포는 하나의 평균을 중심으로 하나의 집단이 모여 있다는 가정을 하는데 현실은 다양한 집단이 섞여 있고, 준평균에 해당하는 부분도 많다. 이럴 때는 여러 개의 가우시안 모델을 섞어서 표현하면 수월해진다. 이를 반영한 것이 가우시안 혼합모델이다. 여러 개의 확률분포를 혼합하여 표현하는 것인데, 몇 개(k) 데이터의 확률분포를 혼합할지는 사용자가 지정하고 이 개수에 맞춰 모델이 만들어진다.

부록 4. 알고리즘 선정 가이드라인

머신러닝 알고리즘을 선정할 때는 기능 구현에 필요한 테크닉을 알아야 하고, 작업속성에 따라 최적의 알고리즘이 정해진다고 앞서 언급했다. 예를 들어, 수요예

회귀분석 알고리즘 선정 프로세스

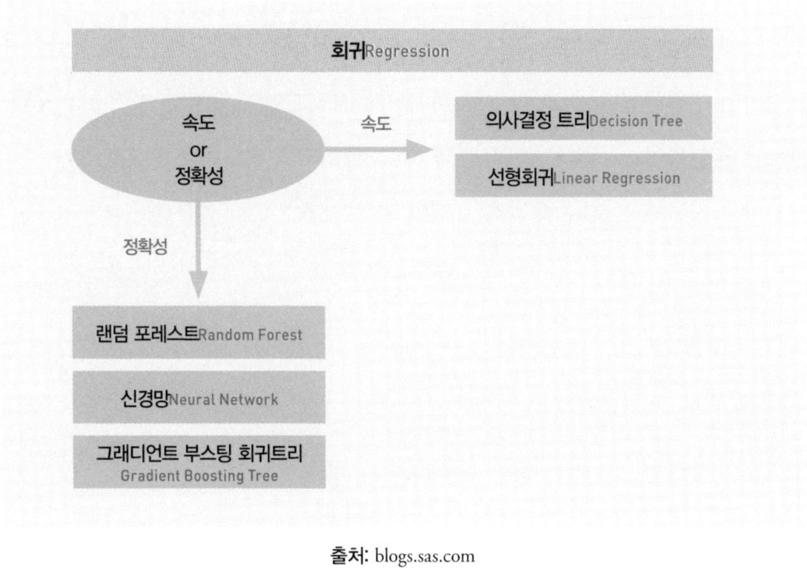

출처: blogs.sas.com

측 기능을 구현하기 위해서는 회귀 테크닉을 활용할 수 있다. 이를 구현할 수 있는 알고리즘은 다양하지만 속도가 중요한지 아니면 정확도가 중요한지에 따라 적절한 알고리즘은 달라진다. 만일 대량의 데이터를 빠르게 처리해야 하는 작업이라면 선형회귀 분석이나 의사결정 트리가 적절하다. 속도보다 정확성이 중요하다면 랜덤 포레스트, 신경망 등이 적절하다.

만일 빨래 바구니에 있는 옷을 스스로 구분한다면, 비지도학습 방식의 클러스터링 테크닉을 사용할 수 있다. 클러스터링 테크닉에도 다양한 관련 알고리즘이 존재한다. 만일 데이터에 계층hierarchichy이 존재한다면 계층군집 분석Hierarchical clustering이 적절하고, 계층이 존재하지 않는다면 변수가 범주화돼

클러스터링 알고리즘 선정 프로세스

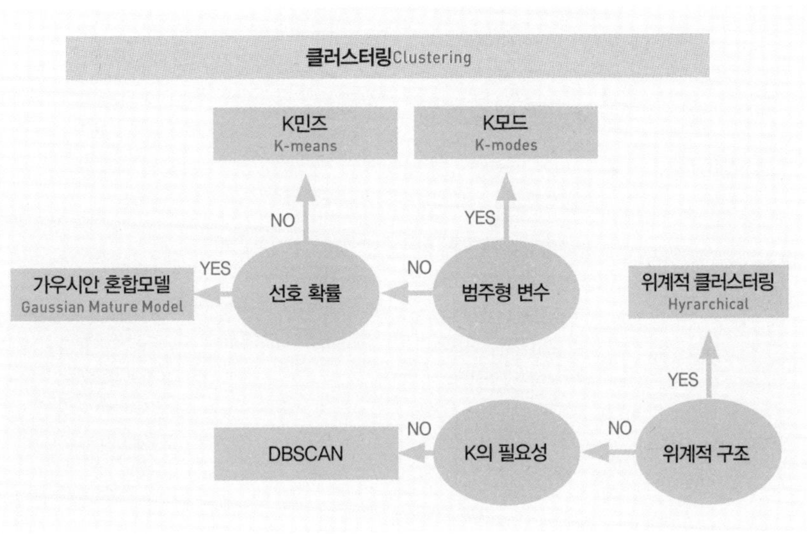

출처: blogs.sas.com

있는지 여부에 따라 K-모드 알고리즘을 선택할 수도 있다. 범주화돼 있지 않다면 확률모델의 적용 여부에 따라 K-평균 또는 가우시안 혼합모델을 선택할 수 있다.

또한 분류 테크닉을 사용하는 경우를 보자. 데이터가 클 때는 나이브 베이즈 분류를 고려해볼 수 있다. 이메일에서 스팸메일을 분류한다든지, 선호하는 뉴스 기사를 분류하거나 얼굴인식 기능을 하는 경우 방대한 데이터가 필요한데 이럴 때 적합하다. 만일 설명이 가능한(혹은 필요한) 종류의 작업이라면 의사결정 트리나 로지스틱 회귀분석이 적절하다. 속도 및 효율성보다 정확성이 중요하다면 랜덤 포레스트나 신경망/딥러닝이 적합하다.

분류 알고리즘 선정 프로세스

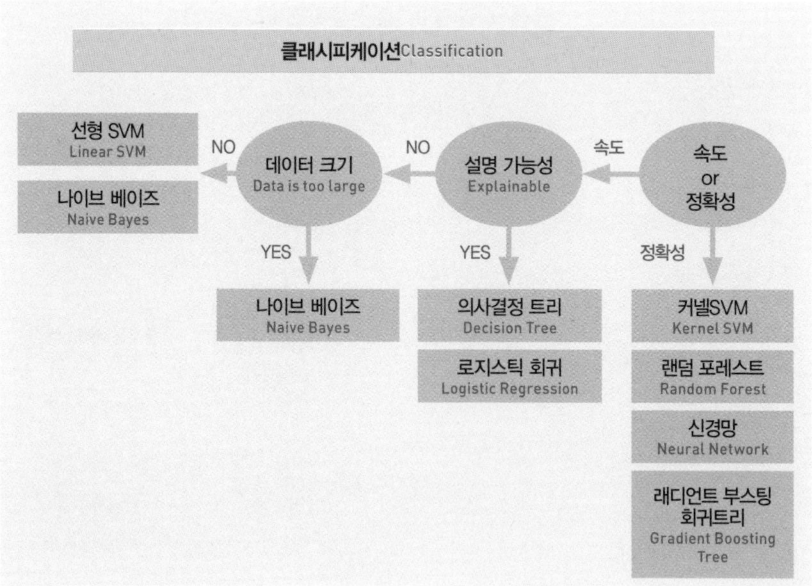

출처: blogs.sas.com

참고문헌

국내 문헌

- 〈매일경제〉, '제조업의 새 심장, AI', 2018년 7월 20일.
- 〈서울경제〉, '인공지능 안에 머신러닝… 머신러닝 안에 딥러닝 있다', 2018년 9월 4일.
- 〈세계일보〉, '디지털 트랜스포메이션이 만들 내일', 2017년 10월 12일.
- 〈이코노미스트〉, '딥러닝으로 진화하는 자율주행', 2018년 10월 22일.
- 〈이코노믹리뷰〉, '켄쇼가 발굴, 4차산업 선도기업 투자', 2018년 8월 19일.
- 〈인공지능신문〉, 'AI 스포츠 데이터 플랫폼 기업 '스태츠', 최고영업책임자로 스티브 젤러 영입', 2018년 9월 4일.
- 〈인더스트리뉴스〉, 'RPA 시스템으로 가속화되는 디지털 노동', 2018년 8월 11일.
- 〈조선비즈〉, '기보 없이도 전승 '알파고 제로' 나왔다… "인류 난제 해결할 것"', 2017년 10월 19일.
- 〈바이오스펙테이터〉, "딥러닝+심층강화학습; 신약개발에 어떻게 적용할까', 2018년 10월 5일.

- 〈인공지능신문〉, 'IBM 인공지능, 모든 '왓슨 API' 한번에 본다', 2017년 7월 14일.
- 〈조선비즈〉, '구글 · 페이스북이 반한 AI 창시자 "밑그림만 그려도 실사와 똑같은 디자인 만들어"', 2017년 5월 11일.
- 〈한겨레신문〉, 구본권, "'진짜 같은 가짜' 무한경쟁 결과는 '식별 불가능한 가짜'", 2018년 5월 28일.
- 강경영 · 진현정, '혁신기술수용모델TAM을 적용한 스마트 의류 구매 의도 연구', 〈한국의류학회 학술대회논문집〉, 2006(1), pp 297-297.
- 김상훈 · 강지윤, '소비자 특성이 추구편익 및 내구재 속성의 중요도 인식에 미치는 영향:소비자 혁신성, 대인적 민감도, 소비자 지식을 중심으로', 한국마케팅학회, 20(4), pp. 209-230, 2015년.
- 김옥경 · 윤재영, '모바일 쇼핑의 챗봇(음성 기반/메신저 기반)과 앱 서비스의 사용자 경험에 관한 융합적 연구', 한국과학예술융합학회, 37(2), pp. 47-59, 2019년.
- 김용일 · 허준 · 김철원, '확장된 기술수용모델을 적용한 관광정보 애플리케이션의 지각된 유용성과 즐거움에 영향을 미치는 선행변수 연구', 한국관광레저학회, 27(8), pp. 137-157, 2015년.
- 데이비드 요피, 마이클 쿠수마노, 《전략의 원칙》, 흐름출판, 2016년 5월.
- 박종훈, '현실 같은 가짜를 상상으로 만들어 내는 새로운 인공지능 'GAN'', 〈정보통신기술진흥센터 주간기술동향〉, 1824호, 2017년 11월 22일.
- 신건권 · 강봉준, 'm-러닝의 품질요인, 사용자만족도 및 사용의도 간의 관련성', 산업경제연구, 31(3), pp. 841- 864, 2018년.
- 안수호 · 조웅 · 정두희, '인공지능 기반 음성쇼핑Voice Shopping의 수용의도에 영향을 미치는 요인 연구: 확장된 통합기술수용모델을 중심으로', 기술혁신연구 vol.27, no.4, pp. 111-144, 2019년.
- 위르겐 메페르트, 아난드 스와미나탄, 《디지털 대전환의 조건》, 청림출판, 2018년 12월.
- 임지택, 〈글로벌 소셜 로봇 시장 현황 및 전망〉, 제28권 13호 통권 627호, 정보통신정책

연구원, 2016년 7월 16일.

◆ 정두희,《3년 후 AI 초격차 시대가 온다》, 청림출판, 2019년 7월.

◆ 정두희,《기술지능 : 미래의 속도를 따라잡는 힘》, 청림출판, 2017년 11월.

◆ 조지 웨스터민, 디디에 보네, 앤드루 맥아피,《디지털트랜스포메이션》, e비즈북스, 2017년 1월.

◆ 최수민 · 최용수, '모바일 메신저 기반 인공지능 챗봇의 상품 주문결제 인터페이스 연구', 한국HCI학회, 〈PROCEEDINGS OF HCI KOREA 2017 학술대회 발표 논문집〉, pp. 237–240, 2017년 2월.

◆ 황민우 · 홍성준, '신제품 캐즘의 원인에 대한 실증연구 : 무선랜 사례를 중심으로', 〈ASIA MARKETING JOURNAL〉, 7(4), pp. 59-77, 2006년.

◆ 〈BLOTER〉, 이기범, 'IT열쇳말 : GAN(생성적 적대 신경망) : 진짜 같은 가짜를 만드는 AI', 2018년 6월 8일.

◆ 〈CIO〉, '세일즈포스 아인슈타인이란?… 주요 기능 및 가격 정리', 2017년 9월 26일.

◆ 〈IT동아〉, '맞춤형 추천 인공지능 서비스를 내 앱에, 아마존 퍼스널라이즈', 2019년 8월 30일.

◆ 〈IT Daily〉, 'AI에도 클라우드 바람, AIaaS로 코드 없는 AI 개발 가능', 2019년 12월 30일.

◆ 〈IT World〉, '알파고란 무엇인가: 알고리즘과 학습 방법으로 이해하는 알파고', 2016년 3월 17일.

◆ 〈IT World〉, '디지털 트랜스포메이션의 성공을 위한 ROI 정의 5단계 원칙', 2017년 1월 2일.

◆ 〈LG CNS〉, '보상을 통해 학습하는 머신러닝 기술 2편', LG CNS 정보기술연구소, 2018년 4월 23일.

◆ 〈SAS블로그〉, '최적의 '머신러닝 알고리즘'을 고르기 위한 치트키', 2017년 8월 22일.

◆ 〈CIO〉, ''수요예측, 구매추천' 쇼핑몰서 열일하는 텐서플로', 2017년 5월 2일.

- 〈CIO〉, "클라우드 · 머신러닝으로 방향 잡은' 오픈소스 기대주 14선', 2018년 6월 28일.
- 〈CIO〉, 'CIO가 올해 주목해야 할 16개 오픈소스', 2019년 1월 15일.
- 〈CIO〉, '구글 · 아마존 · MS · 애플 · 페이스북 · IBM은 AI에 어떻게 투자하나', 2018년 12월 6일.
- 〈CIO〉, '구글, 자사 기계학습 시스템 '텐서플로' 오픈소스화', 2015년 11월 10일.
- 〈CIO〉, '알아두면 쓸데있는 '딥러닝 이야기'', 2017년 7월 27일.
- 〈CIO〉, '최고 AI 책임자를 채용해야 할까', 2017년 5월 8일.
- 〈IT뉴스〉, '구글, AI 무기 포기… 'AI 개발 7개 원칙' 발표', 2018년 6월 8일.
- 〈IT동아〉, '기업 인공지능 개발? 아마존의 세 가지 AI 서비스와 함께하시라', 2017년 7월 31일.
- 〈IT조선〉, 'IBM, 인공지능 개발 돕는 'AI 오픈스케일' 공개', 2018년 10월 18일.
- 〈KPMG〉, '비즈니스 기회창출을 위한 AI알고리즘의 활용', 2018년 6월 15일.
- 〈ZDNET〉, "머신러닝-딥러닝', 뭐가 다를까', 2017년 8월 7일.
- 〈ZDNET〉, 'IBM AI 왓슨의 비즈니스 활용사례 대방출', 2017년 11월 14일.

해외 문헌

- Accenture, 'Explainable AI: The next stage of human-machine collaboration', 2018년 8월 31일.
- Amarjot Singh, Devendra Patil, SN Omkar, 'Eye in the Sky: Real-time Drone Surveillance System (DSS) for Violent Individuals Identification using ScatterNet Hybrid Deep Learning Network', IEEE Workshop, 2018년 6월 3일.
- 〈AT Kearney Report〉, Eric Gervet, Renata Kuchembuck, Hugo Evans, and

Michael Hu, 'Will You Embrace AI Fast Enough?', 2017년.

◆ 〈Boston Business〉, 'Boston startup raises $10M for retail software that predicts inventory needs', 2017년 3월.

◆ Bhaskar Ghosh Adam Burden, James Wilson, 'How to scale innovation and achieve full value with Future Systems', Accenture, 2019년.

◆ C. Anthony Di Benedetto, Wayne S. DeSarbo, Michael Song, 'Strategic capabilities and radical innovation: An empirical study in three countries', 〈IEEE Transactions on Engineering Management〉, 55: pp. 420-433, 2008년.

◆ Capgemini Digital Transformation Institute, 'Growth in Machine', 2018년 7월 12일.

◆ 〈CB Insights〉, 'The race for AI: Google, Twitter, Intel, Apple in a rush to grab artificial intelligence startups', Research Briefs, 2017년 4월 5일, https://www.cbinsights.com/blog/top-acquirers-ai-startups-ma-timeline.

◆ 〈CB Insight〉, 'Retail Trends To Watch In 2019', 2019년 3월 10월 11일.

◆ 〈CIO〉, Philip Kushmaro, 'How AI is reshaping marketing', 2018년 9월 4일.

◆ 〈CMS Wire〉, David Roe, 'Why Organizations Are Turning To Artificial Intelligence', 2018년 2월 15일.

◆ 〈CNet〉, 'A ping pong robot at CES 2019 made me wonder: Could I go pro?', 2019년 1월 11일.

◆ Darshan Shankavaram, Mark Taylor, Lorna Neville, Pauline Bertheau, Impact of AI for Customer Experience, 〈Capgemini〉, 2019년 6월 27일.

◆ 〈Deloitte insight〉, 'Capitalizing on the promise of artificial intelligence Perspectives on AI adoption from around the world', 2019년 12월 6일.

◆ Doohee Chung, Theresa S. Cho, Jina Kang, 'The linkage between TMT knowledge diversity and firm-level innovation: the role of organisational search scope and managerial discretion', 〈International Journal of Technology Management〉, 78(3), pp. 208-233, 2018년 1월.

◆ Egor Zakharov, Aliaksandra Shysheya, Egor Burkov, Victor Lempitsk, 'Few-Shot Adversarial Learning of Realistic Neural Talking Head Models', The IEEE International Conference on Computer Vision (ICCV), pp. 9459-9468, 2019년. rXiv preprint arXiv:1905.08233.

◆ 〈EMERJ〉, Daniel Faggella, 'Enterprise Adoption of Artificial Intelligence – When it Does and Doesn't Make Sense', 2019년 2월 10일.

◆ 〈EMERJ〉, Daniel Faggella, 'Feature Engineering for Applying AI in Business', 2018년 12월 24일.

◆ 〈EMERJ〉, Daniel Faggella, 'Is Artificial Intelligence for Small Business? Factors to Consider for Technology Adoption', 2019년 2월 12일.

◆ 〈Engadget〉, Jon Fingas, 'Walmart tests shelf-scanning robots in 50-plus stores," 2017년 10월 26일.

◆ 〈Fast Company〉, 'The Eye In The Sky Gets A Brain That Knows What It's', 2017년 1월 16일.

◆ 〈Forbes Technology Council〉, '9 Ways Your Business Can Plan For Artificial Intelligence', 2017년 3월 24일.

◆ 〈Forbes〉, 'Amazon-Marriott Deal Will Make Alexa A Hotel Butler, But The Implications Range Far Wider', 2018년 6월 19일.

◆ 〈Forbes〉, Gil Press, 'Top 10 Hot Artificial Intelligence (AI) Technologies', 2017년 1월 23일.

◆ Forrester Research, 'TechRadar: Artificial Intelligence Technologies Q1', 2017년 1월 18일.

◆ 〈Harvard Business Review〉, Andrew Ng, 'How to Choose Your First AI

Project', 2019년 2월 6일.

◆ 〈Harvard Business Review〉, Brad Power, 'How Harley-Davidson used artificial intelligence to increase New York sales leads by 2,930%', 2017년 5월 30일.

◆ 〈Harvard Business Review〉, Clayton Christensen, 'Reinventing Your Business Model', 2008년 12월.

◆ 〈Harvard Business Review〉, Cyril Bouquet , Jean-Louis Barsoux , & Michael Wade, 'Bring Your Breakthrough Ideas to Life', 2018년 11월-12월호.

◆ 〈Harvard Business Review〉, Dweyne Spradlin, 'Are you solving the right problem?', 2012년 12월.

◆ 〈Harvard Business Review〉, Richard A. D'Aveni, 'Mapping Your Competitive Position', 2007년 11월.

◆ 〈Harvard Business Review〉, Thomas H. Davenport, '7 Ways to Introduce AI into Your Organization', 2016년 10월 19일.

◆ 〈Harvard Business Review〉, Tony McCaffrey & Jim Pearson, 'Find Innovation Where You Least Expect It', 2015년 12월.

◆ H. James Wilson, Paul R. Daugherty, 'Collaborative intelligence: humans and AI are joining forces', 〈Harvard Business Review〉, 96(4), pp. 114-123, 2018년.

◆ Ian Goodfellow, Jean Pouget-Abadie, Mehdi Mirza, Bing Xu, David Warde-Farley, Sherjil Ozair, Aaron Courville, Yoshua Bengio, 'Generative adversarial nets', Advances in neural information processing systems, pp. 2672-2680, 2014년

◆ Jaakko Lehtinen, Jacob Munkberg, Jon Hasselgren, Samuli Laine, Tero Karras, Miika Aittala, Timo Aila, 'Noise2Noise: Learning Image Restoration without Clean Data'. arXiv preprint arXiv:1803.04189, 2018년 10월 29일.

- Jan Krämer, J., Daniel Schnurr & Michael Wohlfarth, 'Trapped in the Data-Sharing Dilemma', 〈MIT Sloan Management Review〉, 60(2), pp. 22-23, 2019년 겨울.
- Joseph W. Alba, J. Wesley Hutchinson, 'Dimensions of Consumer Expertise', 〈Journal of Consumer Research〉, 13(4), pp. 411-454, 1987년 3월 1일.
- Joy Buolamwini & Timnit Gebru, 'Gender shades: Intersectional accuracy disparities in commercial gender classification', Conference on Fairness, Accountability and Transparency, pp. 77~91, 2018년.
- 〈Landing AI〉, Andrew Ng, 'AI Transformation Playbook: How to lead your company into the AI era', 2018년 12월 13일.
- MaryAnne Atkinson, Christine T Kydd, 'Individual characteristics associated with World Wide Web use: an empirical study of playfulness and motivation', 〈ACM SIGMIS Database: the DATABASE for Advances in Information Systems〉, 28(2), pp. 53-62, 1997년.
- 〈Medium〉, David Kelnar, 'The AI Playbook: How to develop a data strategy for AI', 2019년 10월 10일.
- Melissa A. Schiling, 《Strategic management of technological innovation》, Tata McGraw-Hill Education, 2010년 4월.
- Michael Chui, James Manyika, Mehdi Miremadi, Nicolaus Henke, Rita Chung, Pieter Nel & Sankalp Malhotra, 'NOTES FROM THE AI FRONTIER INSIGHTS FROM HUNDREDS OF USE CASES, 〈McKinsey Global Institute〉, 2018년 4월.
- Michaël Kolk, Rick Eagar, 'How to manage your return on investment in innovation: Reaping the most from innovation investments', 〈Prism〉, 2014년.

- MICHAEL RINGEL et al., 'The Most Innovative Companies 2019, THE RISE OF AI, PLATFORMS, AND ECOSYSTEMS', 〈Boston Consulting Group(BCG)〉, 2019년 3월.
- Mike Brewster, Claire-Louise Moore, 'Artificial-intelligence-global-consumer-insights-survey PwC Report', 2018년.
- 〈Moves the Needle〉, Aaron Eden, 'How to identify and justify the ROI of innovation', 2016년 2월 26일.
- Murugan Anandarajan, Magid Igbariam Uzoamaka PAnakwe, 'IT acceptance in a less-developed country : a motivational factor perspective', 〈International journal of Information Management〉, 22(1), pp. 47-65, 2002년 2월.
- 〈New York Times〉, Nora Walsh, 'The Next Time You Order Room Service, It May Come by Robot', 2018년 1월 29일.
- 〈PEGA〉, Alan Trefler, 'What Consumers Really Think About AI: A Global Study', 2018년 12월 1일.
- 〈Pew Research Center〉, Aaron Smith and Monica Anderson, 'Automation in Everyday Life', 2017년 10월 4일.
- Peng Zhou, Xintong Han, Vlad I. Morariu, Larry S. Davis, 'Learning Rich Features for Image Manipulation Detection', arXiv preprint arXiv:1805.04953, 2018년 5월 13일.
- Pranav Rajpurkar, Jian Zhang, Konstantin Lopyrev, Percy Liang, 'Squad: 100,000+ questions for machine comprehension of text', arXiv preprint arXiv:1606.05250, 2016년 1월 11일.
- PwC, 'Sizing the prize: What's the real value of AI for your business and how can you capitalise?', 2017년 8월 16일.

- 〈Racked〉, Romy Oltuski, 'Why shop when you can 3D print your clothes?', 2017년 4월 24일.
- Ram Mudambi and Tim Swift, 'Knowing When to Leap: Transitioning between Exploitative and Explorative R&D', 〈Strategic Management Journal〉, 35, pp. 126-145, 2013년 2월 5일.
- Richard P. Bagozzi, 'The Legacy of the Technology Acceptance Model and a Proposal for a Paradigm Shift', 〈Journal of the Association for Information Systems〉, 8(4), 2008년.
- Sam Ransbotham, David Kiron, Philipp Gerbert, AND Martin Reeves, 'Reshaping business with artificial intelligence: Closing the gap between ambition and action', 〈MIT Sloan Management Review〉, 59(1), 2017년 9월 6일.
- Sam Ransbotham, Shervin Khodabandeh, Ronny Fehling, Burt LaFountain, and David Kiron, 'Winning With AI', 〈MIT Sloan Management Review〉, 2019년 10월 15일.
- Samsung debuts next generation of family hub refrigerator at CES 2018, Samsung press news release, news.samsung.com/us/family-hub-3-0-refrigerator-ces2018, 2018년 1월 8일.
- 〈SSON〉, '8 Reasons to Demonstrate the ROI of Your Innovation Projects: When it comes to innovations like IA, the proof is in the ROI', 2018년 2월 1일.
- Tarun Gangwani, 'Hiring a chief artificial intelligence officer'(CAIO), 〈CIO〉, 2017년 1월 13일.
- 〈THE VERGE〉, James Vincent, 'Nvidia uses AI to make it snow on streets that are always sunny', 2017년 12월 5일.

◆ 〈The Verge〉, James Vincent, 'These six-wheeled delivery robots are starting trials in Europe', 2016년 7월 6일.
◆ 〈Toolbox〉, Anirudh V K, 'AI Job Roles: How to Become a Data Scientist, AI Developer, or Machine Learning Engineer', 2019년 7월 31일.
◆ 〈Tractica〉, 'Artificial Intelligence Market Forecasts', 2018년.
◆ 'Trendbird Annual Report', 2018년.
◆ 'Trendbird Annual Report', 2019년.
◆ 'Trendbird Monthly Report', 2018년 2~12월.
◆ 'Trendbird Monthly Report', 2019년 2~12월.
◆ Toyota Newsroom, 'driven by intuition: car by lexus, story by artificial intelligence, camera by Oscar-winning director', 2018년 11월 19일.
◆ 〈Voicebot〉, In-Car Voice Assistant Consumer Adoption Report 2019, 2019년.
◆ 〈Voivebot〉, 'Voice Shopping Consumer Adoption Report', https://voicebot.ai/voice-shopping-report-2018/2019.10.21.
◆ 〈Wall Street Journal〉, 'Chinese Police Add Facial-Recognition Glasses to Surveillance Arsenal', 2018년 2월 7일.
◆ 〈Washingtonian〉, Anna Spiegel, 'Food Delivery Robots Officially Roll Out In DC Today', 2017년 3월 9일.
◆ 〈WWD〉, Lauren Olsen, 'Retail could get a big boost by what's written on a shopper's face', 2017년 8월 22일.
◆ Venkat Atluri, Aamer Baig, and Satya Rao, 'Accelerating the impact from a tech-enabled transformation', Mckinsey Digital, 2019년 9월.
◆ Viswanath Venkatesh, 'Determinants of perceived ease of use: Integrating control, intrinsic motivation, and emotion into the technology acceptance

model', 〈Information systems research〉, 11(4), pp. 342-365, 2000년 12월.
- Viswanath Venkatesh, 'reation of favorable user perceptions: Exploring the role of intrinsic motivation', 〈MIS quarterly〉, 23(2), pp. 239-260, 1990년 6월.
- Viswanath Venkatesh, Michael G. Morris, Gordon B. Davis and Fred D. Davis, 'User Acceptance of Information Technology: Toward a Unified View,' 〈MIS Quarterly〉, 27(3), pp. 425-478, 2003년 9월.
- Wilson, H. J., & Daugherty, P. R., 'Collaborative intelligence: humans and AI are joining forces', 〈Harvard Business Review〉, 96(4), pp. 114-123, 2018년.
- Wynne W. Chin and Peter A. Todd, 'On the use, usefulness, and ease of use of structural equation modeling in MIS research: a note of caution', 〈MIS quarterly〉, 19(2), pp. 237-246, 1995년 6월.

웹사이트

- https://bestpractice80.tistory.com/2?category=744803
- https://blog.naver.com/intencelove/20104400922
- https://docs.microsoft.com/ko-kr/azure/machine-learning/studio/algorithm-choice###the-machine-learning-algorithm-cheat-sheet
- https://help.netflix.com/ko/node/100639
- https://ko.wikipedia.org/wiki/%ED%98%BC%ED%95%A9_%EB%AA%A8%EB%8D%B8
- https://sugerent.tistory.com/357
- https://www.nextobe.com/single-post/2018/04/26/OpenSeq2Seq

◆ 두산백과 사전 인공지능, http://www.doopedia.co.kr/m/doopedia/category/category.do?_method=listAll&MCA_IDX_CD=140309

한 권으로 끝내는 AI 비즈니스 모델

1판 1쇄 발행 2020년 6월 30일
1판 4쇄 발행 2022년 10월 7일

지은이 정두희
펴낸이 고병욱

기획편집실장 윤현주 **기획편집** 장지연 유나경 조은서
마케팅 이일권 김도연 김재욱 이애주 오정민
디자인 공희 진미나 백은주 **외서기획** 김혜은
제작 김기창 **관리** 주동은 **총무** 노재경 송민진

펴낸곳 청림출판(주)
등록 제1989-000026호

본사 06048 서울시 강남구 도산대로 38길 11 청림출판(주) (논현동 63)
제2사옥 10881 경기도 파주시 회동길 173 청림아트스페이스 (문발동 518-6)
전화 02-546-4341 **팩스** 02-546-8053
홈페이지 www.chungrim.com
이메일 cr1@chungrim.com
블로그 blog.naver.com/chungrimpub
페이스북 www.facebook.com/chungrimpub

ISBN 978-89-352-1317-7 03320

※ 이 도서의 국립중앙도서관 출판예정도서목록(CIP)은 서지정보유통지원시스템 홈페이지(http://seoji.nl.go.kr)와 국가자료공동목록시스템(http://www.nl.go.kr/kolisnet)에서 이용하실 수 있습니다.(CIP제어번호: CIP2020021236)